经济政策不确定性对股票市场波动影响的实证分析

刘 婷 著

中国财经出版传媒集团
中国财政经济出版社
·北京·

图书在版编目（CIP）数据

经济政策不确定性对股票市场波动影响的实证分析／刘婷著． -- 北京：中国财政经济出版社，2025.5.
ISBN 978 - 7 - 5223 - 4002 - 9

Ⅰ．F832.51

中国国家版本馆 CIP 数据核字第 20255RU076 号

责任编辑：麦丽斯　　　　　　　　责任印制：史大鹏
封面设计：孙俪铭　　　　　　　　责任校对：张　凡

经济政策不确定性对股票市场波动影响的实证分析

JINGJI ZHENGCE BUQUEDINGXING DUI GUPIAO SHICHANG BODONG YINGXIANG DE SHIZHENG FENXI

中国财政经济出版社 出版

URL：http：//www.cfeph.cn

E - mail：cfeph@ cfeph.cn

（版权所有　翻印必究）

社址：北京市海淀区阜成路甲 28 号　邮政编码：100142

营销中心电话：010 - 88191522

天猫网店：中国财政经济出版社旗舰店

网址：https：//zgczjjcbs.tmall.com

涿州汇美亿浓印刷有限公司印刷　各地新华书店经销

成品尺寸：170mm×240mm　16 开　13.75 印张　201 000 字

2025 年 5 月第 1 版　2025 年 5 月河北第 1 次印刷

定价：68.00 元

ISBN 978 - 7 - 5223 - 4002 - 9

（图书出现印装问题，本社负责调换，电话：010 - 88190548）

本社质量投诉电话：010 - 88190744

打击盗版举报热线：010 - 88191661　QQ：2242791300

前　言

中国经济全面步入新常态阶段以来，所面临的经济下行压力需全方位改革开放和供给侧结构性改革来进行化解和对冲。当下不仅是中国经济结构转型的关键期、深层次问题的累积释放期以及中国新一轮改革的推行期，更是世界经济结构与秩序的裂变期。为应对复杂的国内外环境，摆脱发展瓶颈、走向高质量发展模式，政府会在各个领域推行各类调控政策以保障经济的健康平稳运行，实现经济持续增长。通过观察近三年来的各项政策推行频率，调控政策的频繁出台使得经济政策不确定性持续提高。

政府作为市场经济运行的护航者，在经济发展遇到困难和挫折时，急于推行改革政策的根本出发点是维护经济健康运行。但是经济政策不确定性本身所带来的政策非延续性和非平稳性易使除政府之外的市场经济各个参与方产生投机心理，进而引发一系列投机性行为，导致政策本身的调控作用减弱，无法实现调控预期。经济政策不确定性在经济领域所引发的投机行为，受影响最大的莫过于本身就受强投机性困扰的股票市场。我国股票市场自正式成立以来发展迅速，交易规模不断扩大。我国股票市场不是由市场经济自发形成的，而是由政府出面牵头成立并促进其一步步发展，而股票市场运行的各个方面都受政府政策的影响。即便是在当前政府推动市场经济在股票市场发展中起决定性作用的背景下，"政策市"也一直是我国股票市场的重要特点之一。

经济政策不确定性对股票市场波动影响的实证分析

股票市场适度波动利于其内部有序健康发展并发挥畅通经济运行的作用，但是股票市场的异常波动往往会极大伤害实体经济的发展并伤害投资者和企业的利益。经济政策不确定性所引发的投机行为是否会导致股票市场出现异常波动，损害金融市场的平稳运行，具有重要的研究价值。基于此背景，本书从各个角度研究经济政策不确定性对股票市场波动的内在影响，试图找出其影响机理和异质性影响的根本，并提供一定的政策建议。围绕经济政策不确定性本身和股票市场自身的基本趋势及波动特性，沿着经济政策不确定性对股票市场波动的影响机理路线，本书分为7章内容，大致划分为4个部分。

第一部分为第一章和第二章。首先对研究背景和研究意义进行阐述，系统分析当前我国经济面临的现实环境和发展问题，并在此基础上指出本研究的重要现实意义。随后简要分析研究思路和所使用的一系列研究方法。在第二章中，分别从经济政策不确定性量化指标和股票市场波动性两大方面进行了文献的梳理与总结。在分析了各种经济政策不确定性的量化指标之后，初步选定由芝加哥大学和斯坦福大学的学者们制定的经济政策不确定性指数（EPU）作为本研究所用的量化指标。通过股票市场波动性的文献梳理，重点分析当前股票市场的波动特性和重要因素，为后续实证分析中控制变量的选定奠定理论基础。通过目前已有的经济政策不确定性对股票市场的影响研究，梳理了常用的一些技术手段和思路，并重点指出了已有研究存在的不足之处，为接下来的研究工作进行了铺垫。

第二部分为第三章和第四章。在深入分析两大关键变量的动态关联性之前，第三章中分别对经济政策不确定性指数和我国股票市场运行两大元素进行了深入的描述统计与特性分析。首先是经济政策不确定性方面的研究，细致地分析了中国EPU指数的数据来源与制定标准，并通过EPU指数的趋势分析和关键节点验证了该指数确实对于经济政策不确定具有很强的代表性，且其全面性和可持续性使得 EPU 指数具有其他量化指标无法比拟的优势，验证了本书所选用指标的科学性。该指数制定单位针对中国的经济政策不确定性制定了两种指数，第一种是由 Baker 等根据香港最大的中文报纸《南华早报》（SCMP）制定的 EPU 指数，第二种是由 Davis 等根据《光明日报》和《人民日报》这两个内地报纸制定的 EPU 指数。为了在研究便于比较和区分，基于《南华早报》的 SCMPEPU 指数，基于《光明日报》和《人民日报》的 MLEPU 指数。为了验证研究结论的稳健性，在具体实证分析中，重点使用了 MLEPU 指数，SCM-PEPU 指数主要用作一系列稳健性检验。对于股票市场运行特性的分析选择，目前最具有代表性的是上证综指波动特性研究。通过广义自回归条件异方差（GARCH）类模型对两大元素的特性分析发现，两者都具有自相关、尖峰厚尾、波动集聚性、异方差性等共同分布特点，为第四章中两者的动态关联性分析奠定重要基础。

第四章中关于经济政策不确定性对股票市场波动的动态关联研究，从整体股票市场的角度出发，以 1995 年 1 月至 2019 年 4 月作为样本区间，基于结构突变的向量自回归（VAR）理论来探讨两者关联性的动态变化。由前文分析可知，无论是经济政策不确定性还是我国股票市场的发展运行，都经历了几个重要的转折点和不同的发展时期，因此两者之间的关联性肯定不是一成不变的。因此本研究选择基于结构突变点的 VAR 模型分析两者之间的动态关联性。通过实证分析发现经济政策不确定性与上证综指波动率之间的关联性存在 3 个结构突变点，分别为 1999 年 11 月、2007 年 10 月、2016 年 10 月，相应地将样本分为 4 个阶段：

第一阶段（1995 年 1 月—1999 年 11 月），通过双变量 VAR 模型系数可以看出彼此影响为负，相应的脉冲响应图及方差分解也显示副作用影响。结合第三章中对中国股票市场发展阶段的划分及分析，1999年11月以前的时间段内，股票市场处于初步发展阶段，无论是市场内部运行还是国家政策管控都处于相对无序状态，所以股票市场的波动与政策不确定性之间的关联呈现出看似非合理状态，这其实是由于探索阶段的各种非常态管理运行所导致的。

第二阶段（1999年12月—2007年10月），通过模型系数及格兰杰因果检验等一系列实证分析发现，经济政策不确定对股票市场波动有明显的正向影响，是股票波动的格兰杰原因。说明经济不确定性提高时，股票市场的波动率也明显提高，而股票市场的波动性变动本身对于政策不确定性并没有明显影响。这一阶段是我国股票市场的规范化发展阶段，政策制定者试图通过各种调整型手段的出台来规范化股票市场的发展，很多情况下政策的频繁出台和变动并不是由于股市的异常波动，而是一种政策的调整和试运行。

第三阶段（2007年11月—2016年10月），双变量相互系数为正，而且MLEPU指数是股票市场波动的格兰杰原因，经济政策不确定性的变动和股票市场波动率的提高对彼此都有一个正向的影响。

第四阶段（2016年11月—2019年4月），双变量相互影响系数为正，且股票市场波动是经济政策不确定性的格兰杰原因。从脉冲响应图及方差分解图表可以看出，对彼此的冲击反映都较大。根据前文股票市场发展阶段的划分，2009年至今是中国股票市场的深化改革阶段，政府致力于改善对股票市场的调控措施，试图加强对股票市场异常波动的管理。两个变量之间的相互正向影响程度显著超过前两个时段。

第三部分为第五章和第六章。在研究了经济政策不确定性与整体股票市场波动的动态关联性之后，第五章和第六章分别从企业和投资者角度出发深入研究经济政策不确定性对于个股波动的异质性影响。经济政策不确定对于个股收益率波动的影响无非通过两个重要渠道，第一个是通过公司基本面的特性来影响股价波动率，如企业的股权性质和规模等因素；第二个是通过投资者的投机性行为来影响股票波动率。

第五章研究重点是基于企业基本面特性进行经济政策不确定性对个股波动的异质性影响分析，选择在上交所和深交所上市的A股上市公司股票波动率作为研究对象，考虑到数据的可得性和第四章的研究结论，以1999年12月至2018年12月作为样本区间，通过面板数据双固定效应模型进行实证分析发现：股票市场异常波动时期如2007年全球金融危机发生时，经济政策不确定性对个股波动的推动作用显著高于正常时期，然而在2015年我国股灾时期，经济政策不确定性对股市作用发生显著变化，并未如前期一样有加剧波动的趋势。这说明随着股票市场的发展和监督管理机制的不断完善，投资者与企业经营者或许出于自我保护的观望态度，适度降低股票买卖换手率以延缓风险。根据企业的股权所有制形式进行样本划分，发现国有企业个股应对经济政策不确定冲击的能力明显强于非国有企业。以企业的规模、股权收益率等个体特性对样本进行划分，发现对于股权收益率和资本收益率较低的企业的股票波动率对经济政策不确性的冲击的防范能力更弱。

第六章从股票市场的另一重要参与方即投资者的角度深入分析经济政策不确定性对个股波动的非对称影响，考虑到数据的可得性，选择在深交所和上交所上市的A股上市公司作为研究对象，删除了ST股、金融企业和数据缺失的企业，并以2003年2月至2018年12月为样本区间，分别从机构投资者和投资者情绪两个角度进行实证分析发现：上市企业中机构投资者持股比例对于个股波动具有平缓性作用，即有效降低个股波动率，而投资者情绪则对个股波动有正向推动作用，即当投资者情绪高涨时，个股波动率更大。进一步考虑经济政策不确定与其交互项的异质性效应后发现，机构投资者持股比例升高时，削弱了经济政策不确定指数对于个股波动影响的边际效应，即机构投资者持股比例较高时，经济政策不确定性对个股波动的负面作用降低，虽然结果并不是很显著。通过观察 EPU 指数与投资者情绪指标的交互项系数，发现投资者情绪的提高导致经济政策不确定性水平对个股波动的边际效应增加，即投资者情绪较高时，经济政策不确定性的增加导致个股股票收益率出现更大幅度的变动。

  第四部分为第七章。在前文进行了全方面的细致深入分析后，第七章进行了结论性总结，并根据研究结论对政府制定政策和投资者做出决策提出 6 个方面的建议。最后指出了尚且存在的不足和进一步的研究展望，以期学者们在未来该领域研究中能够更加深入和全面。

目 录

第一章 绪 论 … 1
 第一节 选题背景和研究意义 … 1
 第二节 研究内容和拟解决的问题 … 4
 第三节 范畴界定 … 6
 第四节 研究方法和思路 … 8
 第五节 创新点与不足 … 10

第二章 文献综述与理论基础 … 12
 第一节 文献综述 … 12
 第二节 理论基础 … 31
 第三节 本章小结 … 42

第三章 关键指标特性分析 … 44
 第一节 经济政策不确定性特征分析 … 44
 第二节 股票市场波动性特征分析 … 73
 第三节 中国股票市场现状分析 … 92
 第四节 本章小结 … 109

第四章 基于结构突变的 EPU 指数与股市波动的动态关联研究 … 111
 第一节 基础理论模型 … 111
 第二节 实证分析 … 121
 第三节 本章小结 … 138

第五章 基于公司基本面的经济政策不确定性对个股波动非对称影响研究　141
第一节 理论分析与研究假说　142
第二节 模型设定与变量定义　144
第三节 实证分析　150
第四节 本章小结　164

第六章 基于投资者角度的经济政策不确定性对个股波动异质性影响研究　166
第一节 理论基础与投资者情况概述　167
第二节 模型设定与数据选取　178
第三节 实证分析　180
第四节 本章小结　187

第七章 结论及政策建议　189
第一节 研究结论　189
第二节 政策建议　193
第三节 研究展望　196

参考文献　198

第一章 绪 论

第一节 选题背景和研究意义

一、选题背景

党的十九大报告指出:"世界多极化、经济全球化、社会信息化、文化多样化深入发展,全球治理体系和国际秩序变革加速推进,各国相互联系和依存日益加深,国际力量对比更趋平衡,和平发展大势不可逆转。同时,世界面临的不稳定性不确定性突出,世界经济增长动能不足……人类面临许多共同挑战。"[①]。可以看出,不确定性是全世界正在面临的共同问题之一。

改革开放40余年以来,在党的带领下,我国经济蓬勃发展并实现了质的飞跃,一跃成为全球第二大经济体。但是随着经济体制改革的进一步推进及供求等多方面因素的变化,我国经济发展进入关键转

[①] 习近平代表第十八届中央委员会于2017年10月18日在中国共产党第十九次全国代表大会上向大会作的报告:《决胜全面建成小康社会 夺取新时代中国特色社会主义伟大胜利》。

型时期。在经济发展的新常态阶段，需要一系列的改革与调整实现经济的平稳过渡，以缓解下行压力，因此政府会推出各类政策调整措施为经济发展保驾护航。从近几年的经济政策推行整体状况来看，政策发布频率显著提高，政策在不断发挥良好调控效力的同时，其不确定性也逐渐成为关注焦点。

经济的发展离不开国家的宏观调控，经济结构的调整与宏观经济的发展一直受到政府政策的影响。具有连续性的稳定政策有利于经济各参与方更好适应政策规定，以更好地达到政策制定指出的目的，一旦政策频繁变动或调整，很容易引发经济参与方的投机性行为，尤其是本身就受投机性影响十分严重的股票市场。"政策市"一直是我国股票市场的特点之一，即股票市场的基本走势受政策的影响比较大。我国股票市场在成立之初不是市场自发的行为结果，而是由政府出面推动成立的。20世纪90年代初，上交所与深交所相继成立被认为是我国股票市场正式形成的标志，在最初的股票市场上主要上市企业和融资机构都是国有企业或由政府牵头成立的，具有较强的"政策性"。在随后股票市场的发展过程中，政府一直充当重要调整角色。由此可见，股票市场受政策影响的同时，政策的不确定性也势必会对股票市场产生重要影响。在股票市场研究领域，波动性一直是社会各界及学者们关注和研究的重点领域。波动性通常以股票收盘价的收益率标准差来测度，一定程度上反映了持有股票的风险，是股票市场上信息是否有效的一种体现。波动性并不是全然代表股票市场的无效或信息的完全失衡，合理适度的波动是成熟股票市场的体现，有利于其发挥资源配置和有效融资的作用，促进经济的健康发展。但是股票市场过度波动则会引发金融风险，严重损害投资者利益，阻碍实体经济的发展，进一步导致宏观经济的有序运行。

我国股票市场尚在发展过程中，各项机制还不完善，与西方发达国家成熟股票市场之间存在较大差距，投机性较强并历经多次大规模异常波动。各类投资者持有股票的目的不是长期持有以获得分红，而是企图通过买卖价差获取投机利益，当前个股价格尚不能完全反映企业基本面的真实价值。在这种投机性较强的非正常持有目的下，股票价格极易受到外部环境的影响，尤其是政府政策的影响。当前我国为维护经济持续健康有序发展，频繁推出各类型调整政策，在此背景下，研究经济政策不确定性对股票市场波动的影响，找出其影响内在机理，对于保持股票市场适度波动，防范金融风险及维护整体经济有序健康发展具有重要的理论价值和现实意义。

二、研究意义

第一，在我国经济新常态的背景下，中美贸易摩擦频繁的现实环境中，政府为稳定经济运行，促进经济持续发展势必要平衡"看不见的手"与"看得见的手"之间的关系，在经济政策的政策调节作用与政策不确定性的反噬作用之间做出平衡。尤其是整体规模持续扩张且对实体经济融资和调节具有重要作用的股票市场，研究经济政策不确定性对股票市场的内在影响，有利于发现政策调控与市场自发调节在经济中的各自角色和定位，正视政策对经济发展的各类影响，为经济健康有序发展营造稳定、持续的政策环境。

第二，我国股票市场的主要参与方是作为资金提供方的各类投资者和作为资金需求方的各大上市公司。其中投资者分为个人投资者与机构投资者，上市公司分为A股、B股、新三板、科创版等各种类型和规模不同的企业。通过参与方可以看出，股票市场涉及范围广，可以方便快捷地反映众多关键市场信息，一定程度上反映国家整体经济运行状况，具有经济运行"晴雨表"的重要功能。但是广大学者们通过研究发现，我国股票市场异常波动频繁，在很多时刻并不能反映我国宏观经济运行的实际情况，尤其是内外部环境不确定较高的特殊时期。因此通过研究经济政策不确定性对股票市场影响的内在机理，可以为上市公司管理者在面对个股异常波动时识别波动背后的机理，快速调整企业运行方向及战略，以维护企业的市场价值。同时由于我国股票市场投机性严重，广大投资者的投资行为由于受到各类"噪声"的影响，经常遭受投资损失，本书探寻经济政策不确定性股票市场波动的内在机理也利于给投资者提供一定的理论支持，规避投资风险，更好地维护自身利益。

第三，我国股票市场与西方成熟股票市场相比，发展历程较短，市场尚未在金融领域发挥根本性的调节作用，各类调控及运行机制尚不健全，因此市场出现各类因素所导致的异常波动，尚且不能对宏观经济真正起到有效平稳的推动作用，有时甚至因过度波动而危害实体经济的发展。在当前外部环境错综复杂，不确定性成为全球性问题且内部经济下行压力较大的背景下，研究经济政策不确定性对股市波动的影响，对于防范金融风险、维护全球金融稳定都具有重大意义。基于结构突变的理论前提，根据股票市场发展阶段、投资者性质、企业股权性质、企业规模等多个角度的对比实证分析所得到的研究结论，对于投资者制定投资策略和政府推行调整政策都具有十分重要的理论价值。

第二节　研究内容和拟解决的问题

一、研究内容

本研究针对经济政策不确定与股票市场波动的动态关联性，共有7章，可以划分为以下四个部分。

第一个部分为前两章内容，首先第一章中梳理了本研究的现实背景，指出在新常态和中美摩擦的现实环境下，经济政策不确定性持续升高，由此所导致的一系列投机性问题都足以引起各界的关注。尤其是投机性行为本身就十分常见的金融领域，因此经济政策不确定性对于股票市场的影响具有较大的现实意义。其次在开展具体实证研究之前，对该领域的相关文献进行了梳理和总结。其中对于经济政策不确定性的量化指标和股票波动影响两方面进行综述分析，为后续的特性分析与控制变量的选择奠定基础，然后对于两者关联性的已有研究进行了梳理与总结，并指出已有研究的不足之处。

第二个部分为第三章和第四章内容。第三章首先对经济政策不确定性指数这一关键指标的选定和制定标准进行了详细分析，并通过所选用指标的趋势走向与特性分析来验证 EPU 指数的代表性与科学性。为了对两大指标有一个更好的剖析和了解，在第三章第二、第三节对我国股票市场的发展阶段、波动特性、存在的问题等方面进行深入分析。第四章在对两个变量分别进行了各自细致研究基础上,利用结构突变的 VAR 模型对经济政策不确定指数和中国整体股票市场之间的动态关联性进行实证分析,选择上证综指股票收益率的波动性作为整体股票市场波动的代替指标,找出两者关联性之间的结构突变点,并对由突变点划分的各个阶段分别进行格兰杰因果关系检验和脉冲响应分析。

第三个部分为第五、第六章的内容。在前文对经济政策不确定性与整体股票市场的关联性进行细致分析之后,从个股股价波动的角度来深入探讨经济政策不确定性的存在对个股波动率的异质性影响。基于经济政策不确定性对于个股波动的影响机理,第五章和第六章分别从公司基本面和投资者的角度逐步分析各种异质性和非对称影响的存在。第五章以公司基本面作为研究切入点,以在深交所和上交所上市的 A 股上市公司波动率作为关键被解释变量,以面板数据双固定效应模型作为研究工具,分别从企业规模、股权性质、股权收益率、不同股票市场发展阶段等角度全方面对比分析经济政策不确定性对不同个股的异质性影响分析。第六章以企业股权的持有方即投资者角度来展开研究,企业股票持有者主要分为机构投资者和个人投资者两大类,对当前我国机构投资者的发展状况和投资者情绪指标的构建进行了梳理和总结,并在此基础上分别研究经济政策不确定性水平较高的情况下,企业机构投资者持股比例和投资者情绪对个股波动的影响。

第四个部分为第七章的内容,在前文一系列实证分析的基础上,第七章对于研究结论进行了简要的梳理和总结,并根据研究结论提出了两大方面的政策建议和本研究尚且存在的不足之处,希望学者们在未来过程能逐步完善该领域的研究。

二、拟解决的问题

第一,以往研究往往侧重于政策对股市的单项影响机理,但是综合考虑两者的相互影响机理更能发现背后的深层关联性。因此需研究经济政策不确定性与股票市场波动关联性的理论内在相互影响机理。

第二,在现有 GARCH 族模型及 VAR 模型的基础之上,进行模型的修正与创新,以期找到更适合我国经政策不确定性与股票市场波动关联性研究的模型。

第三，实证分析过程中，为避免单一波动率的局限性，对股票市场波动率进行全面和科学的测度，并考虑上证和深证的代表性指数，从而做到细致和全面处理股票市场波动数据。

第四，验证经济政策不确定性对 A 股上市公司个股股票波动的非对称性影响，在研究过程中，对上市企业按照股权性质、企业规模、股权收益率等标准对不同性质个股进行合理科学的划分，基于不同角度的对比深入分析非对称影响的存在和原理。

第三节 范畴界定

一、经济政策不确定性

经济政策不确定的研究过程中，量化指标的制定及选择一直是被重点关注的问题。以往学者们在研究过程中的量化方式主要有三种：第一种是领导人的更替，国外如美国总统、州长的选举，国内如市长、市委书记的更替等；第二种是重大事件的发生，例如海湾战争、9·11 事件、2008 年金融危机等重大事件被认为是政策不确定性高涨时期；第三种是由芝加哥大学和斯坦福大学的学者们制定的 EPU 指数。针对三种量化指标的优缺点分析将在后续章节中进行，具体研究过程中将选择 EPU 指数作为中国经济政策不确定性的量化指标。

来自芝加哥大学和斯坦福大学的 EPU 指数研究团队将经济政策不确定性定义为由于政府未来的政策不明朗，所造成的经济风险。该团队共构建了 12 个大经济体的经济不确定性指数，包括美国、欧洲、日本、俄罗斯、中国等经济体，但在测度各个经济体进行经济政策不确定性指数的过程中，其采用了不同的梳理渠道。针对中国的经济政策不确定性指数主要有两类：第一类是由 Baker 等学者根据香港最大的中文报纸《南华早报》（SCMP）制定的 EPU 指数，第二类是由 Davis 等学者根据《光明日报》和《人民日报》制定的 EPU 指数。本研究主要采用 Davis 等学者制定的中国 EPU 指数作为经济政策不确定的量化指标，为保证研究结论的稳健性，同时采用 Baker 等学者制定的中国 EPU 指数作为替代变量。

Davis 等学者根据《人民日报》和《光明日报》为数据分析对象和来源，通过搜索"经济的""不确定性""立法""规则制度""赤字"等与经济相关的关键词，对标的均值与标准差进行标准正态化处理，并按照相应概率赋予权重后，通过数据合成方法构建出中国的 EPU 指数。通过该指标的构建方式可以看出，EPU 指数涵盖了经济政策中常见的货币政策、财政政策及其他与经济运行相关的经济政策，具有较强的全面性，与前文提到的官员更替指标和重大事件法相比具有持续性、可对比性等重要优势。

经济政策不确定性本身存在各方面不同的范畴，如政策执行力度的变化，政策执行手段的变化，政策目标的变化，政策指导方式的变化，及变化本身的可能性大小等等。各个角度不同程度的变化都有可能对经济运行产生不同的调整结果。每天全球各地都有不同的经济政策相继推出，以满足于政策制定者不同的政策调整目标，在其制定不同政策的过程中，由于各种不确定外部因素的作用，政策本身可能无法真正实现预期而产生偏移。这种偏移的本身除了受到外部不确定性因素影响之外，也会受到政策实施过程本身手段或者方式的左右。本书以经济政策不确定性作为关键变量之一，重点研究经济政策不确定性对股票市场波动的深层影响，以期找到内在影响机理，为进一步的政策建议提供理论基础。

二、股票波动

在股票市场的研究中，波动性是一个恒久不变的经典主题，受到科研工作者及机构投资者的密切关注，成为现代金融市场和学术研究的核心问题之一。波动性是股票市场所面临的不确定性，或者说是风险，作为股票市场有效性的一种体现，波动性是对不完全信息市场的一种反映，常常使用股票市场日收益的年化标准差来测度，它反映的是一段时间的总体变化幅度，而非股票价格趋势的体现。

股票市场的波动可以分为股票价格的波动和股票收益的波动，通常在研究过程中，股票市场波动是指收益波动的标准差，反映收益波动的分散程度的大小,对于时间序列数据的分析,股票收益的波动被认为更切实反映股票市场内部的变化。在成熟的金融市场上,可以获得以下三种股票波动率,分别是历史波动率、实际波动率和隐含波动率。本书将选用历史波动率中的对数收益计算所得到的波动率作为股票市场波动率的替代指标。关于三种波动率的具体计算方式和特性将在后续章节中进行详细分析。

第四节 研究方法和思路

一、研究方法

第一,文献归纳与对比分析相结合。对该领域已有文献进行总结,梳理了当前经济政策不确定性和股票市场波动的研究方法和结论,并归纳了两者之间关联性的研究成果和尚且存在的不足之处。主要总结当前股票市场波动的特征和影响因素,以及经济政策不确定性的测度及对经济的影响,在此基础上形成本书的研究思路和框架。在具体研究过程中,除了对全样本进行实证分析外,采用各种划分指标对研究对象和样本空间进行划分,进而通过各部分的对比分析来深化研究角度和完善研究结论。

第二,定性分析与定量分析相结合。股票市场波动的研究方法多种多样,实证结果也充满着复杂性和不确定性,定性分析可从总体上概览股票市场波动和我国经济政策不确定指数的基本特征,但是若想深入分析股票市场及其与经济政策不确定性之间的关联性,就须采用定量分析这种采用更为精确的计量方法。本书在格兰杰因果检验的基础上,采用结构突变 VAR 模型和面板数据双固定效应模型深入探讨经济政策不确定性与股票市场波动的内在动态关联,与定性分析相互结合与补充。

二、研究思路

本书的研究思路如图1.1框架结构图所示。

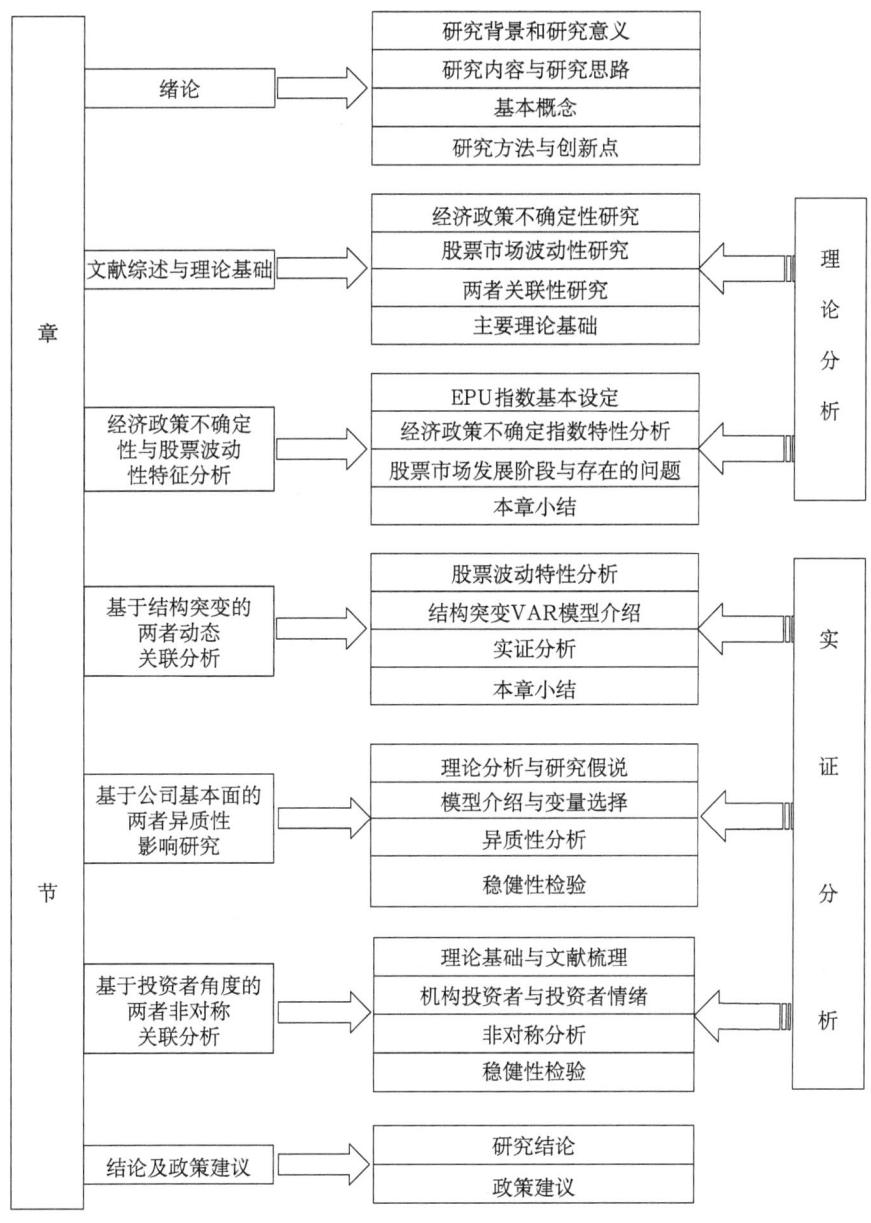

图1.1 框架结构图

第五节 创新点与不足

一、创新点

第一,在具体研究经济政策不确定性与股票市场波动动态关联之前,不仅分析了我国股票市场波动的特征和影响因素,而且对经济政策不确定性本身进行了量化指标对比分析,关键是重点分析了经济政策不确定的趋势和统计特征。与之前的单纯只研究股票市场波动特征不同,两种指标各自特征和影响因素的细化研究,有利于深层挖掘两者之间内在关联性。

第二,首次使用 Davis 等学者根据《光明日报》和《人民日报》制定的中国 EPU 指数作为研究对象。在已有研究中,学者们多选择使用由 Baker 等根据香港最大的中文报纸《南华早报》(SCMP)制定的中国 EPU 指数作为中国经济政策不确定性的量化指标,虽然这两个指数来自同一个网站,皆是由芝加哥大学和斯坦福大学在经济政策不确定性网站上发布的[①]。但是对于中国经济政策类相关信息的报道上,《南华早报》与《光明日报》《人民日报》相比,在权威性、全面性和及时性方面尚且存在差距。为了进行研究结论的稳健性检验,将两种指数分别作为主要指标和替代性指标。

第三,选择使用基于结构突变的 VAR 模型进行实证分析,进行此研究设计的原因在于通过对中国经济政策确定性和股票市场波动的趋势及特性进行分析发现,两者均经历了几个重大的转折点和特性鲜明的不同发展阶段,因此经济政策不确定性与股票市场波动之间的关联性不可能是一成不变的。单纯的对全阶段进行实证分析是片面的、

---

① 经济政策不确定性指数(EPU 指数)由斯坦福大学和芝加哥大学的 Scott R. Baker、Nicholas Bloom 和 Steven J. Davis 等学者编制,主要用来反映世界各大经济体经济和政策的不确定性。具体数据公布于网站:http://www.policyuncertainty.com/index.html。

非客观的,选择结构突变 VAR 模型进行分析后发现两者之间的关联性存在 3 个突变点,将整体样本分为 4 个阶段,两者关联性在不同阶段具有截然不同的表现。特别需要说明的是这 4 个阶段与股票市场发展阶段的划分是恰好是一致的,由此可从侧面证明本研究设计的科学性和全面性。

第四,为了深入研究经济政策不确定性对股票市场波动的影响,在研究了 EPU 指数与整体股市波动动态关联的基础上,以 A 股上市公司的个股作为研究对象。考虑到经济政策不确定性对个股波动的影响机理,分别从公司基本面和投资者情绪两个层面,对不同历史划分阶段、不同股权性质、不同规模、不同投资者分布方面等进行全样本分析和对比分析,细致的研究了经济政策不确定性对个股波动异质性与非对称影响。

二、不足之处

受制于研究数据和视角的局限性,本书在研究设计和具体分析中尚且存在以下不足之处:

首先是经济政策不确定性量化指标的局限性问题。所选用的 EPU 指数是基于中文报纸新闻报道的月度数据,但由于汉语中对"政策"和"不确定性"的描述较为复杂,通过对报纸内容进行简单文本分析很难得到经济政策不确定性十分准确的衡量指标。

其次是对个股波动性研究中的上市企业选择问题。选择在上交所和深交所上市的 A 股上市公司作为研究对象,忽略了个体规模虽然不大但是整体规模较大且对国计民生十分重要的中小板、创业板和科创板类企业,导致研究设计可能存在片面性。

最后是研究结论的特定性。由于股票市场波动受到复杂因素的影响,研究结论是基于当前现实背景及数据下的实证分析结论,当内外部环境发生不同程度变化时,具体情况可能会有变动。

第二章 文献综述与理论基础

第一节 文献综述

一、经济政策不确定性研究综述

(一) 政策不确定性研究

在政策不确定性及其主要影响的研究过程中，对于"政策不确定性"这一变量的测度，学者们分别从以下三个角度对其进行衡量。

第一种是以领导人的更替作为政策不确定性的测度。在美国等西方国家，每次选举所导致的领导人更替能很好地测度政策的不确定性，因为激烈的选举过程本身代表掌权领导人的更替和去留，人员去留本身就存在较大不确定性。而且新上任领导人很可能存在与前任领导人不同的政策偏好及价值取向，基于新的政治背景，选举及结果本身的不确定性代表了极大程度上的政策不确定性。Hong & Kostovetsky (2012) 提出不同党派的领导人在政策上面有很大的差异，这种差异的存在往往成为其战胜对手党派成为"胜者"的有力法宝，特别是民众对于上一届领导有较大不满时，这种差异性的确实性存在势必带来政策的不确定性。即使是同一党派的领导人在选举中获得胜利，由于选举背景的不同，也会导致原有政策出现变动。Białkowski et al（2008）基于美国的选举制度，利用跨国数据和美国数据研究政策不确定的全球性影响，但在实证的过程中个别国家的特征是很难控制的变量，而单独采用美国的数据又缺乏有效的控制样本作为参照。而与美国总统选举不同，美国州长的选举及法则变更方面，州政府有较大的自主权，所以各个州每四年一次的州长选举为实证研究创造了很好的自然试验样本及控制样本，因此 Gao & Qi（2013）以美国州长选举为背景展开了对政策不确定性的研究。

在我国的政策不确定性测度研究中，地方官员的变更主要来自任期制和异地交流制度。耿曙等（2016）统计我国省级官员任期平均为4年，而地市、县级官员平均任期仅为3年，任期短且频繁更换成为地方官员任职常态。张军（2005）在分析地方官员政绩观时提出，在财政分权的基本背景下，由于地方官员的考核与任免由中央政府控制，官员为得到政治晋升必须有强烈的动机致力于地方经济发展才能在 GDP 竞赛中获得胜利。为了展示自己的领导能力做出更好成绩，地方官员经常忽视本地区的长远发展，往往开展突进式或盲目式项目，终止上一任领导的政策规划，影响了政策的稳定性和连续性，导致了政策的极大不确定性。徐业坤等（2013）以我国市委书记的更替作为政策不确定性的测度标准，研究得出民间投资资本会受到政策不确定性的显著影响，在其认为不确定性增强即官员更替前后，投资支出会明显下降。郭华等（2016）沿用了徐业坤关于政策不确定性的测度指标，得出不确定性提高时企业的研发投入将会减少的结论。

第二种是以重大事件测度政策不确定性。由于重大事件的发生及其影响具有很大的不可预测性，而且往往重大事件之后势必引发局势的动荡不安和政策的应急式应对，因此利用大事件的发生作为政策不确定性的测度也存在一定的合理性。Kim & Kung（2014）在研究政策不确定性对企业投资影响的过程是否受资产重置能力影响时，利用了对资产破坏力巨大的海湾战争和"9·11"事件作为政策的不确定性衡量指标，海湾战争及"9·11"事件的危害及后期一系列新兴政策应对措施在此不予赘述，但足可见重大事件的发生确实会导致政策的不确定性。Chau et al（2014）利用"阿拉伯之春"这一重大事件中阿拉伯世界爆发的内乱作为政策不确定的测度研究了其对股票市场波动的影响。Huang et al（2015）利用国际政治危机事件作为政策不确定的代理变量来检验其对企业股利政策的影响。

第三种是经济政策不确定性指数。Gulen & Ion（2013）认为将官员选举更替作为政策不确定性的测度指标时，将选举作为虚拟变量，研究相对于不进行选举的年份，进行选举年份的政策不确定性。但是不进行选举的年份却因为无法衡量其政策不确定性而不利于全面研究。同样对于将重大事件作为政策不确定的测度指标时，仍然存在类似的问题，因为重大事件的发生具有不确定性，对于没有发生大事件的年份无法测度政策的不确定性。因此上述不确定性衡量指标具有不持续性的缺点，且不确定性的高低无法准确识别，正是由于以上各种局限的存在，政策不确定性指数应运而生。来自斯坦福大学与芝加哥大学的 Baker et al（2016）创造性地提出了经济政策不确定性（Economic Policy Uncertainty，EPU）指数用来衡量全球各大经济体经济政策的不确定性。Baker 等学者将经济政策不确定性定义为，由政府未来的政策不明朗所造成的经济风险。其研究团队共构建了 12 个大经济体的经济不确定性指数，包括美国、欧洲、日本、俄罗斯、中国等经济体，但在测度各个经济体进行经济政策不确定性指数的过程中，Baker 等学者采用了不同的梳理渠道。

美国的经济不确定性指数由三个部分通过一定规则加权而成：第一部分是新闻指数（News Index），即通过统计美国 10 家大型报社中与经济政策不确定性有关的文章数目来衡量经济政策的不确定性。第二部分是税法法条失效指数（Tax Expiration Index），即通过统计每年失效的税法之法条数目来衡量税法变动的不确定性。第三部分是经济预测差异指数（Economic Forecaster Disagreement Index），具体又分为 CPI Disagreement 和 Federal/State and Local Government Expenditure Disagreement，即通过考察不同预测机构对重要经济指标的预测差异来衡量经济政策的不确定性。EPU 总指数（Overall Index）是上述四个子指数的加权总和，即 1/2 的新闻指数、1/6 的税法法条失效指数、1/6 的 CPI 预测差值和 1/6 的联邦/州/地方政府支出预测差值。而欧洲和中国的 EPU 指数仅指综合指数的第一部分，即新闻指数，所以称作 News-Based EPU。具体来说，选取欧洲和中国的大型报社，通过搜索关键词"uncertain/uncertainty""economic/economy""policy""ax""t""spending""regulation""central bank""budget"和"deficit"等筛选出与经济政策不确定相关的文章，在进行统计和标准化处理后得到指数。虽然仅是新闻指数，但 Baker 等学者指出，News-Based EPU 仍然具有代表性，因为其与综合指数具有很强的相关性。

关于我国经济不确定性指数的衡量，经济政策不确定性网站公布了两组数据，第一组是 Baker 等学者以香港最大英文报纸《南华早报》为数据分析对象和来源，第二组是 Davis 等学者根据《人民日报》和《光明日报》为数据分析对象和来源，通过搜索"经济的""不确定性""立法""规则制度""赤字"等与经济相关的关键词，对标的均值与标准差进行标准正态化处理，并按照相应概率赋予权重后，通过数据合成方法构建出中国的 EPU 指数。通过该指标的构建方式可以看出，EPU 指数涵盖了经济政策中常见的货币政策、财政政策及其他与经济运行相关的经济政策，具有较强的全面性，与前文提到的官员更替指标和重大事件法相比具有以下重要优势：首先，该指数不仅可以衡量本国或者本经济体的政策不确定性，还可以蔓延到其他经济体，能有效进行对比分析，且具有持续性，在横向比较的基础上进行纵向深入分析。其次，对于我国的 EPU 指数而言，该指数的计算由每日报纸数据得出，具有较高的数据频率，虽然现在归纳为月度数据，但报纸每日更新，随着研究的深入完全可以获得日度数据。最后，EPU 指数可以按照关键词进行分类，从而进一步构建特定类别的指数，对于特殊时期或特殊事件可单独深入研究。通过对 EPU 指数的趋势分析发现，在上文提到的美国大选、海湾战争、"9·11"事件都位于 EPU 指数的高点，说明该指数计算的合理性，包含了传统的重大事件，具有全面性和代表性。

EPU 指数利用报纸上的信息和数据来测定经济政策不确定性，是对经济变量衡量的方法上的创新与发展，通过全新的视角，对新闻媒体出版物的信息进行合理处理与整合，灵活运动先进的信息技术分析手段，将信息转化为可以量化并用于实证研究的数据，具有较强的科学性和先进性，对于政策不确定性的衡量具有重要历史意义。但任何一种方法都不可能是完美的，EPU 指数的数据来源并非原始变量，而是通过文本分析获得，所以该方法对于当下政策不确定性的衡量有局限性，不能快速得到数据。但与其他的测度指标相比，具有无可比拟的优越性，因此在当前政策不确定性的研究中，学者们大都使用这一指数。在下面的研究过程中，本书主要采用 Baker 与 Davis 等学者制定的两种中国 EPU 指数开展对我国经济政策不确定性的研究。

（二）经济政策不确定性的影响研究综述

近年来关于不确定的研究逐渐成为大家的研究重点，不确定性包含很多方面，既有经济不确定性又有政策的不确定性，但本书的研究重点将两者结合起来，即经济政策的不确定性。在我国经济整体运行过程中，政策一直具有不可或缺的调节作用，同时政策的不确定性也对经济运行各参与方的具体行为施加限制与约束。不确定性在影响企业微观行为之后，必然会影响宏观经济的运行，本小节将从宏微观两个层面来对政策不确定性的影响进行梳理与回顾。

经济政策不确定性的存在会对宏观经济发展和微观企业行为产生深刻影响。国际货币组织在 2012 年的《世界经济展望》报告中多次提及经济政策不确定性，认为经济政策不确定性导致企业和家庭减少投资、雇佣和消费，给世界经济复苏带来沉重的压力。2008 年全球性金融危机的爆发使世界范围内经济政策不确定性大幅上升，学术界也开始高度关注经济政策不确定性问题的研究。现有研究文献主要从经济政策不确定性影响宏观经济运行和微观企业行为两个层面展开。政策不确定性能够对实体经济产生影响的理论基础在于，政策不确定性会对政策决策者和微观经济个体的决策过程施加更多的约束，比如决策者和微观个体的信息集和决策区间期限。通过对微观个体决策过程的约束的改变，政策不确定性能够导致政策决策者和微观经济个体的选择偏离最优的选项。不确定性在影响企业微观行为之后，必然会影响到宏观经济的运行，因此本小节将从宏微观两个层面来对政策不确定性的影响进行梳理与回顾。

1. 政策不确定性对微观企业行为的影响

在梳理政策不确定性与微观企业行为的文献时，将学者们的研究中涉及的政策不确定性代理指标划分为 Baker EPU 指数与非 Baker EPU 指数。根据上节的文献综述可以得出，在 Baker 等学者制定 EPU 指数之前，学者们主要将政府选举、官员更替、重大事件等作为政策不确定性的代理指标。

Bloom（2007）经过研究指出，虽然不确定性会给投资、就业、生产率等方面带来暂时的负面冲击，但是由于调整成本特征的差异，它对研发行为的影响可能不同于其他经济活动。Julio & Yook（2012）将对国家领导人实行固定任期制的国家作为样本选择对象，综合考虑不同国家在选举期间政府投资行为的变化后发现，企业投资支出总量与普通年份相比，在选举年份显著降低 4.8%。除了对企业投资方面的影响以外，Pastor & Veronesi（2012）研究发现经济政策不确定性较高的年份，金融风险明显加大，进而导致企业生产和技术两方面的投资都有所降低。Bhattacharya et al（2017）也通过跨国面板数据实证分析发现，经济政策不确定性显著阻碍了企业的创新步伐，进而导致整个国家创新动力不足，尤其是研发强度较大的关键性创新类行业，负面作用更加明显。Ion et al（2016）提出经济政策调整的时机、方向和内容都会对经济主体各方面的决策行为产生影响，政策的不确定性增加会显著提高企业未来盈利的不确定性。Bonaime et al（2018）以美国州长选举和内部冲突作为经济政策不确定性的量化指标及工具变量，研究了经济政策不确定性对企业兼并方面的影响，发现政策不确定性会导致企业兼并规模、概率的显著下降。通过梳理国外学者们关于经济政策不确定性对微观企业行为的影响研究可以看出，经济政策不确定性水平较高对企业运营的各个方面存在不同程度的负面影响。

国内现有文献中关于政府的政策不确定性对企业运营的影响研究

也可以按照政策不确定性的代理指标 EPU 指数与非 EPU 指数进行简单划分。以非 EPU 指数作为经济政策不确定性的量化指标研究中，陈艳艳和罗党论（2012）以地方官员的变更作为经济政策不确定性的代理指标，研究发现在地方官员的变更时期的高度政策不确定性时期，虽然投资支出有所增加，但投资效率明显下降。罗党论等（2016）在前期研究基础上，继续以地方官员变更作为经济政策不确定性量化指标，研究了官员变更对企业所处的外部环境的影响。其经过研究发现，地方官员变更时期，不仅导致企业的投资效率较低，而且企业所面临的市场环境风险加大，进而导致该地区企业的倒闭风险提高。由于官员变更所导致的经济政策不确定性升高对于国有企业的风险影响远大于非国有企业。但这种负面影响的大小与"新官员"和省级官员的"老乡关系"有关，当变更后的新官员与上一级的关于有比较亲密的同乡关系时，其官员变更所导致的企业风险显著减弱。官员变更对企业的影响除了导致风险加大之外，还会导致企业税收规避行为增加。

陈德球等（2016）通过实证分析发现，地方核心官员的变更，导致企业的出现更多的税收规避行为，特别是税收征管强度较低的地区以及与政府有一定关联度的民营企业。当新上任的地方官员为"外地人"或者原官员的非正常更替时，也会加重企业的规避行为。除了对企业投资和税收方面的影响外，才国伟等（2018）以地方官员变更作为政策不确定性的代理指标进行研究时发现，地方政府官员变更时期，当时企业的融资总量显著下降，其中对债券融资的影响大于对股权融资的影响。经济政策不确定性的提高通过对企业融资的负面影响导致企业投资的减少，尤其是与政府关联性较强的大型国有企业。

以上文献中国内学者以非 EPU 指数作为经济政策不确定性的代理指标，其中地方政府官员的更替作为主要代理变量，接下来重点梳理以 EPU 指数作为经济政策不确定性的量化指标的相关研究。来自芝加哥大学和斯坦福大学的学者 Baker et al（2016）以当地权威报纸未来数据来源，运用一系列数据提取和加总方法制定了全球多个经济体的 EPU 指数。该研究团队利用 EPU 指数研究发现，经济政策不确定性显著提高股票的波动率,其降低企业的投资规模。在EPU指数推出之后,国内陆续有较多学者以其作为经济政策不确定的重要量化指标,研究EPU指数的高低与企业运营及整体经济运行的关系。在对企业创新性影响方面,郝威亚等(2016)以中国工业企业面板数据进行分析发现,EPU指数的提高导致企业显著减少对研究开发费用的支出,尤其是对国有企业创新抑制影响更加显著。张倩肖和冯雷(2018)通过实证分析发现EPU指数的上升导致企业的资金链受到威胁,来自银行的信贷风险导致没有充足的资金实力支持已有的创新活动,特别是受资金约束更大的民营企业。经济政策不确定性所导致的抑制创新负面效果不仅对不同所有制的企业存在异质性影响,对我国东西部地区也存在不同程度的影响。由于西部地区自身经济水平欠发达,很多企业的创新活动依赖于当地政策支持和东部地区的志愿,所以经济政策不确定性较高时,西区地区的企业创新活动显著减少。

针对这一问题,有学者得出不同的结论,顾夏铭等(2018)利用EPU指数和我国上市公司的创新数据进行实证研究表明,经济政策不确定性正向影响企业的创新投入和产出,但经济政策不确定性的上升也会带来负面影响,如它抑制了企业资本投资活动。陈国进和王少谦(2016)研究了EPU指数的高低与企业投资行为的关系,在企业最优投资决策框架下,经济政策不确定性对于企业投资的抑制性影响主要是以融资成本和资本边际收益率为传导渠道,且这种负面影响存在行业不对称性。彭俞超等(2018)以上市公司作为研究对象,发现经济政策不确定性显著抑制了企业金融化趋势,尤其是竞争性较强的行业,以及受融资约束明显的中西部地区。

通过梳理文献可知,在EPU指数制定推出之前,学者们在研究经济政策不确定性时采用各种各样的代理指标,如选举和任命制带来的官员更替、重大事项的发生等。但上述指标不能很好地量化且不具有持续性,直到Baker等学者制定EPU指数,以其测度的科学性、权威性、全面性迅速成为学者广泛研究政策不确定时的常用测度指标。无论使用哪一种政策不确定的测度指标,当不确定性增加时,使企业面临更高的市场风险,抑制企业的投资与研发创新,不利于企业的发展。

2. 政策不确定性对宏观经济影响研究

在以往政策不确定性对于国家整体经济影响的一系列研究中，学者们多数将政策细分为货币政策与财政政策后，分别研究货币政策不确定与财政政策不确定性对于宏观经济的影响，以及各自的外溢性研究。Muntaz & Zanetti（2013）在 DSGE 中引入货币政策的随机波动这一变量进行实证分析，发现在货币政策显著向上波动时，会导致经济增长率、名义利率及通货膨胀率的下降。Aastveit et al（2013）利用 VAR 模型研究了经济不确定性对货币政策运行效果的影响，首先通过分析政策不确定性指数、消费者预测分析和谷歌新闻等因素识别美国各个季度的经济不确定性，进而通过实证分析发现经济不确定性的提高显著降低货币政策的运行效果。Wu & Xia（2016）分析了货币政策不确定性与美国失业率之间的关联性，其在量化货币政策不确定性时运用了影子利率的波动性来衡量，研究发现货币政策不确定性较高时有效促使失业率的下降，指出 2009 年美国货币政策变动使得美国失业率下降 1%。Johannsen（2014）在新凯恩斯模型中考虑了零利率的约束，通过模型的优化调整研究财政政策不确定性的一系列影响，其通过实证分析发现政府支出和税率方面的不确定性引发的后果巨大，极易导致整体消费、投资和产出的下降。尤其是考虑零利率约束下，财政政策上的不确定性导致经济出现波动，特别是金融危机发生时，财政赤字和公共债务急剧增加，进而引发宏观经济更大的不确定性。

Segal et al（2015）将不确定性本身划分为好的变动与不好的变动，当政策向好的方向变动时对经济有长期的良好效应，当政策向不好的方向变动时，未来消费和投资产出均出现下降的趋势。即政策的不确定性并一定导致坏的结果，根据变动性质的不同，影响性质也随之改变。Fajgelbaum et al（2017）通过构建包含经济不确定性和经济周期的理论模型发现，较高的经济不确定对经济周期的负面作用影响持续时间是很久的，尤其是经济周期处于经济低迷的阶段时，经济不确定性对投资和消费的负面作用更大。Colombo & Valentina（2013）实现了经济政策不确定性的跨区域影响研究，其利用 VAR 模型分析了美国经济政策不确定性对欧洲经济的影响,通过实证分析两个地区的相关数据发现,美国经济政策不确定性对于欧洲的经济产出与通胀水平有显著负面作用,这种负面影响的大小甚至超越了欧洲自身经济政策不确定性的内部影响。

国内的相关文献分别以非 EPU 指数和 EPU 指数为政策不确定性代理指标,研究经济政策不确定性对宏观经济的影响。刘静一(2014)在动态随机一般均衡(DSGE)模型中分别引入货币政策冲击与财政政策冲击,政策的不确定性较高引发实物期权效应和储蓄的增加,导致投资与技术方面的变动,从而导致经济出现滞涨。杨海生等(2015)以官员变更衡量财政政策的不连续性,进而建立一套财政效率评价体系,以全国 31 个省份近 14 年的面板数据为研究对象进行实证分析时发现,地方官员变更中市长的更替会导致当地财政效率下降约 0.15%。肖洁等(2015)以地方官员变更作为经济政策不确定性的量化指标,采用多个地市的面板数据研究官员更替对财政支出的影响时发现,官员变更中尤其是市委书记的变更对财政支出增长率存在显著负面作用。而且这种影响在国内不同地区之间存在非对称性,即在中西部等经济欠发达地区,官员变更所导致的经济政策不确定性提高对财政支出影响更大。黄宁和郭平(2015)以地区差异的角度深入研究政策不确定性对全国范围内各个地区经济状况的非对称影响,通过研究发现政策不确定性导致地区之间投资、消费等水平出现不同程度的下降。田磊和林建浩(2016)利用标准 VAR 模型,以国际性地区差异的角度研究政策不确定性在各个国家之间的不同影响,指出与西方发达国家相比,政策不确定性对国内产出的影响小于西方国家,但是对工业产量和整体物价水平的影响更加显著。在一定程度上,该类研究反映了我国当前产能过剩的深层次原因。

目前已有学者们利用 EPU 指数作为经济政策不确定性的量化指标来研究其对宏观经济的影响。刘镜秀和门明(2015)通过研究指出 EPU 指数的提高导致整体投资与产出水平短期的下降,进而加大宏观经济的波动性。潘家栋和韩沈超(2018)研究了内外部经济政策不确定性指数与我国贸易状况之间的关联性,内部经济政策不确定通过生产供给来影响出口贸易，外部经济政策不确定性通过进口需求影响我国贸易量。杨永聪和李正辉（2018）构建动态面板数据模型进行实证分析，研究表明当国内的 EPU 指数较高时，企业为了规避风险减少国内投资，更多选择对其他国际进行直接投资，进而增加了汇率风险。

二、我国股票市场波动性研究综述

（一）股票市场波动特性研究

在股票波动这一研究系列中，学者们在不断完善计量模型的基础上，主要致力于研究波动的特征及影响因素等方面。研究思路主要为选取某经济体一段时间内的股票市场数据进行实证处理，然后做出未来预测。本小节将伴随着计量模型的研究进展，对股票市场波动基本特征和影响因素两方面进行简要的文献梳理和回顾。

股票市场价格或者收益波动数据属于时间序列数据，所以对股票波动的特征进行分析是最广泛使用的为时间序列模型。在普通的时间序列分析中，有一条基本假定为序列残差的方差是稳定不变的，但是这个基本假定在金融市场中无法成立。因为金融领域资产的盈利率一般通过对数差来表示，方差具有明显的不稳定性，为了解决方差不恒定序列的分析，Engle（1982）最先提出自回归条件异方差（ARCH）模型。ARCH 模型与以往的时间序列类模型最大的区别在于其允许数据的方差是前期残差项组成的函数，可以不保持恒定不变，这对金融领域中股票市场波动的特性研究具有十分重要的意义。

在运用 ARCH 模型进行波动特性分析时，滞后阶数过多会导致需要顾及的参数量多大，且当参数为负值时可能会出现方差为负的情况。为弥补 ARCH 效应的此类不足，Bollerslev（1986）在 ARCH 模型基础之上建立了 GARCH 模型，有效解决了滞后阶数及参数为负等问题，GARCH 模型在估计参数方面更加简洁，更利于描述时间序列的波动集聚及条件异方差性等特征。目前 GARCH 模型已经是金融领域数据特性研究的最主要工具之一，关于 ARCH 与 GARCH 模型的具体设定和估算方法将在第三章中进行详细分析。随着计量模型的不断发展及所研究数据的丰富多样化,学者们在 GARCH 模型的基础上不断进行拓展与修正,逐渐发展出 TGARCH、GJR-GARCH、GARCH-MIDAS 等 GARCH 族模型,以适应不同的经济体股票波动性的研究。

在股票市场波动特性方面,通过对文献的梳理,可以将波动特性简单归纳为波动集聚性、长记忆性和非对称性。首先在股票波动集聚性研究方面,Fama(1970)在研究股票收益率时发现,收益率的第 n 期波动会受到前期波动的影响,初步显现出波动的集聚性,并且存在条件异方差效应。Chen & Zhu(2012)在研究不同行业的股票波动集聚现象时发现,在出现重大突发事件时,所有行业都会出现波动冲击,但波动的程度有所不同。陈千里和周少甫(2002)通过 GARCH 族模型对我国上证综合指数进行实证分析发现,与欧美国家股票市场类似,我国的股票市场也存在波动集聚的现象。陈艳(2009)通过 ARCH 族模型对沪深 300 指数的日收益率进行了实证研究,得出沪深 300 指数日收益率波动不仅存在集聚性和持续性的特点,而且还呈现出尖峰厚尾的态势。刘湖和王莹(2017)通过 ARMA-TGARCH-M 对深证成分指数和上证综指进行收益率实证分析,发现两个指数均具有波动集聚性和尖峰厚尾的特征,且存在较长的外部冲击波动持续期。学者们在对股票市场波动长记忆性的研究中主要集中在长记忆存在与否的检验和长记忆的参数估计方面。长记忆这一概念最早是由 Hurst(1951)根据潮汐数据利用经典 R/S 法总结得到的。Mandelbrot(1965)利用 R/S 法分析道琼斯工业指数收益率的特性时发现其存在长记忆特征。Ngene & Tah(2017)以非洲股票市场的收益率数据作为研究对象,利用相似的方法得出非洲股票收益存在长记忆性特性的研究结论。

也有学者在对股票市场进行长记忆分析时发现有些长记忆特征是由很多时期的短期记忆所导致的,所表现出的长记忆性属于"伪记忆"。张月茹和谭政勋(2018)运用 MS-ARFIMA 模型对上证指数的波动率进行长记忆性检验后发现,长记忆与结构突变同时存在,而且长记忆性在一定程度上是由结构突变所导致的。在股票市场波动的非对称特性研究中,市场上不同类型的利好或利空消息对波动的影响程度是不一致的。Christie(1982)研究发现在假定其他因素不变的情况下，股票价格下降导致公司资金融资困难，进而引发投资风险，股价上升则使得投资风险下降。Parvaresh & Bavaghar（2012）用 GARCH 模型预测德黑兰股票市场的波动率，研究结果表明，模型中杠杆效应系数是显著的，德黑兰股市出现了不对称的效应。石振宇（2017）构建结构向量自回归（SVAR）模型，通过脉冲响应和方差分解研究发现股价涨跌的不同阶段，货币供给、通货膨胀、利率等因素对股票价格波动的影响具有显著的差异性，这种差异性不仅表现在影响力度的大小，而且在作用方向上也存在相反的表现。

（二）股票市场波动的影响因素研究

股票市场的适度波动有助于股票市场更好地发挥其融资和资源配置的作用，对股票市场的规范和健康发展有着积极的正面影响。然而，股票市场的过度波动不仅给市场本身造成巨大的冲击，使市场无序化，导致投机活动泛滥，同时也在一定程度上导致了金融系统的脆弱性，影响宏观经济的稳定发展。然而股票市场错综复杂，影响股票市场波动的因素多种多样，既包括宏观经济因素和政策因素，也涉及各种各样的市场因素及其他外生冲击的影响。本小节将股票市场波动的影响因素划分为宏观和微观两大类，进行简要的梳理和归纳。

1. 宏观影响因素

通过梳理已有文献发现，影响股票市场波动的宏观因素可简单归纳为政策因素和宏观经济因素。首先在影响股票市场波动的政策性因素中，有一些因素是国家主动制定用以专门调节金融市场波动的政策，另外一些因素是国家在调节其他产业发展的过程中，通过多种传导机制对金融市场产生间接影响。无论是股票市场还是各类型的财政政策及货币政策都一直是学者们重点研究对象，但是对于两者之间的内在关联机理，及各类型政策变动本身对实体经济和金融市场的影响，尚未具有统一的定论。由于内外部环境的复杂和多变，错误的政策制定和频繁的政策出台都对经济发展造成新的阻碍和引发新的风险隐患。因此在不同的外部条件下把握经济政策对股票市场的影响，使政策最大化发挥调节效用具有重要意义。

Sprinkel（1964）分析了各类金融政策对金融市场的影响后发现，货币政策对股票波动有明显的滞后效应。Homa & Jaffee（1971）则研究了货币供应量与股票价格的关联性，市场上的货币量、供应增长率与股价均呈现正比例关系。Ewerhart（2002）将金融政策单独作为一种政策性因素研究其与股票市场的关系，发现随着金融市场的不断发展，20世纪90年代以后金融政策对股票市场的波动影响明显加大，宽松的金融政策在一定程度上可以增加股票收益，缩进的金融政策则会导致股票市场收益率的下降。Cassola & Morana（2004）通过研究表明尽管货币政策的推行以稳定物价与股票市场为目标，但货币政策的执行过程的效果很难控制，因此不能避免股票市场的波动。国内学者对于政策对股票市场波动影响的研究主要始于1997年亚洲金融危机爆发之后。陆蓉（2003）利用向量误差修正模型的方法研究发现在不同阶段，金融政策对股票市场的影响存在不同程度的时滞性，影响程度的大小与两者之间的互通性显著相关。王永莲（2017）通过研究发现经济政策不确定性会在一定程度上影响股票市场的预期和行为，同时股票市场波动对宏观经济的波动溢出也会反过来影响经济政策不确定性。朱小能和周磊（2018）基于媒体数据对货币政策预期和未预期部分进行了分解，分析表明未预期货币政策对沪深股市有显著的负向影响，而且货币政策对股票市场的影响存在非对称性，对股票市场的影响主要通过影响预期未来超额收益实现。

除了对股票市场波动产生直接重要影响的金融政策外，国家制定的其他政策信息通过一系列传导机制也会影响到股票市场。政策信息是国家为落实好政策的实施，而发布的相关文件或是国家领导人出访、讲话等传递出的政策性信息。例如当前实行的关乎于中国乃至世界经济发展和人民福祉的"一带一路"倡议。学者们选取2015—2017年的5件相关政策信息事件，探究其对公司股价的波动影响，发现政策信息对股市的刺激作用极大，且对概念公司的政策效应影响存在着明显的行业差异。"政策市"情况较为明显，即在防止投机行为过多产生的同时，也严重地削弱了股市本身的自我调节能力。通过梳理以上文献可知，各类政策与股票市场的关系尚且得到统一的结论，主要是由于股票市场受到内外部复杂因素的影响，金融政策只是众多因素中的一类，无法对股票市场起决定作用，因此很多情况下的政策调控不能发挥很好的调节作用。

宏观经济因素也是影响股票价格的重要因素。根据已有研究发现，股价波动会受到整体经济景气指数、经济增长、经济周期、行业因素等影响。国外学者的研究方面，Mukherjee 等（1995）研究了日本股票市场波动的影响因素，通过向量误差修正（VECM）模型分析发现，至少包含有经济发展水平、经济周期等 6 个方面的宏观变量会影响股票市场的波动性。Eva et al（1997）研究了芬兰股票市场价格与宏观经济因素的关联性，通过 GARCH 模型实证分析发现居民消费者物价指数对芬兰股票市场波动有显著负面效应，除此之外，工业增加值也与股票波动有关联性。Adam & Tweneboah（2008）通过脉冲响应分析及方差分解等实证手段分析了加纳股票市场波动与宏观经济因素之间的动态关系，研究发现由于加纳地区特有的地理位置和外贸形势，其股票市场波动的影响因素中利率和外国直接投资数据成为决定性因素。Peiro（2016）综合分析了英国、德国和发展股票市场中宏观变量的影响，通过实证分析发展对于这三个代表欧洲经济体的重要国家而言长期利率和工业生产总值是影响股票市场波动的重要因素。

国内有大量学者研究了我国宏观经济因素对股票市场波动的影响。孙洪庆和邓瑛（2009）利用协整关系检验与格兰杰因果关系检验了 GDP、国内总投资、消费等宏观经济变量与股票上证综指波动率之间的关系，发现此类宏观经济变量与股票市场之间的协整关系并不显著。轩慧芳（2013）通过建立 VAR 模型和脉冲响应分析，梳理了包含 CPI、利率、GDP 增长率等宏观经济变量与股票市场波动的相互关联性后发现，此类宏观经济变量与上证综指波动率之间具有显著的关联性，但是货币政策对股票市场波动的影响并不显著。张培源（2013）研究了各类宏观经济变量均值与股票市场收益率之间的格兰杰因果关系后发现，两者之间并不存在格兰杰因果关系。随后其利用 MGARCH-BEKK 模型分析了两类因素之间的波动溢出效应，研究发现上证综指收益率与宏观经济变量之间的波动溢出具有非对称性。

除此之外，还有学者将股票市场分解得到的固有模态函数（IMFs）分解为高中低三类频率的基础上，研究一系列宏观经济变量对股票市场低频分量的影响。分析了股票市场波动性与货币供应量增速、汇率、居民消费价格指数、工业增加值增速等因素之间的协整关系，分析结果表明，股票价格的长期波动与经济增长、通货膨胀、货币政策、利率、汇率间存在长期的均衡关系，其中经济增长和货币供应量对股票价格波动有正的影响，通货膨胀、汇率和利率对股票价格波动产生负的影响，但汇率和货币增长率对股价长期波动的影响并不显著。

2. 微观影响因素

股票市场波动的微观因素主要是从股票市场内部各类参与方的角度进行分析。由于我国股票市场投机性严重，个股价格不能反映企业基本面的实际未来价值，通常是由投资者出于获取买卖价差的目的持有或卖出所决定的。即投资者因素是影响股票市场波动的主要微观因素，包括投资者的构成、心理因素、供需分布等。

投资者按照类型可以分为机构投资者和个人投资者两种，其中个人投资者的持股比例更大。机构投资者以其专业的分析团队和强大的资金力量对于股票市场具有不可忽视的影响，而个人投资者因专业性差，容易受到各类"噪声"影响导致投资情绪波动较大。因此在微观影响因素方面，主要考虑机构投资者和投资者情绪两个方面对股票市场波动的影响。由于机构投资者资金集中度高、实力雄厚，一旦集中在股票市场上进行买卖等投资行为，很容易对股票市场产生较大影响。当前关于机构投资者对股票市场波动的影响性质主要存在三种类型的观点，分别是机构稳定论、机构中立论和机构加剧论。针对每一种观点的文献梳理和总结在第六章第一节中进行详细分析。

机构投资者在股票市场参与者中的比例远小于个人投资者，因此深入了解个人投资者的行为特点，分析个人投资者的情绪变化，进而寻求投资者情绪变化作用于投资决策的影响机理，最终得到投资者情绪如何影响股票市场波动，成为广大学者研究的热点。目前越来越多的学者致力于研究投资者情绪指标构建及度量，投资者情绪对股票市场收益率和波动率的影响，并取得一定成果。由于本书第六章是从投资者的角度探讨经济政策不确定性对股票市场波动影响的研究，所以关于投资者情绪对股票市场的影响相关文献的梳理工作将在第六章进行详细分析。

除了上文提到的对股票波动产生影响的因素外，还有一些因素也会对股票价格造成冲击，例如汇率、利率、融资证券、监管制度体系等因素。通过与股票市场波动影响因素的相关文献进行总结，发现无论是哪一种因素，宏观或者微观因素，学者们都没有得出一致性结论，即某种因素对于股票市场波动具有确切性的正面或负面影响，都存在一定的对立性结论。

三、政策不确定性与股票市场关联性研究

通过梳理已有文献可知当前学者们在研究经济政策不确定性所导致的各类后果时，多是集中于不确定性在宏观经济方面的影响，包括汇率波动、经济增长、利率波动等方面。得出的结论在一定程度上具有相似性，即经济政策不确定性对宏观经济和实体经济都造成不同程度的负面影响。同时股票市场波动与政策方面的关联性研究也主要集中在各类具体性政策的影响，对于经济政策不确定性对股票市场波动的影响研究方面尚且处于相对薄弱的状态。特别是在经济政策不确定性指数公布之前，国内学者的实证研究多集中于经济政策某一方面对股票市场的研究，很难同时兼顾经济不确定性与政策不确定性。

Rodrik（1989）研究发现即使是适度的政策不确定性也会对投资产生十分大的压力，如果一个正确的改革不能被证明是持续的，也会对投资产生负面的影响。Pastor & Veronesi（2011）研究了商业周期下与政策相关的非确定性和股票市场波动性的联系，分析出二者具有正相关关系，随后又通过建立资产定价模型，预测了政府政策变化对股票收益率的影响。就实证研究而言，Mazouz & Li（2007）运用 VAR 模型并将货币供应量的变化和股票价格的波动设定为代表变量，研究了美国市场中两者之间的联系，得出了货币政策的变动会通过资产组合效应渠道对股市造成影响等一系列结论。Siaim & Clemens（2009）以财政政策中的税收变化为对象，通过分析截面数据以及时间序列数

据，发现税收政策的变化程度越高则股票市场中个人税收总值越低。Sum（2012）研究美国政策不确定性与股票市场的关联性时发现，股票市场收益对政策不确定性有负面影响，同时在预测股票市场价格时，考虑经济政策不确定性因素可以显著提高预测的准确度，研究发现加拿大和墨西哥的股票市场的表现和美国的股票市场的表现及经济政策不确定性之间具有联系，美国的经济政策不确定性的增加会对加拿大和墨西哥的股票市场的表现产生负面影响。美国的经济政策不确定性对加拿大和墨西哥的股票市场的这种影响不受美国的贸易平衡的影响，但却受到美国股票市场的表现的影响。

Goodell & Vahamaa（2013）以美国周期性政治选举为基础，研究了该时段内的股市波动率在多大程度上受到了政策非稳定性的冲击。Kang & Ratti（2013）采用 SVAR 模型，发现中国与经济政策相关的不确定性对全球范围内无论是石油的售价还是生产过程，以及股票市场都存在一定程度负面影响。同时石油需求方面的波动也导致了经济政策不确定性的升高和股票市场收益的下降。Pastor & Veronesi（2011）基于经济发展状况利用一般均衡模型进行分析发现，当经济发展形势良好时，经济政策不确定性对股票市场的影响作用偏弱，当经济发展形势较差时，政策不确定性所导致的股票市场风险明显加大，显著降低政策对市场经济的调整作用。

国内关于该问题的研究大致可以分为两个部分，分水岭出现在由 Bloom et al（2013）编制的经济政策不确定性指数诞生时。许均华和李启亚（2001）分析了不同时间段内政策不连续性对股票市场的影响力度，随着股票市场的日益完善，这种影响力度正不断下降。同时其发现当政策的实行具有长期持续性时，对股票市场的影响也是长期的，当政策的推动在短期内就发生变化时，对股票市场的影响也较为短暂。邹昊平等（2000）参考了自 1997 年起三年间我国股市的重大行情，以建立政府和投资者行为目标函数为基础，发现政策变化能够直接导致股市的异常波动。黄福广和赵浩（2008）采用结构方程方法展开研究，基于问卷法获取信息，关注了经济环境与政策导向变化所传递出的非确定性是否能够对企业投资产生作用，而结果表明这种影响的确显著存在。陈国进等（2014）分别分析了长、短期内股票市场与 EPU 指数的相互关系后发现，长期内股票市场对 EPU 存在单向影响，而短期内两者之间存在双向溢出。之后其在 2018 年构建了包含经济政策不确定性的随机贴现模型，发现政策不确定性能够通过企业现金流、贴现因子和相关系数等途径提高股票风险，该效应在控制传统风险因子、企业异质性因素和外部环境因素后依然显著。林建浩等（2014）从资产定价的角度研究经济政策不确定性对中国股票市场的影响。利用政策不确定性指数来衡量政策变化的不稳定性，通过横截面和时间序列两个方面研究均发现政策不确定对股票价格有正的风险溢价。王晓娟等（2015）采用协整检验和滚动窗口相关系数的方法研究了两个变量的联动性，发现经济政策不确定性与股票收益之间并不存在因果关系；然而考虑到结构变动的影响，经济政策不确定性与股票收益之间存在着长期均衡关系，同时二者间的相关性也呈现出上升趋势。

除了研究经济政策不确定性与股票市场的影响之外，还有学者对我国股票市场与国债市场的关系是否受经济政策不确定性的影响进行研究，研究发现当经政策不确定性比较高时，股票市场与国债市场之间的关联性变低，大概 14 个月后这种降低作用消失。崔欣等（2018）利用 EPU 指数作为经济政策不确定性的量化指标，并将该指数与 Fama-French 五因子模型相结合，以 A 股上市公司的面板数据作为研究对象发现经济政策不确定性的暴露很容易使投资者产生投机行为，由此导致股票崩盘的风险加大。因此在资产价格定价模型中 EPU 指数可以列为一项重要的投机因子。王静姝（2018）研究得出我国经济政策不确定性与股票市场存在着此升彼降的反向趋势，说明在经济政策不确定性提高时，消费者和投资者的避险情绪促使其在股票市场中的投资变得更为谨慎，股市中供大于求的状态推动了股价的下跌。在研究两者之间的关系时，有学者在研究 EPU 指数与股票市场波动的相互关联性时采用嵌套 Bootstrap 滚动窗口技术及格兰杰检验的方法进行实证分析，研究发现两者之间存在相互的正向影响关系，股票价格上升会在一定程度上导致 EPU 指数的上升，同时经济政策不确定性的增加也会使得股价的上涨。

除以上研究之外，学者们还致力于研究政策不确定指数与个股关联性。Bogaard & Detzel（2015）以个股的经济政策不确定性风险暴露程度的高低作为标准对样本进行分段研究发现，风险暴露程度与个股价格波动呈现显著正向关系，由此导致的股票崩盘风险也越大。Li（2017）通过进一步研究发现，当经济政策不确定性明显上升时，虽然经济政策不确定性暴露风险较高的个股对于风险的规避功能较差，但是当经济政策不确定性开始降低之后，经济政策不确定性暴露风险较高的个股反而更容易在未来的潜在投资中获得更高的利润，暴露程度较低的股票则得不到这种类似的"红利"。主要是因为股票市场中的风险投资者往往更加偏好于个股未来的收益性高低而非当下的风险暴露程度。贺莎莎（2018）首先通过时间序列数据研究了经济政策不确定性与股票收益率的关系，通过实证分析发展与政策平稳连续期相比，在不确定性较高时期，收益率显著下降。进一步通过单一时间内的横截面数据研究得出，政策不确定性对企业股票的影响受到投资者情绪的影响，尤其是规模偏小的企业，经济政策不确定性较高时，投资者的情绪十分敏感进而导致收益率下降。

通过上文中对于经济政策不确定对股票市场波动影响研究的相关文献进行梳理，可以发现大部分学者认为股票市场的波动是受到经济政策不确定性影响的。但也有个别学者研究发现两者之间并没有相关性，而且即便是认同两者有较强相关性的学者，在这种相关性是正是负抑或多大程度相关等问题上，都持有不同的意见。

第二节 理论基础

一、有效市场假说与噪声交易

（一）有效市场假说及其缺陷

有效市场假说是传统金融理论在解释金融领域问题的核心理论基

经济政策不确定性对股票市场波动影响的实证分析

础,在该假说的指导下,市场通常被看作是完全理想化的状态,每个资本投资者都是理性经济人,并且所做出的投资行为完全理性,因此可以在金融市场获得最大的投资收益,利用较为简单的数学公式对金融投资问题进行解释。但在实际中金融领域的各类现象是变幻莫测的,基于完全理性下的有效市场假说并不能很好的解释各类股票市场的异常现象,因此以心理学、实验经济学、行为经济学为基础的行为金融学开始出现并能更好的解释金融市场领域各类异常现象。为了更好理解行为金融学理论,必须首先了解与之相对应的传统金融理论的核心理论基础,即有效市场假说,并分析该假说在当前环境下所面临的各项挑战。在了解有效市场假说的同时,引出噪声交易理论,为后文所涉及的行为金融学的展现进行铺垫。

Fama(1970)首次提出有效市场假说理论概念,该假说指出证券价格完全反应了应有的所有信息。根据该理论,证券产品反映所有证券相关信息的话,所有的证券价格波动是完全随机,采取投机的方式长期获取投资利润在证券市场上是不可能存在的。

有效市场假说的提出依赖于三个假设:第一个假设是证券市场上的投资者是理性的,并且这些投资者可以利用证券市场上应有的信息来做出理性的选择;第二个假设是即使投资者们没有做出理性的选择,但因为交易及价格波动时完全随机的,所以非理性交易之间可以完全相互抵消,不会对资产价格产生影响;第三个假设是即使投资者做出非理性交易,而且交易之间不是随机彼此独立的,而是有相互关联性,但市场上的理性套利者会利用交易进行套利进而抵消非理性交易对资产价格的影响。这三个假设在本质上是逐渐弱化的,且在严格假设下推理逻辑缜密且全面,即当市场参与者是理性时,市场是有效的,即使参与者非理性也不会造成价格偏差。而且套利者的存在也抵消了非理性及非随机行为,使价格回归到资产的本来价值。最后非理性交易者在利用非理性价格进行资产交易时,迟早会因资产逐步减少而退出市场,有效市场假说除了拥有三个逐渐弱化的假设以外,还根据证券市场的三种类型信息分为三种逐渐强势的有效市场类型。

首先是弱式有效市场假说，此假说下证券价格包含了所有与之相关的以往价格信息，在此条件下投资者将不能通过对以往价格的归纳总结而获得当前超额利润，此时普通的技术分析失效，因为技术分析主要是依赖于以往的价格信息，而这类信息是大家都可以掌握的，在没有信息优势的情况下，获利是随机的。其次是半强式有效市场假说，该假说下证券价格不仅包含了与之相关的所有历史信息，还包含了当前所有公开信息，如公司财务信息。宏观经济数据和各类政策信息等。此时投资者无法通过已有历史信息和公开信息获得超额利润。最后是强式有效市场假说，此假说是有效市场假说中的最高形式，证券价格不仅包含与之相关的历史信息和各种公开信息，还包含内幕信息，例如只有公司内部董事、经理等人员才知晓的内部信息。此时拥有内部信息对于获得超额利润没有任何意义，当所有信息被投资者公平知晓时，投资者将无法通过信息类分析获得超额利润，但是现实生活中，这种情况是不存在的。

关于套利是否能够抵消非理性行为的讨论，必须涉及"套利"和"噪声交易"的概念。所谓套利是一种可以为交易者提供无任何成本的，无风险收益的交易策略，实际中真正操控套利的人不是资金持有者本人，而是专业的投资人组合。从理论上讲，实际套利者不会承担任何风险也没有付出任何成本，正是套利者的调和作用使得证券产品价格最终会回归到其真实价值而维系证券市场的平稳。套利者又分为理性套利者和非理性套利者，其中非理性套利者称之为噪声交易者。噪声交易者的存在导致了套利的有限性，从而打破了有限市场理论的最后一个假说。由此三个假说均存在缺陷。

（二）噪声与噪声交易

De Long et al（1990）提出了噪声交易风险，套利者在套利过程中利用误价的行为反而会导致短期内误价风险加大。在金融市场上，噪声与信息是两个相互对立的概念，投资者基于已知的正常信息做出投资决策以期获得超额利润是正常的交易策略，但是基于噪声做出投资决策以期获得超额利润是非正常的、错误的交易的策略。噪声的存在对于金融市场并不是完全有害的,正是由于噪声的存在才使得一些资产可以流动起来,增加市场的流动性,否则投资者单纯基于信息来决策时,只有部分资产会被直接或间接拥有且流动性很差。可以说噪声交易者越多,市场流动性越强。

噪声交易者之所以基于噪声做出投资决策是因为他们将噪声看作是信息。也有一种可能是这些交易者本身是明确知道噪声与信息的区别,并对自己手中的消息有正确且明晰的判断,但因为投机心理的存在,即使深知以噪声为准进行交易可能导致利益受损,他们仍然愿意进行交易。噪声交易者的行为将噪声也带到了价格当中,资产价格中不仅包含信息也包括噪声,从长期大量交易中来看,基于信息的交易行为最终是获利的,但并不代表价格是有效的。因为套利交易者并不能拥有强大的寸头以消除噪声的影响,信息并不能保证交易一定获利,而且套利交易者也没法准确判断手中拥有的是信息还是噪声。以股票价格为例,噪声交易者对股票价格带来的累积性噪声影响,需要拥有信息的套利交易者的交易行为来抵消,使偏离股票价格逐渐回到最终真实价值,这个过程是漫长且渐近的,所以噪声的存在提供交易获利可能性的同时存在噪声交易风险。

二、行为金融学理论及其应用

(一) 行为金融学对传统金融学的理论挑战

自 20 世纪 80 年代以来,随着金融学领域研究的不断深入,以及股票市场越来越多地出现传统金融学"未解之谜",与以往标准金融理论不符的现象被一一揭露出来。例如股票溢价之谜与封闭基金之谜等现象,学者们陆续发现以各种理性假说为前提的传统金融理论已经无法用来合理解释投资者的各种交易行为。因此注重于研究投资者心理预期的新型金融理论应运而生,并合理解释了一系列金融领域的"未解之谜"。行为金融学与传统金融学理论最大不同在于其抛弃了以往传统理论的理性人假设和套利原则等核心概念,并在新理论中融合了以心理学为基础的投资者情绪等概念,是对传统金融学理论的完善。行为金融学与传统金融学的理论分歧重点如图2.1所示。

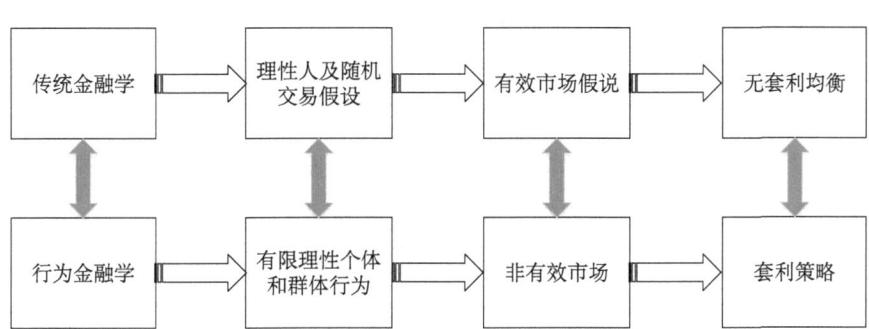

图2.1 行为金融学与传统金融学的理论分歧图

19世纪Lebon的《群体》和Mackey的《非同寻常的大众幻想与群众性疯狂》首次将心理学与金融学合并研究，被认为是行为金融领域的开端。凯恩斯是最早研究投资决策中心理预期重要作用的经济学家，其在股市领域提出著名的"选美竞赛"理论和"空中楼阁"理论。"选美竞赛"理论认为可以将股票市场上投资者选择股票进行投资的过程比作大家在报纸上选美的过程，通常在比赛中，参赛者需要从100张照片里选出最漂亮的6张，个人选定的6张照片与最终得票最相符的6张照片最接近的为获奖者。此时为了赢得比赛，每个人在选择照片的时候不能完全以个人喜好进行选择，而是揣摩剩下的99人最有可能选择的6张。基本上所有人都抱有这种心理，所以最终被选择的六张图片，不是大家心目中最漂亮的，而是经过相互猜测和智力的角逐而胜出的。这种相互猜测也许会经历很多轮和很多层次，可以认为是一种群体博弈的过程。"空中楼阁"理论指的是从事股票投资者好像是在玩一个"占位""叫停""传位"的游戏，在这个游戏中，人们不断把手里的东西传给下一个，等到游戏叫停的时候，获胜的是顺利把自己手里东西送出的人，或者占到座位的人，此时失败的是手里留有传递物品和没有抢到座位的人。

根据以上两种理论，凯恩斯认为股票的最终价格并非取决于其未来收益，而是在投资者一轮又一轮的短期相互揣摩的预测当中形成的，投资行为具有"动物精神"，心理因素在股票价格的最终决定上起了关键作用,由此说明"空中楼阁"①和"选美竞赛"理论下的投资者是非理性的。Burell(1951)率先提出通过实证来检验理论的思路,由此开拓了量化投资模型与个人心理及行为特征相联系的全新领域。随后有更多的学者呼吁不能单纯依靠简单的模型和完全理性的硬性假设来研究金融领域的问题,要更加关注投资者的非理性心态,并指出将金融学与行为学相结合是未来的重要研究趋势。

作为经济学的分支的新型研究领域,行为金融学主要是研究在资本市场,投资者进行决策时所涉及的感情、认知、态度等心理特征,以及由此引起的经济人非理性和市场非有效性问题。该新型学科有两个研究基础,首先是将心理学的研究方法应用到投资者的决策行为研究中,其次用实证的办法来检测原本利用理论做出的预测是否准确。关于行为金融学的概念尚且没有完全统一结论,不过较多学者对其进行了归纳总结。

Thaler(1993)认为凡是在研究中否定了经济人完全理性假说,考虑到现实资本世界的实际情况的相关研究,都可以看作是行为金融学的领域。Debondt & Thaler(1994)在研究中指出与传统金融理论相比,行为金融学的最大进展在于心理学和认知科学的引入,推翻了传统金融理论中关于人类行为规律不变的假设,通过实验研究和个案研究等一系列实证方法研究经济人各种行为背后的原因。Fuller(2000)将行为金融学的定义分为三个部分,一是该理论主要目的在于解释金融市场各类异常现象;二是该理论融合了古典经济学、金融学、心理学与决策科学;三是该理论以对投资者心理的研究作为重点,分析投资者在决策过程中是如何产生系统性错误的。综上所述,将行为金融理论看作基于心理学实验的实证结果来分析各类投资者的心理,以此研究投资者决策对资产最终定价的影响。

---

① 空中楼阁理论的倡导者是约翰·梅纳德·凯恩斯,他认为股票价值虽然在理论上取决于其未来收益,但由于进行长期预期相当困难和不准确,故投资者应把长期预期划分为一连串的短期预期。

金融海啸之后的"后危机"时代①，行为金融学的重点研究领域放在了股票市场异常现象的解释方面，因为依据传统金融学的完全理性假设，股票市场不可能出现暴涨暴跌等非正常现象，股票价格是由其真实价值所决定的，即使短期的非理性行为也很快会被套利者抵消，这显然与实际情况不符。行为金融学不仅在学术领域受到学者们的广泛关注，与此同时，政府部门也逐渐将行为金融理论应用到政策的制定当中。以往的金融监管政策依赖于完全理性投资主体的假设，政策前提是理性选择和市场竞争，实际上投资主体并没有顺应严格理性假设，这导致监管政策频频失效。个体行为的投资偏差主要是源于"噪声交易"而非正常信息，噪声交易在制度缺陷和社会文化诱因下演变为群体性交易偏差，这种微观层面的行为偏差往往是诱发宏观经济波动的主因，导致股票市场出现异常波动，最终演变为金融危机。我国学者基于行为金融学理论，将心理学应用于证券市场投资行为的研究始于 20 世纪 90 年代，主要原因在于我国证券市场本身成立的时间较晚，异常波动频发出现的时间也远远晚于欧美证券市场。当前的研究重点主要集中在通过实证分析检验市场的有效性，以及羊群效应、处置效应、过度自信、过度交易等投资者心理偏差行为。研究表明我国股票市场的投资者普遍存在各种心理和行为偏差。

（二）行为金融学对股市异象的解释

早期行为金融学的研究重点在于研究金融市场存在的异常现象，并且随着研究不断深入，放松了对投资者理性的假设，结合心理学与社会学等领域的研究成果，从金融市场不同参与者的心理角度建立模型来深化对"异象"的解释。行为金融学诞生的根本在于对有效市场假说的质疑，逐步否定有效市场假说关于理性人及套利的理论基础，这彻底打破了有效市场理论的最后一道防线。

行为金融学的核心内容在于研究到底是何种心理因素导致投资者

---

① "后危机"时代就是指随着危机的缓和，而进入的一个相对平稳期。但是由于固有的危机并没有或是不可能完全解决，世界经济等方面仍存在着很多的不确定性和不稳定性，是缓和与未知的动荡并存的状态。

经济政策不确定性对股票市场波动影响的实证分析

在竞争市场做出决策,而这些错误的决策又是如何相互影响并最终导致金融市场的异常波动。基于大量学者多年的研究,当前的行为金融学已经基本确立了自身的理论基石,第一个理论基石是有限套利,该基石直接否定了有限市场假说的最后一个假设,说明套利并不能抵消非理性行为,原因在于套利本身存在风险且金融市场的产品非完全替代,且大量噪声交易者的存在也会产生套利,并不是完美的。第二个理论基石是投资者的心理。该理论主要研究金融市场上的各类投资者是如何根据信息做出判断并选择交易行为的,由于套利者的存在,如果非理性交易行为导致股票价格与价值偏离,那么套利者则会千方百计找到所有价格和价值偏离的股票产品,从而利用头寸获取超额利益,进而逐步实现股票价格回归真实价值。但如果投资者是完全理性的,每个投资者都基于市场信息做出正确的决策使得股票价格必定反映价值,上市公司股价服从于公司基本面,那么套利不可能存在。基于以上理论解释,行为金融学对股票市场异常现象做出如下解释。

1. "股票溢价之谜"及解释

Mehra & Prescott(1985)在研究中首次提出"股票溢价之谜",样本期内美国的市场指数平均收益率高达 8.38%,无风险证券平均收益率低至 3.02%,股票溢价达到 5.36%。其中在 1926—2004 年,市场指数平均收益率高达 9.27%,无风险证券平均收益率低至 0.64%,股票溢价高达 8.63%。这种现象基于传统金融学理论是无法解释的,因为依据有效市场假说,股票市场价格在套利的作用下会抵消所有的非理性交易,使得股价遵循于真实价值,不可能出现如此大的价差。除了美国股票市场以外,研究者还将英国、德国、日本和法国等证券市场纳入研究当中,最终发现每个国家的股票市场都存在溢价现象。即股票溢价现象不仅出现在相对成熟的发达国家,也同样出现在印度等发展中国家,可见"股票溢价之谜"的普遍性。

行为金融学基于以两种偏好为基础的方法对股票溢价之谜作出解释,分别是模糊厌恶理论和基于前景的理论。模糊厌恶理论认为,由于投资者对于股票未来价值的预测具有不确定性和模糊性,而对于模糊的厌恶型导致投资者宁可选择相信最差的估计,在未来价值有很大折价可能下，需要更高的收益补偿才能满足投资者，由此导致股价溢价。Benartzi & Thaler（1995）最早将前景理论与股票溢价之谜联系在一起，他们在研究中指出由于股票未来价值具有较大的不确定性，需持续反复评估才能做出相对正确的选择，而这种频繁反复评估会引起投资者的厌恶，必须以较高的溢价作为补偿，从而导致股票溢价的现象。

2. 封闭式基金折价之谜及解释

封闭式基金持有其他公开交易的证券，相对于开放式基金，其最大的特点在于只能在股票市场上发行固定份额，当封闭性基金持有者卖出产品时只能以转卖形式，不可以用赎回的形式。如果市场满足有效市场假说，则封闭式基金的收益差异取决于风险大小，高风险对应高收益，低风险对应低收益，基金价格只能对应预期所持有的每份证券的净资产价值，无法获取超额收益。但通过研究发现，封闭式基金在交易时通常是折价交易，低于其净资产价值10%—20%，这就是封闭式基金折价之谜。折价交易具有以下特点：首先是封闭式基金在发售的时候往往是溢价发行，大约上涨10%。但是在基金上市交易4个月后，交易价开始下降到实际净资产价值的90%，即折价率的10%，并且随着发行时间的变化，折价率出现大幅度变动。一旦将封闭式基金宣布改为开放式基金，交易价格显著上升，直至净资产价值。

基于传统金融理论对于封闭式折价之谜有三种解释：第一种是基金的管理需要支付代理人报酬或管理成本，代理成本的存在使得基金价格低于其净资产价值。然而代理成本相对于基金价值来说只占很小的比例，且该比例是固定的，这与上文所讲的折价波动率大幅度变动不符，所以代理成本理论无法真正解释封闭式基金折价之谜。第二种是资产流动性缺陷理论，由于基金所持有的部分证券流动性差进而限制了其未来的市场价值，所以需要折价出售。实际上绝大多数基金不包含限制性股票，对基金市场价值没有影响，不会导致折价现象。第三种是资本利得税理论，封闭式基金所包含的股票未来有升值的可能，所以其在交易时需要支付资金利得税，封闭式基金净资产价值包含的未来升值可能性越大，缴税越多，折价比例越大。当封闭式基金宣布转为开放式基金时，未来升值和缴税概率并没有发生变化，但是价格却由折价变为平价，显然该理论不能合理解释封闭式基金折价之谜。

在行为金融理论的引导下，学者们认为封闭式基金的折价现象反映了个人投资者情绪的变化。当封闭式基金初次发行时，由于没有之前可以对比的收益，投资者对其并不熟悉，此时发行者为了促进基金的销售需要大范围推广基金，积极宣传基金的美好前景，营造出未来升值空间很大的形象，此时投资者基于夸大的广告宣传而接受基金溢价发行，这一点恰好对应封闭式基金折价之谜的第一个谜点。基金发行之后的市场价格受投资者对其未来价值预期的变化而发生波动。由于封闭式基金的持有风险包括持有组合风险与噪声交易者情绪风险两个部分，所以某一个基金价格的波动不仅受其自身持有者情绪的变化影响，也会受到股票市场整体投资者的情绪影响。也就是说即使某基金所持有的股票价值并没有发生变化，基金也有可能因为噪声交易者情绪的变化而产生联合变动。

3. 动量和反转效应及解释

动量效应是指短期内股票在短期内表现出的好坏是具有延续性的，因此又称之为惯性效应。反转效应指的是短期内表现好的股票在经历相当长的时候后，会转为较差的表现；而刚开始表现较差的股票在很长一段时间后范围转为优质股票，即股票表现的好坏不具有长期持续性，而是长期相反性，由好转坏，由坏转好。动量效应和反转效应分别表现了股票在短期和长期内价格的自相关性，这起源于投资者对信息的反应速度。

Debondt（1985）将此类效应统称为赢者输者效应（winner-loser effect），他在研究过程中将前36个月内表现势头优异的几只上市公司股票组成赢者组合，将同期内表现较差的几个公司组成输者组合，然后比较两个组合在5年后的收益情况，结果显示输者组合在后期表现出较高的收益，远优于前期的赢者组合。此时代表性启发的理论可以解释这一现象，因为在实验中赢者组合在被观察的几年内一直是释放出利好消息的公司，相反输者组合是在这几年内一直释放不利消息的公司，投资者依据过去的经验法则做出判断，并将这种判断推至股票未来价格的预期。投资者对于不断释放利好消息的股票持续保持乐观的期许，对于一直释放不利消息的股票持有悲观的态度，并且存在过度反应，导致高估赢者组合的股价，低估输者组合的股价，从而使价格偏离基本价值。然而高估或低估的股价不会一直持续下去，最终会慢慢回归到基本价值上，所以输者组合的股价由于过于低估转向正常价而获得较高利润，而被高估的赢者组合的股价因为降低到正常价而使投资者遭受损失。

4. 日历效应及解释

日历效应是指股票价格的变动与所处的特定交易之间有密切联系，且很难用传统金融理论进行解释。因为按照传统金融理论，股票价格的变动只与股票基本价值相关，与所处的特定时间不可能有关系，更无规律可言。然而大量实证研究表明，股票价格变动与特定时间之间存在密切联系，而且这种日历效应具有普遍性和多样性。多样性是指不同股票及不同国家的股票市场之间，日历效应所对应的具体时间和频率不同，分为假日效应、周末效应、一月效应等。周末效应指的是在每个周一的股票收益率远低于本周的其他天数，与此表现类似的是周末效应和假日效应。一月效应指在每年的一月份，股票收益率明显高于本年其他月份，规模越小的股票表现越明显。日历效应与上文所提到的各种效应相比，属于表现形式最多的一种，股票的价格与特定的时间存在有趣且固定的联系。

在有效市场假说下，上述日历效应是不可能存在的，因为投资者可以利用这些规律并通过套利活动获取超额回报，但是当所有投资者都试图采取套利措施时，股价最终会处于平均水平，这显然与事实不符。学者们在结合行为金融学中的心理学研究股票市场投资者的行为时发现，投资者将股票的各项因素纳入自己内心不同的账户，并且这些账户之间是不能完全替代的，账户分为安全账户和风险账户。在"一月效应"中，由于投资者将每年的一月份视为新的一年的开端，出于对未来一年美好的期待而保持较高的兴奋状态，在高昂的利好情绪引导下，对股票的决策往往保持积极的态度，从而导致一月份的股票收益率明显高于其他月份。

第三节 本章小结

本章文献综述部分在梳理经济不确定性指数的测度与其产生影响的基础上，归纳了股票市场的波动特性和主要影响因素，并对两者之间的关联性研究进行了分析。首先在经济政策不确定指数的测度方面，通过梳理文献发现，EPU 指数以其全面性、科学性、权威性显著优于之前学者们常用的官员更替和重大事项发生等测度指标，因此在后续研究过程中，首选 EPU 指数作为经济不确定性的代表指数。同时在经济不确定性的影响方面，分别通过分析其对微观企业行为和宏观经济的影响进行分析，频繁的政策变动使企业面临较高的市场风险抑制其投资和创新，阻碍企业的运行，并且不利于宏观经济的稳定发展，总体而言具有较强的负面性。其次归纳了股票市场的波动特性，及长记忆性、波动集聚和非对称性，识别这种客观特性的存在有利于后续研究。而进一步梳理股票市场波动的影响因素原因在于，股票市场信息错综复杂，受到各种因素的影响，只有正确识别各类主要因素，才能在此基础上更好地深入剖析经济政策不确定性对股票市场的影响力度，从而避免过度识别问题。

第一节后半部分总结了经济政策不确定性与股票市场波动的关联性研究，发现当前基于 EPU 指数的研究属于研究的热点问题，国内学者主要研究 EPU 指数对股指波动影响，而较少研究两者之间的动态关联性，同时已有文献致力于整个样本期的研究而忽视了股票市场波动的时期划分。因此在接下来的章节中，以已有文献为基础，重在探究学者们尚未重视的领域，以期能够深入剖析经济政策不确定性与股票市场波动的内在动态关联性，为维护金融市场稳定，促进经济持续健康发展机遇一定的政策及理论建议。

在对相关文献进行了系统梳理与总结后，本章第二节对本研究所依赖的理论基础进行了详细分析。随着全世界各个股票市场上越来越多的出现传统金融理论所不能解释的股票市场异常现象，人们对于传统金融学的适用性及其理论假设产生了怀疑。有效市场假说下投资者都是理性个体并做出理性行为选择，即使是非理性行为出现也会被套利者的套利活动抵消，从而维持股票市场的均衡状态，然而在现实股票市场中，频频出现的股票溢价现象、封闭式基金折价现象、动量和反转效应、日历效应中都与传统理论的经典假设相悖，成为传统金融理论的未解之谜。由此学者们不断加深对金融领域的研究，并开创式地引入心理学等学科，并将社会学、心理学领域的研究成果应用到金融学之中，最终诞生了较为先进的行为金融学理论。该理论重点研究个人心理与行为对于股票市场价格的影响，并通过对投资者情绪的应用而合理解释了各类股票市场未解之谜，虽然当前的一些未解之谜尚且不能用行为金融学理论完美解释，但仍然相信这是该领域的重要进步，并需要学者们不断通过实证检验加深对股票市场各类现象的解释与总结。

第三章 关键指标特性分析

第一节 经济政策不确定性特征分析

一、中国 EPU 指数的基本设定

(一) 经济政策不确定指数

在坚持改革开放政策的前提下,各种经济政策的推进是促进经济持续发展及科技快速进步的推动力。经济政策出台本身目的在于增加社会福利,解决发展过程中的各种问题,减少新常态下的各类阻碍因素,以实现国家设定的各类经济发展目标。但是在经济发展的过程中,由于各种外部及局部因素的作用力,各类经济政策的原则和具体措施必须相应做出改变。经济政策的变动与外部形势和内在运行之间,并不是单一的因果关系。比如当外部环境突发改变或者内在运行失调导致经济政策的变化,是一种常见的传导机制,同时政府作为经济政策的制定方,其所设定的调节目标的改变同样会带来经济政策的变动。

由于经济政策本身及其实施过程和外部环境处于不断变化之中，所以在研究经济政策不确定性及不确定性对股票市场的影响研究过程中，必须对经济政策不确定这一关键因素做深入的了解和分析。只有通过理论和实证的双重缜密分析之后，在得到经济政策不确定性这一指标的自身特性后，才能更好研究其对经济其他运行指标的影响和关联性。第二章文献综述中已经提到过，当前及以往学者在研究经济政策不确定时常用的三种不同指标包括领导更迭、重大事件的发生和Baker等学者制定的经济政策不确定性指数，其中经济政策不确定性指数以其全面性、连续性和可持续性受到广大学者的关注。本书基于多种考虑因素，同样选择Baker等学者制定的经济政策不确定性指数作为研究的关键定量指标，因此必须要对该指数做深入且直观的了解。为后续更好地研究其与股票市场的关联性做准备。

Baker等学者最早进行的经济政策不确定性研究的对象是美国，通过现有官网数据，美国的经济政策不确定指数是时间最久、数据最为全面和详细的，因此对于美国经济政策不确定指数制定过程和原理的了解，有利于进一步深入了解中国经济政策不确定指数的制定和意义。

经济政策不确定性指数可以简称为EPU指数，即Economic Policy Uncertainty，在制定该指数时首先要包括"Economic""Policy""Uncertainty"三个方面的信息，筛选出包含这些词汇的文章，然后根据文章数量与报刊数量做特殊的数理处理之后，才得到各个经济体的EPU指数。

相对于美国的EPU指数，中国EPU指数在制定过程中，除了要遵循指数定制的规范化原则外，更重要的是增加"中国"因素，即在筛选文章的过程中需要注重"China"或"Chinese"这一关键因素。因此可以将中国的经济政策不确定性简称为"CEPU"。接下来了解一下EPU指数制定的通用规范化原则，以美国的EPU指数为例，Baker等学者选取美国10家权威报纸作为筛选的样本基础，基于报纸报道重点抓取文章中下列词汇："economic"或"economy"，"uncertain"或"uncertainty"，"congress""deficit""Federal Reserve""legislation""regulation"或"White House"等。表3.1为经济政策不确定性指数术语集。

表 3.1　美国经济政策不确定性指数的术语集

EPU	Category	English Terms
E	Economics（经济）	Economic/ economy/ business/ commerce/ industry/ industrial etc.
P	Uncertainty（不确定性）	Uncertain/ uncertainty/unsure/not sure/hard to tell/ Unpredictable/unknownetc.
U	Policy（政策）	Congress/ deficit/ Federal Reserve/ legislation/ regulation /White House/Fiscal/monetary Tariff/ war etc.

数据来源：经济政策不确定性网站 http：//www.policyuncertainty.com/index.html。

表 3.2 为 Baker 等学者根据不同的政策类型和不同的时间段对美国经济政策不确定性做出的统计，通过表 3.2 可以看出，Baker 等学者首先其将经济政策不确定性归属于整体经济不确定性，由此可以看出两者是不同的概念，因此在后续研究过程中，必须要明确合理的区分政策不确定性和经济整体不确定，避免混淆概念做出错误判断。其实 Baker 等学者将经济政策的不确定性又细化为财政政策、贸易政策、福利支出、货币政策、金融监管、税收、政府支出等方面的一系列政策不确定性。最后以重大事件为节点将 1985—2014 年这 20 年时间分为 8 段，其中重大事件发生为节点分时间段。下面结合图 3.1，对美国重大时间节点的经济政策不确定性进行分析。

表 3.2　按政策类别和时间段划分的美国经济政策不确定性

时间段	1985年1月至1990年6月	1990年7月至1991年12月	1992年1月至2001年8月	2001年9月至2002年12月	2003年1月至2007年6月	2007年7月至2008年8月	2008年9月至2009年12月	2010年1月至2013年10月	1985年1月至2014年12月
重大事件	80年代中期至第一次海湾战争	第一次海湾战争	90年代初至9·11	9·11事件	千禧年	早期信贷紧缩	雷曼破产和TARP	财政政策之争	整体平均数
整体经济不确定性	218.2	349.8	185.9	326.9	159.8	184.8	370.9	252.1	219.3
经济政策不确定性	109.6	141.9	88.1	128.5	71.4	83.4	132.1	127.5	100
财政政策	49.6	59.6	35.9	55.4	32.3	33.1	61.5	78.3	46.1
税收	39.9	48.4	31.9	51.2	30.2	31.4	56.9	68.1	40.3

续表

时间段	1985年1月至1990年6月	1990年7月至1991年12月	1992年1月至2001年8月	2001年9月至2002年12月	2003年1月至2007年6月	2007年7月至2008年8月	2008年9月至2009年12月	2010年1月至2013年10月	1985年1月至2014年12月
政府支出等	22.7	26.8	12.1	17.3	8.5	6.6	17.1	33.2	17.1
货币政策	32.7	41.8	26.1	45.2	22.2	31.6	27.8	26.1	28.1
医疗保健	7	15.4	14.9	18.4	13.1	13.4	29.3	39.3	17.3
国家安全	25	53.6	18	54.8	25.4	15.9	21.3	19.8	23.8
法律法规	15.7	23	14.5	19.6	11.2	15.5	29.2	28.1	17.4
金融监管	3.3	7	1.3	5.3	1.7	3.6	10.2	6.1	3.3
主权债务和货币危机	1.4	0.6	2.3	0.5	0.4	0.3	0.4	3.9	1.6
福利项目	7.3	12.6	11.5	18.7	8.8	8.2	15.3	24.7	12.4
贸易政策	3.8	4	6.3	2.6	1.7	2	1.4	2.1	3.8
政策类别综合	142.5	210.7	129.5	215.1	115.2	120	186.3	222.2	150.6

数据来源：经济政策不确定性网站 http://www.policyuncertainty.com/index.html.

通过图3.1可以看出，两次海湾战争、9·11事件、金融危机、雷曼兄弟破产、总统选举等大型事件发生时，经济政策不确定指数飙升。在此基础之上，Baker等学者扩展了基于当代报纸的筛选方式，进行了一系列延伸，包括追溯过去、不同经济体间的交互以及特殊政策上的识别。为了增加数据量及提高EPU指数可靠性，对于美国经济政策不确定性指数的研究追溯到了1900年，进一步验证了该指数对于经济政策不确定性的代表性。为保证研究的可靠性，该指数的制定者们对所选用报纸的可靠性、一致性和准确性做了进一步的分析及研究，同时发现政治倾向并没有扭曲所得到的EPU指数。同时设立专业的审计团队，定期对测评结果进行专业审核，以保证结果的科学性和合理性。按照类似的方法，Baker等学者为全球11个经济体制定了经济政策不确定指数。

Baker等学者在制定经济政策不确定指数以100为基准进行了标准化处理。从图3.1可以看出，在1987年黑色星期一股灾事件、1991年第一次海湾战争、1992年克林顿当选美国总统、1997年金融危机、2001年9·11事件、2003年海湾战争、2007年美国经济刺激之争、

经济政策不确定性对股票市场波动影响的实证分析

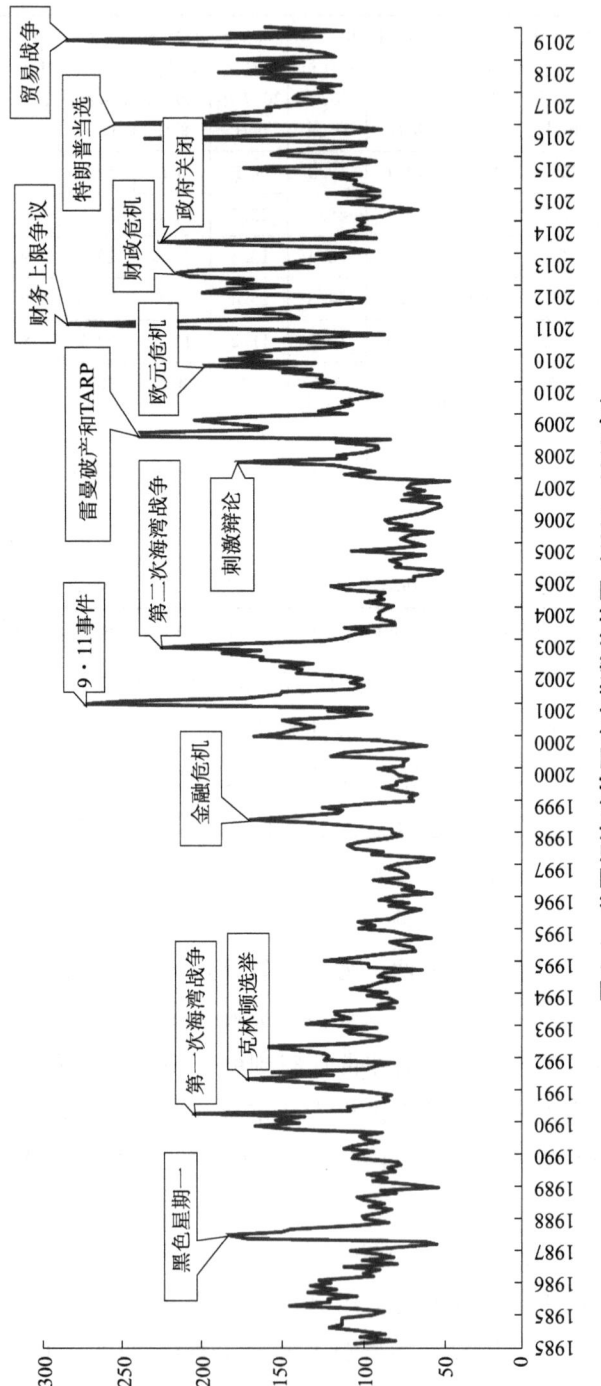

图 3.1 美国经济政策不确定指数趋势图（1985—2019 年）

数据来源：经济政策不确定性网站 http://www.policyuncertainty.com/index.html。

2008年雷曼兄弟破产和不良资产处置计划（TARP）、2011年财务上限之争、2012年财政危机、2013年政府关闭、2016年特朗普当选美国总统、2018年贸易战争等时间点，在重大外部冲击或内部大事件时期，经济政策的不确定性指数明显飙升，说明该指数可以代替之前学者们在研究经济政策不确定性指数时所常用的政府换届和重大事件这两种替代指标，相较而言更加合理。

（二）中国经济政策不确定指数

在本节前述内容中，重点分析了经济政策不确定指数在制定过程的通用术语集，并以美国经济政策不确定性指数为例进行了简单的分析，同时发现在重大外部事件和政府官员换届等事件发生时，美国的经济政策不确定性指数明显升高，由此推断了该指数的合理性和代表性。本小节将重点分析中国的经济政策不确定性，即Economic Policy Uncertainty of China，在下文中可以简称为CEPU。CEPU与EPU最大的不同在于"C"，即在制定CEPU的过程中，除了要按照上文所述的常用报纸筛选统计方法外，要增加"中国"这一关键因素。

在经济学家Baker等学者在制定经济政策不确定指数官方网站中，先后给出了两组关于中国的EPU指数，两组数据是由不同的研究团队，选用不同的报纸作为媒介进行统计的不确定性指数，下面将分别进行分析。

第一组是Scott Baker、Nick Bloom、Steven J. Davis和Xiaoxi（Sophie）Wang共同制定的CEPU指数，该指数以《南华早报》作为选用的报纸媒介进行统计整理。研究团队首先设置了一系列与中国经济政策不确定性相关的术语集，如上文所提到的通用术语集外，还增加了"北京""中国人民银行""当局"等特色代表性词汇，通过软件自动搜索功能筛选包含相关词汇的文章，计算数量，并将每月筛选出的符合规定的文章数量与《南华早报》该月总文章数量相除，然后基于一定的乘法因子，将所得序列以100位标准值进行标准化处理。计算过程如下：

$$CEPU = \lg\left(100 \times \frac{n}{N}\right) \quad (3.1)$$

式（3.1）中，*CEPU* 为基于 SCMP 的中国经济政策不确定性指数；*N* 为 SCMP 当月所报道的文章总数量；*n* 为 SCMP 当月所报道的文章中符合 *CEPU* 筛选条件的文章数量。

在指数制定过程中为了保证数据的可靠性与合理性，研究团队专门设立审计小组，不断通过审核增加文本过滤器的准确性，降低误差率。最终 Baker 等学者针对中国经济政策不确定指数制定了 1995 年 1 月至今的月度数据。图 3.2 为基于《南华早报》的 CEPU 指数走势图。

从图 3.2 可以看出，2015 年及之前的 20 年间，中国经济政策不确定指数有些许波动，总体平均值稳定，基本上都处于 300 点以内。但自 2016 年开始中国经济政策不确定指数出现大幅飙升，远远超出以往的最大值 400。为了图表更易于展示和分析，将数据分为 1995—2015 年和 2015—2019 年两个时间段来进行分析。

图 3.3 为 1995 年 1 月至 2015 年 12 月，基于《南华早报》的中国经济政策不确定指数走势图。可以看出，在 2001 年 9·11 事件、2002 年通货紧缩和赤字问题、2004 年利率提升、2008 年金融危机及"4 万亿"支持计划、2010 欧元区保护主义显现等时间节点上，CEPU 指数明显高于往常。

图 3.4 为 2016 年 1 月至 2019 年 5 月，基于《南华早报》的中国经济政策不确定指数走势图。2015 年开始，中国进入经济新常态时期，即经济增长不再像之前那样保持较高增速，而是进入相对缓慢增长阶段。同时国际局势发生较大变化，外部各种力量对经济形势发展不利，因此与前 20 年相比，中国经济政策不确定指数飙升，远超以往的平均值甚至最大值。从图 3.4 可以看出，2016 年 6 月新一轮税制改革、2017 年 1 月特朗普就职美国总统、2017 年 3 月英国正式启动脱欧程序、2017 年 5 月欧洲议会选举、2018 年持续发酵的贸易战争等时间点下，CEPU 指数值屡创历史新高。在这些外部内忧外患或者突发事件面前，中国经济政策不确定指数的突然提升无疑一定程度上代表了以往不确定性的固有指标。显示出该指数的合理性和科学性。

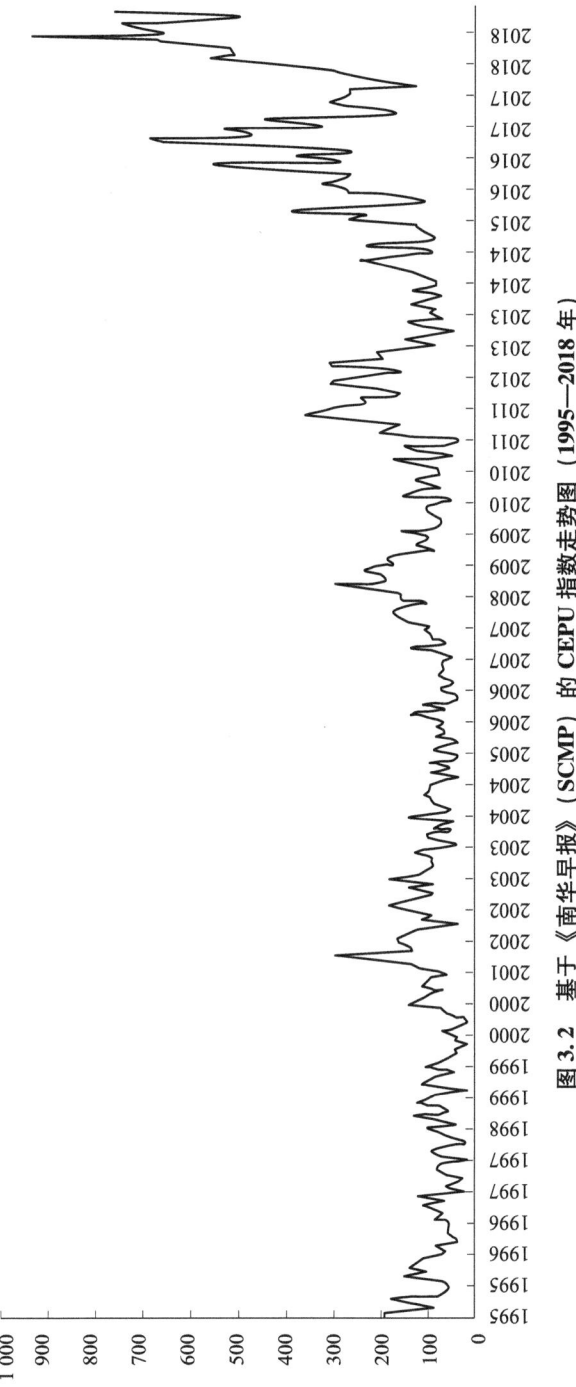

图 3.2 基于《南华早报》(SCMP) 的 CEPU 指数走势图 (1995—2018 年)

数据来源：经济政策不确定性网站。

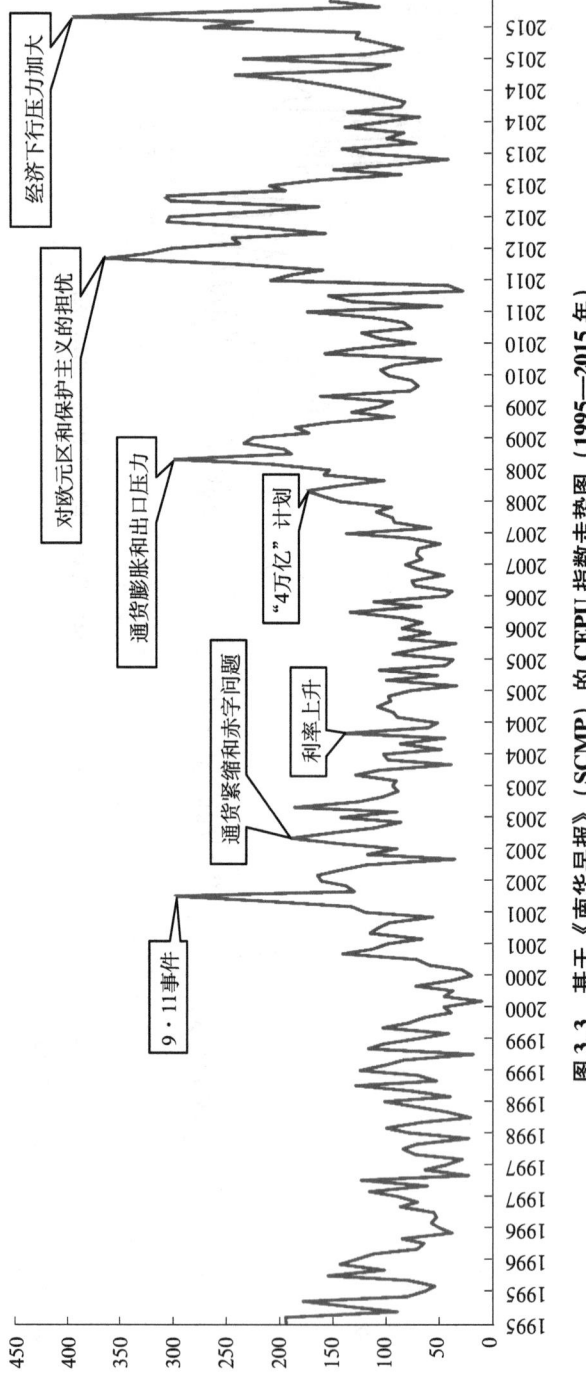

图 3.3 基于《南华早报》(SCMP) 的 CEPU 指数走势图 (1995—2015 年)

数据来源：经济政策不确定性网站。

第三章 关键指标特性分析

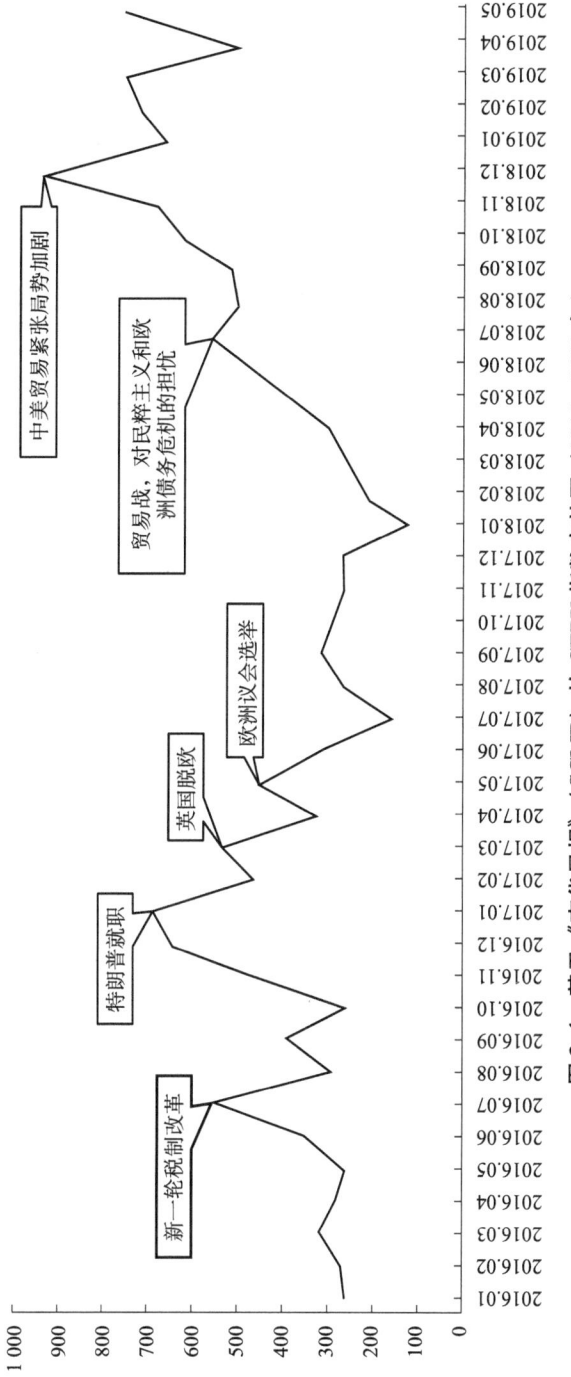

图3.4 基于《南华早报》(SCMP)的CEPU指数走势图(2016—2019年)

数据来源：经济政策不确定性网站。

第二组是由 Steven J. Davis、Dingqian Liu 和 Xuguang S. Sheng 共同以《人民日报》和《光明日报》两大内地本土权威报刊作为报纸媒介，通过上文所述筛选方式，统计出 1949 年 10 月至今的中国经济政策不确定性指数。该研究团队首先制定了与 CEPU 相关的三类关键词汇，如表 3.3 所示，将每一份报纸每个月的合规文章数量作为原始 CEPU 指数值。

表 3.3　　　　　中国经济政策不确定性指数术语集

分类	英文术语	中文术语
Uncertainty	Uncertain/Uncertainty/not certain/unsure/not sure/hard to tell/Unpredictable/unknown	不确定/不明确/不明朗/未明/难料/难以预计/难以估计/难以预料/难以预测/未知
Economics	Economy/business	经济/商业
Policy	Fiscal/monetary/China Securities Regulatory Commission/China Banking Regulatory Commission/Ministry of Finance/The People's Bank of China/National Development and Reform Commission/Opening-up/Reform/Ministry of Commerce/legislation/tax/national bonds/Government debt/central bank/Tariff/Government deficit	财政/货币/证监会/银监会/财政部/人民银行/国家发展改革委/开放/改革/商务部/法律/法规/税收/国债/政府债务/央行/外经贸部/关税/政府赤字

数据来源：经济政策不确定性网站 http://www.policyuncertainty.com/index.html。

考虑到中国经济和政治发展的几大关键转变，学者们将新中国成立以来的时期划分为三个阶段：1949—1978 年，1979—2000 年，2001 年至今。在每个时期统计出来的符合标准的文章数量进行标准化处理后得到了新的中国经济政策不确定性指数。除了整体经济政策不确定指数之外，Davis 等学者还专门制定了贸易政策术语集，以研究中国贸易政策的不确定性，如表 3.4 所示。

表 3.4　　　　　中国贸易政策不确定指数术语集

分类	英文术语	中文术语
Uncertainty	Uncertain/Uncertainty/not certain/unsure/not sure/hard to tell/Unpredictable/unknown	不确定/不明确/不明朗/未明/难料/难以预计/难以估计/难以预料/难以预测/未知

续表

分类	英文术语	中文术语
Economics	Economy/business	经济/商业
Trade Policy	Import tariffs/import duty/import barrier WTO/World Trade Organization/trade treaty/Trade act/Doha round/Uruguay round/GATT/General Agreement on Tariffs and Trade/Dumping/protectionism/ trade barrier/export subsidies	进口关税/进口税/进口壁垒/WTO/世界贸易组织/世贸组织/贸易条约/贸易协定/贸易政策/贸易法/多哈回合/乌拉圭回合/GATT/关贸总协定/倾销/保护主义/贸易壁垒/出口补贴

数据来源：经济政策不确定性网站。

表3.3中，除了"Uncertainty"与"Economics"这两个关键词与通用指数的关键词基本一致之外，"Policy"这一关键词的术语集具有明显的中国特色，如"中国人民银行""发展改革委"等。表3.4中国贸易政策不确定指数术语集中，主要集中在与贸易相关的专业词汇，自1978年实行改革开放政策以来，贸易政策不断修改逐步扩大开放程度，促成40多年来的中国经济飞速发展，可以说对外贸易的作用不容忽视。下面将以走势图来分析不同阶段CEPU指数的趋势及特点，如图3.5所示。

从图3.5可以看出，在1950—1952年朝鲜战争爆发及土地改革、1953年第一个"五年计划"、1954年第一次颁布宪法、1966年越南战争、1967年文化大革命开始等重大历史事件发生之际，基于内地报纸的中国政策不确定性指数出现大幅度飙升。1978年以前政府对经济的管控较多，因此从该阶段整体CEPU数值上看，数值偏高。

1979年中国正式开启改革开放之路，开启计划经济向市场经济的逐步转变历程。从1979年至2000年之间，多次出现关于是否实行开放市场经济政策，恢复计划经济的辩论。该阶段的CEPU指数的趋势，如图3.6所示。

从图3.6可以看出，1979年市场经济与计划经济论战、1980年里根当选美国总统、1986年市场经济之争、1987年第一部《公司法》颁布、1988年价格改制与通货膨胀、1989年东西德统一、1995年美国与日本汽车贸易战、1998年欧元区蔓延、1999年内需不足等各种内外部重大事件发生之际，基于内地报纸的中国政策不确定性指数出

经济政策不确定性对股票市场波动影响的实证分析

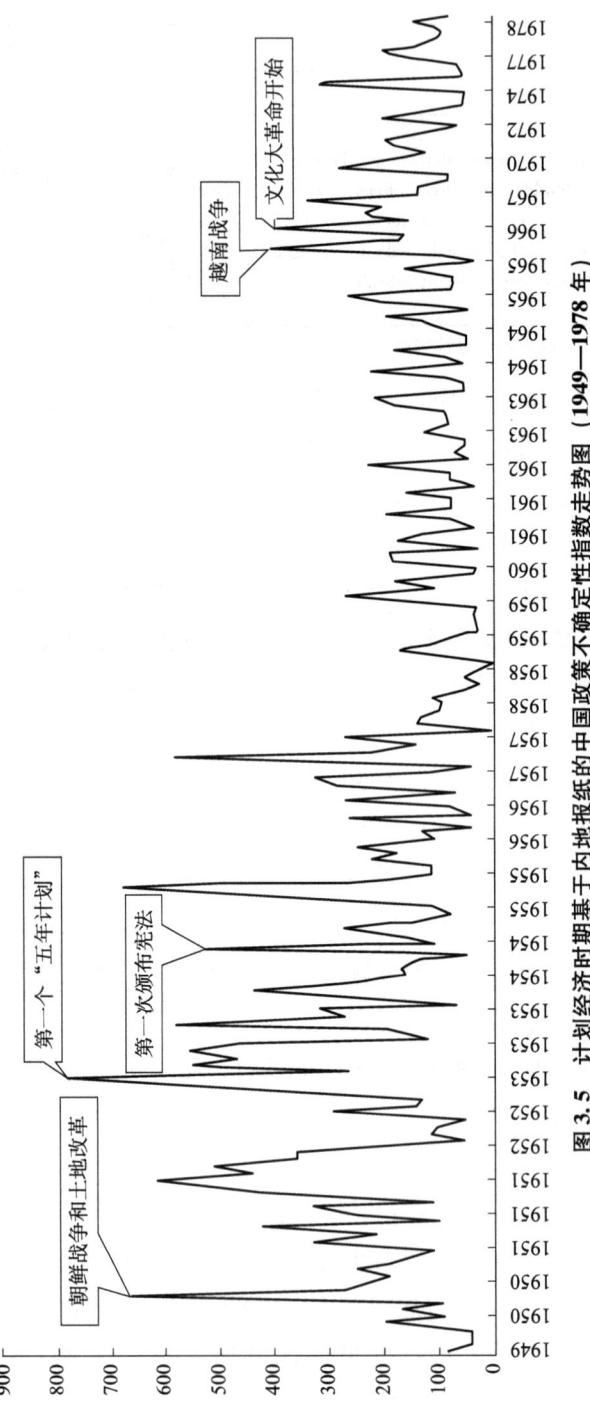

图 3.5 计划经济时期基于内地报纸的中国政策不确定性指数走势图（1949—1978 年）

数据来源：经济政策不确定性网站。

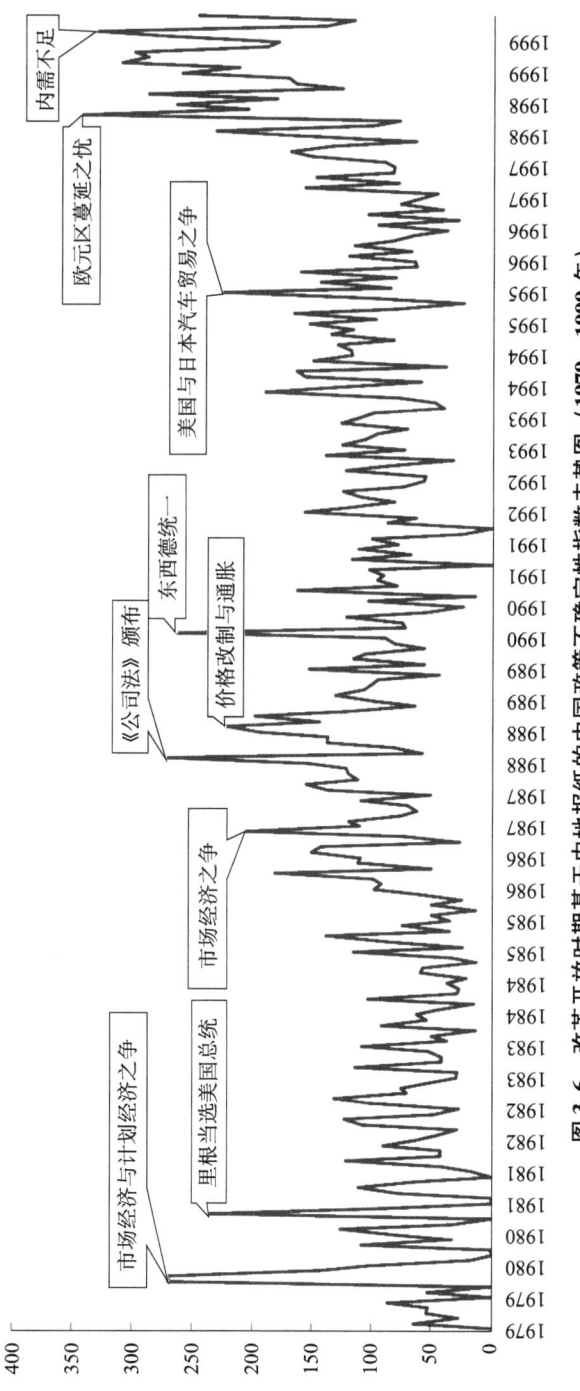

图 3.6 改革开放时期基于内地报纸的中国政策不确定性指数走势图（1979—1999 年）

数据来源：经济政策不确定性网站。

现飙升。与计划经济时期相比，改革开放时期的 CEPU 指数虽然时常出现波动，但总体均值稳定，没有出现升降悬殊的现象。

2000 年千禧年，随着金融危机的爆发和网络的发展，全球经济迅速进入全球化时代，世界各大经济实体之间的经济和政治关联性显著提升。从图 3.7 可以看出，在 2002 年伊拉克战争及非典型肺炎暴发、2005 年拉丁美洲和加勒比海地区选举、2007 年美国次贷危机、2008 年全球金融危机、2012 年欧债危机及美国信用评级下降、2013 年美国政府停摆、2017 年特朗普就职、英国脱欧、欧洲议会选举、2017 年贸易战、2018 年至今中美贸易紧张局势加剧。在内忧外患之际，基于《人民日报》和《光明日报》的中国政策不确定性指数出现明显上升。除此之外可以看到自 2015 年中国进入经济新常态以来，CEPU 指数均值与过去相比显著提高，说明为了应对经济下行压力和解决外部冲击，中国政府在经济新目标的指导下加快经济政策的制定与调整步伐。

本节分析了 Baker 等专家制定的经济政策不确定指数的基本方法与步骤，并以美国经济政策为例，对该指数做了基本的阐述和趋势分析。通过分析发现在重大内外部事件的发生节点，EPU 指数数值明显飙升，这与之前学者们所利用的经济政策不确定指数替代指标：政府选举及官员更替、战争等因素具有很多契合点。一定程度上反映了该指数和合理性和科学性。随后本小节针对中国经济政策不确定指数对了专门分析，政策不确定性指数官网上对于 CEPU 指数提供了两种数据，一组是由 Baker 等专家依据《南华早报》统计的指数值，另一组是 Davis 等专家依据《人民日报》和《光明日报》统计的指数值。在下一节内容中，将针对两组数据利用统计模型进行专门的特征分析。

二、基于 GARCH 模型的统计特征分析

（一）描述性统计

本论文研究所用到的经济政策不确定指数是历年月度数据，属于时间序列数据。通常对于经济和金融时间序列的进行分析时，往往假

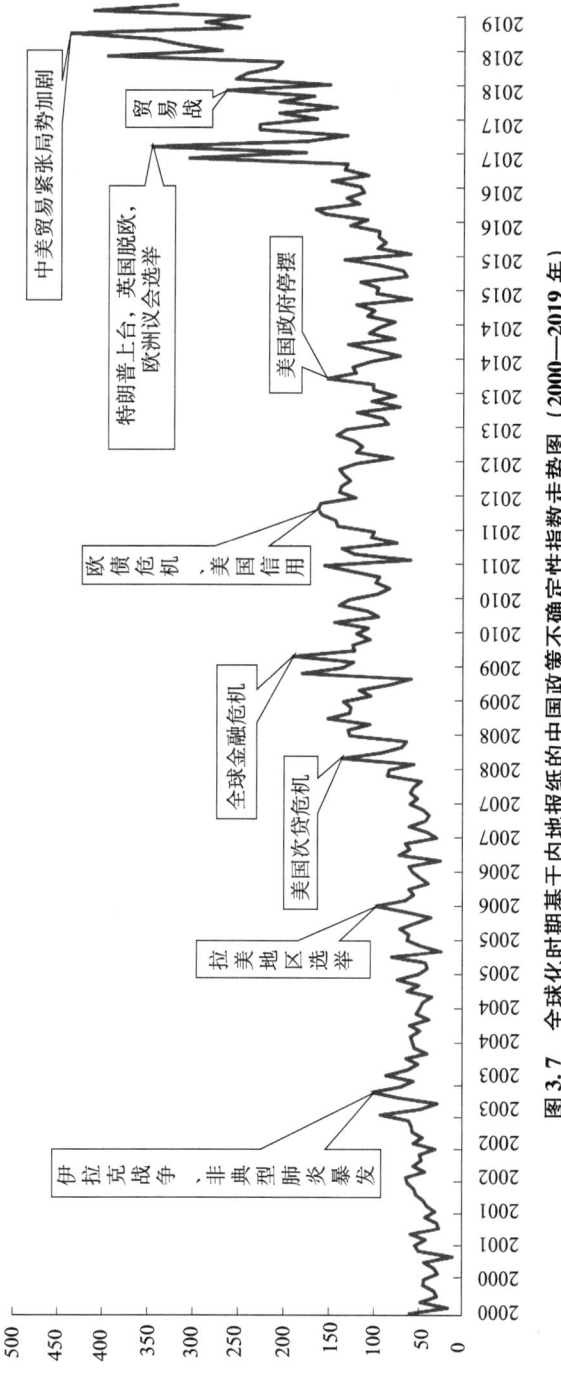

图 3.7 全球化时期基于内地报纸的中国政策不确定性指数走势图（2000—2019 年）

数据来源：经济政策不确定性网站。

经济政策不确定性对股票市场波动影响的实证分析

设数据是平稳的，一般通过方差的特性是否不变来判断序列平稳性。然后根据大量实践表明，金融和经济领域的时间序列数据往往刚开始保持一段时间的平稳后，会出现较大波动，从上一节的图表可以判断中国经济政策不确定的条件方差不是常数，即具有条件异方差性。通过以往的研究过程中发现，中国股票市场波动由于不断受到多重因素的冲击不仅具有条件异方差性，还具有波动集聚，自相关等特性。而经济政策的不确定指数波动也是由内外部不同冲击导致波动的加剧，其变化过程也服从某种随机的过程，因此本书将采用条件异方差时间序列分析的常用模型，即GARCH类模型进行实证分析。接下来先对ARCH和GARCH模型进行简单的分析，以便于后期实证分析的理解。

在上一节的研究中，提到了目前对于经济政策不确定的几种代表性的定量指标体系，并决定选用在www.policyuncertainty.com/europe_monthly.html网站发布的经济政策不确定性指数（EPU指数）作为本书选用的经济政策不确定性指标。该网站在初期对于中国的经济政策不确定指数只给出了一组数据，即由Baker等学者根据香港的《南华早报》经过一系列统计及测算得出的经济政策不确定性指数。但后期该网站又发布了关于中国经济政策不确定的另一组数据，是由Steven J. Davis等学者根据《光明日报》和《人民日报》经过一系列统计及测算得出的经济政策不确定性指数。本研究为了保证实证研究结果的合理性、稳健性，将同时选用两组数据作为中国经济政策不确性指数的定量代替指标，并在后续研究中，对于该指数与中国股票波动的关联性做出进一步分析说明。

为了方便后续研究的清晰性，现对两组数据的名称进行简要的划分。首先由Baker等根据《南华早报》（South China Morning Post，SCMP）制定的EPU指数，简称为SCMPEPU指数，其次将Davis等学者根据《光明日报》和《人民日报》这两个内地报纸制定的EPU指数，简称为MLEPU指数（China Mainland Paper EPU）。由于当前学者们的研究中，尚未同时使用两种指数，所以对于两组数据的简称并不与其他研究冲突，且该简称只是为了本书的研究表述便利性，而非具有代表性，特此说明。

在利用 GARCH 类模型进行实证分析之前，先对 SCMPEPU 指数和 MLEPU 指数做出描述性统计，简要了解两组数据的基本概况。首先对 SCMPEPU 指数进行基本统计分析，如图 3.8 所示。

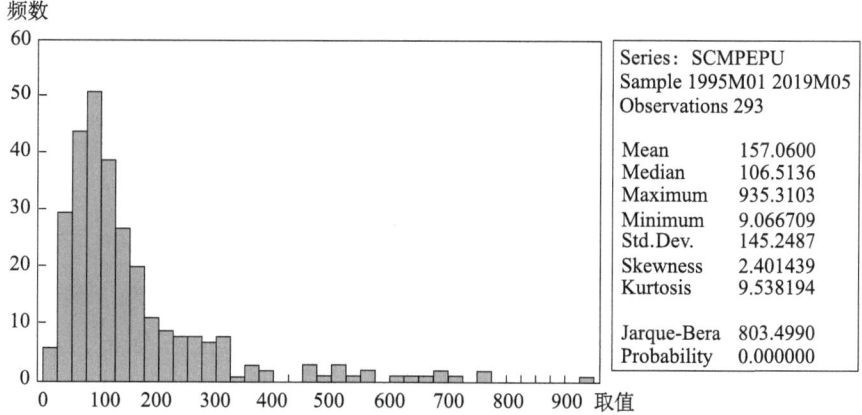

图 3.8　SCMPEPU 指数频数分布直方图

通过图 3.8 可以看出，SCMPEPU 指数数据时间跨度为 1995 年 1 月至 2019 年 5 月，共 293 个样本量，最大值为 935.31，最小值为 9.07。最大值与最小值之间差距巨大。标准差为 145.25，数值较大，说明该指数分布较为分散。同时偏度值为 2.401439，显示右边、偏性，非对称分布。峰度值为 9.538194，大于正态分布的峰度标准值 3，所以具有明显的尖峰特点。图最下方的 JB 统计量为 803.449，显著偏大，P 值为 0，可以看出 SCMPEPU 指数的分布显著拒绝正态分布的原假设，不属于正态分布。表 3.5 更加清晰地展示了 SCMPEPU 指数基本特征值及特性分析结果。

表 3.5　　　　　　SCMPEPU 指数基本特征值及特性

SCMPEPU	最大值与最小值之差	标准差	偏度	峰度	Jarque-Bera 统计量
数值	926.243391	145.2487	2.401439	9.538194	803.4990
特性	波动大	分散性	非对称（右偏）	尖峰	非正态

表 3.6　　　　　　　SCMPEPU 指数分组统计量

值	计数	占比	累计量	累计占比
[0, 200)	228	77.82	228	77.82
[200, 400)	46	15.70	274	93.52
[400, 600)	10	3.41	284	96.93
[600, 800)	8	2.73	292	99.66
[800, 1 000)	1	0.34	293	100.00
总计	293	100.00	293	100.00

通过表 3.6 可以看出，SCMPEPU 指数数值主要分布在 0～200，占到总样本量的 77.82%。第二组较大的数据值为 200～400。而极大值 600～800 出现了 8 次，最大值 800～1 000 出现了 1 次。该类分组统计量也从侧面印证了 SCMPEPU 指数的分布非正态分布，其尖峰的特点也导致了其分布出现极值的概率远大于正态分布出现极值的概率。

关于 MLEPU 指数，通过网站的数据来看，Davis 等学者根据中国特定的政治及全球经济形势，将新中国成立以来的数据划分为三个阶段，分别是 1949—1978 年、1979—1999 年、2000—2019 年的 MLEPU 指数。下文将分别对三个阶段的数据作基本统计分析。

1949—1978 年的 MLEPU 指数频数分布直方图和分组统计量分别如图 3.9 和表 3.7 所示。

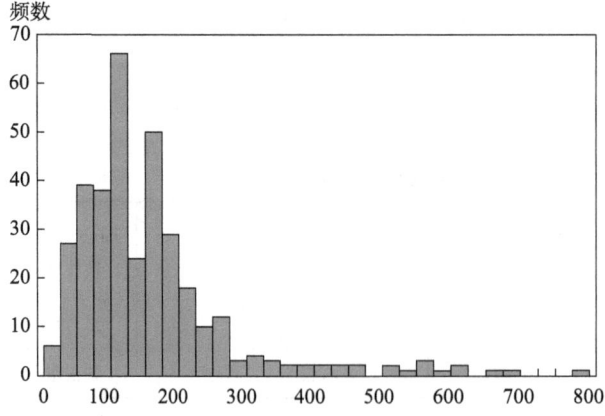

图 3.9　MLEPU 指数（1949—1978 年）频数分布直方图

表 3.7　　　MLEPU 指数（1949—1978 年）分组统计量

值	计数	占比	累计量	累计占比
[0, 200)	279	79.49	279	79.49
[200, 400)	54	15.38	333	94.87
[400, 600)	13	3.70	346	98.58
[600, 800)	5	1.42	351	100.00
总计	351	100.00	351	100.00

结合图 3.9 和表 3.7 可以看出，这一时期中国的经济政策不确定指数最大值与最小值之间差值较大，波动性大。标准差值高达 116.71，具有很强的分散性。偏度为 2.26，明显的右偏性，具有不对称的特点。峰度为 9.545702，远大于正态分布的标准值 3，具有尖峰的特点。JB 统计量为 925.1189 显著偏大，且 P 值为 0，显著拒绝该阶段指数分布为正态分布的原假设。综上所述，这一时期 MLEPU 指数具有尖峰、非对称、分散性强等非正态分布的特点，与前文 SCM-PEPU 指数分布的特点具有相似性。但需要重点说明的是，在 Davis 等学者根据《光明日报》和《人民日报》制定的 1949 年 1 月至 1978 年 12 月的 EPU 指数中，存在较多的缺失值，近 30 年的时间段中含月度数据 351 个，其中缺失值高达 154 个，虽然在描述性分析时对缺失值进行相应补充，但具有较大的误差。因此，在后续的研究过程中，将不再对该时期的数据进行应用和研究。

1979—1999 年 MLEPU 指数频数分布直方图和分组统计量分别如图 3.10 和表 3.8 所示。

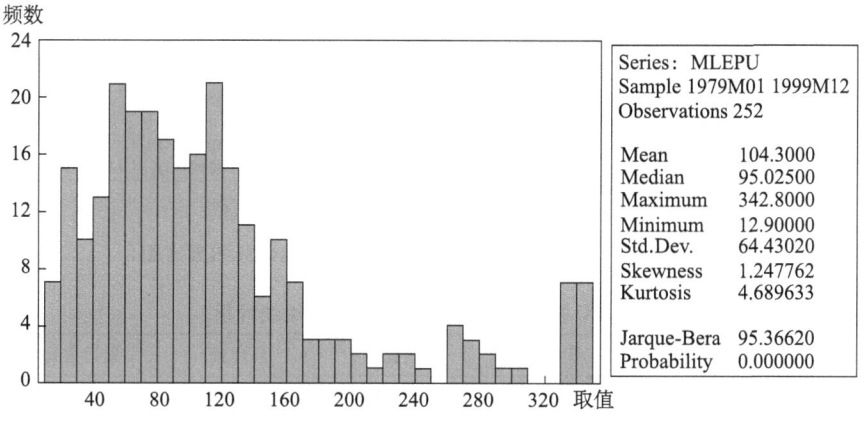

图 3.10　MLEPU 指数（1979—1999 年）频数分布直方图

表 3.8　　　MLEPU 指数（1979—1999 年）分组统计量

值	计数	占比	累计量	累计占比
[0，100)	136	53.97	136	53.97
[100，200)	95	37.70	231	91.67
[200，300)	18	7.14	249	98.81
[300，400)	3	1.19	252	100.00
总计	252	100.00	252	100.00

结合图 3.10 和表 3.8 可以看出，1979—1999 年中国的经济政策不确定指数最大值与最小值之间差距高达 329.9，具有波动大的特点。标准差高达 64.43，具有分散性大的特点。偏度值为 1.25，显示右偏性，非对称分布。峰度值为 4.689633，大于正态分布的峰度标准值 3，属于尖峰分布。图 3.10 中最下方的 JB 统计量为 95.37，显著偏大，P 值为 0，可以看出 MLEPU 指数的分布显著拒绝正态分布的原假设，不属于正态分布。总体来讲具有尖峰、右偏、波动大、非对称性等特点。

2000—2019 年 MLEPU 指数频数分布直方图和分组统计量分别如图 3.11 和表 3.9 所示。

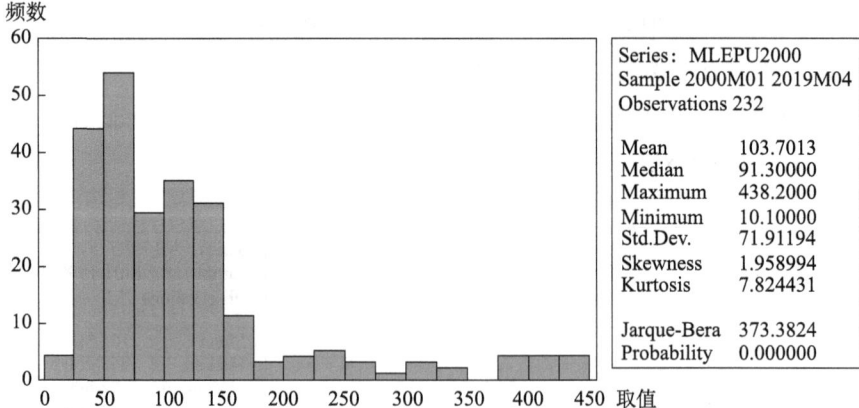

图 3.11　MLEPU 指数（2000—2019 年）频数分布直方图

表 3.9　　　MLEPU 指数（2000—2019 年）分组统计量

值	计数	占比	累计量	累计占比
[0，100)	131	56.47	131	56.47

续表

值	计数	占比	累计量	累计占比
[100, 200)	80	34.48	211	90.95
[200, 300)	13	5.60	224	96.55
[300, 400)	6	2.59	230	99.14
[400, 500)	2	0.86	232	100.00
总计	232	100.00	232	100.00

Davis 等学者在根据《光明日报》和《人民日报》制定中国经济政策不确定指数时,将 2000 年至今的时期视为全球经济时代。首先是因为 2000 年千禧年之后,全球经济发展进入新的历史时期,随着 2001 年中国加入 WTO,本国经济的发展受到世界多个经济体的影响,是共同影响、共同发展的新阶段。进入新的历史发展时期后,为了应对进入 WTO 后更为开放的国内环境和国外各种经济势力的竞争,中国政府为了加快经济发展,更加合理利用全球经济的便利性,加大出口,不断制定和调整各种贸易政策,以适应全球化经济发展。

结合图 3.11 和表 3.9 可以看出,这一时期中国的 EPU 指数最大值与最小值之间差距为 428.2,明显高于市场经济时代的差值,波动更加明显。标准差为 71.91,高于市场经济时代的 64,分散化加剧。偏度值为 1.96,与正态分布相比具有右偏非对称性。峰度值为 7.82,大于 3,且高于市场经济市场的 4.68,尖峰性突出。JB 统计量为 373.38,P 值为 0,显著拒绝正态分布的假设。综上所述,这一时期的 MLEPU 指数同样具有尖峰,右偏非对称性,分散性等特点,且此类特性相较前一时期(1979—1999 年)的 MLEPU 指数更加明显。

(二) 平稳性检验

对于时间序列而言,在做进一步回归分析之前,必须对数据的平稳性进行检验。如果对不平稳数据直接回归分析,容易产生"伪回归"现象。

由图 3.12 可以看出,由 Baker 等制定的 SCMPEPU 指数和由 Davis 等制定的 MLEPU 指数均存在截距项,不存在趋势项,且是非平稳的。

但是单纯的目测判断不具有科学性,接下来对两组指数通过 ADF 检验分别做平稳性检验。

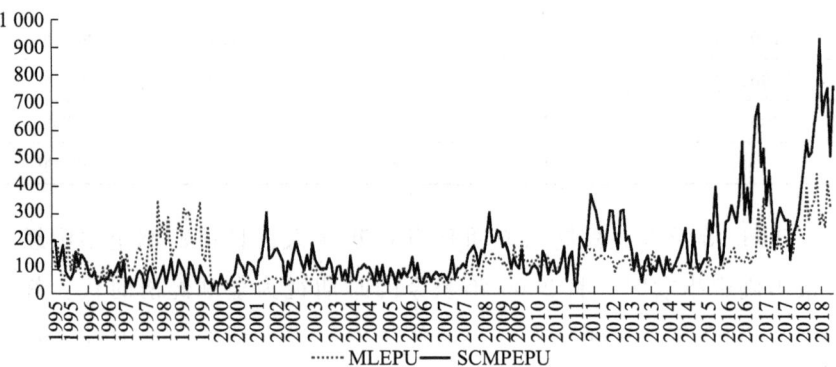

图 3.12　MLEPU 指数与 SCMPEPU 指数走势图

根据表 3.10 的上半部分,即 SCMPEPU 指数的 ADF 检验结果可以看出,t 值为 -1.12,显著小于各个水平值下的 t 值绝对值,P 值为 0.78。说明接受原假设,SCMPEPU 指数序列存在单位根,是非平稳序列。根据 ADF 检验和 SIC 信息准则,滞后 2 阶数据达到平稳。根据表 3.10 的 ADF 检验部分可以看出,t 值为 0.17,小于各个水平值下的 t 值绝对值。P 值为 0.97,说明显著接受原假设,MLEPU 指数序列存在单位根,是非平稳序列。根据 ADF 检验和 SIC 信息准则,滞后 3 阶数据达到平稳。

表 3.10　　　SCMPEPU 指数与 MLEPU 指数平稳性检验

Null Hypothesis: SCMPEPU has a unit root			
Lag Length: 2 (Automatic-based on SIC, maxlag = 15)			
Augmented Dickey-Fuller test statistic		t-Statistic	Prob. *
		-1.121438	0.7080
Test critical values	1% level: -3.45; 5% level: -2.87; 10% level: -2.57		
Variable	Coefficient	Std. Error	t-Statistic	Prob.
SCMPEPU (-1)	-0.033640	0.029998	-1.121438	0.2630
D [SCMPEPU (-1)]	-0.376740	0.061837	-6.092438	0.0000
D [SCMPEPU (-2)]	-0.190669	0.061613	-3.094638	0.0022
C	8.287701	6.049123	1.370066	0.1717

续表

Null Hypothesis: MLEPU has a unit root			
Lag Length: 3 (Automatic – based on SIC, maxlag = 14)			
Augmented Dickey-Fuller test statistic		t-Statistic	Prob.*
		0.172167	0.9703
Test critical values	1% level: -3.45; 5% level: -2.87; 10% level: -2.57		
Variable	Coefficient	Std. Error	t-Statistic	Prob.
MLEPU (-1)	0.006503	0.037773	0.172167	0.8635
D [MLEPU (-1)]	-0.791630	0.072511	-10.91738	0.0000
D [MLEPU (-2)]	-0.486989	0.082224	-5.922699	0.0000
D [MLEPU (-3)]	-0.311025	0.067414	-4.613672	0.0000
C	2.660551	4.485686	0.593120	0.5537

通过对数据的 ADF 检验发现，无论是 Baker 等根据《南华早报》制定的 EPU 指数，还是 Davis 等学者根据《光明日报》和《人民日报》这两个内地报纸制定的两阶段 EPU 指数，都属于非平稳序列。该发现使得在后续的实证研究过程中，必须注意非平稳时间序列的特殊处理，以避免虚假回归现象。

（三）ARCH 效应检验

ARCH 模型于 1982 年由恩格尔提出，并由博勒斯莱文发展成为 GARCH（Generalized ARCH）即广义自回归条件异方差。这些模型被广泛的应用于经济学的各个领域。自回归条件异方差（Autoregressive Conditional Heteroscedasticity Model, ARCH）模型是特别用来建立条件方差模型并对其进行预测的。因变量的方差被作为因变量的滞后值和自变量或外生变量的函数来建立模型。按照通常的想法，自相关的问题是时间序列数据所特有，而异方差性是横截面数据的特点。但在时间序列数据中通常也可能存在异方差的特性。如果不考虑时间序列的异方差性而盲目的进行回归分析，会大大降低预测的误差。ARCH 的主要思想是时刻 t 的 u_t 的方差（σ_{t2}）依赖于时刻（$t-1$）的平方误差的大小，即依赖于 u_{t-1}。即对于时间序列 $\{y_t\}$：

$$y_t = \gamma_0 + \gamma_0 x_{1t} + \cdots + \gamma_k x_{kt} + u_t \qquad (3.2)$$

假设在时刻 $(t-1)$ 所有信息已知的条件下，扰动项 u_t 的分布是：

$$u_t \sim N(0,(\alpha_0 + \alpha_1 u_{t-1}^2)) \qquad (3.3)$$

也就是，u_t 遵循以 0 为均值，$(\alpha_0 + \alpha_1 u_{t-1}^2)$ 为方差的正态分布。由于式（3.3）中 u_t 的方差依赖于前期的平方扰动项，称它为 ARCH（1）过程：

$$\mathrm{var}(u_t) = \sigma_t^2 = \alpha_0 + \alpha_1 u_{t-1}^2 \qquad (3.4)$$

ARCH（p）过程可以写为：

$$\sigma_t^2 = \alpha_0 + \alpha_1 u_{t-1}^2 + \alpha_2 u_{t-2}^2 + \cdots + \alpha_p u_{t-p}^2 \qquad (3.5)$$

如果扰动项方差中没有自相关，就会有 $H_0: \alpha_1 = \alpha_2 = \alpha_3 = \alpha_p$。这时 $\mathrm{var}(u_t) = \alpha_2 = \alpha_0$，从而得到误差方差的同方差性情形。常常有理由认为 u_t 的方差依赖于很多时刻之前的变化量（特别是在金融领域，采用日数据或周数据的应用更是如此）。这里的问题在于，必须估计很多参数，而这一点很难精确做到。如果意识到方程（3.4）不过是 σ_t^2 的分布滞后模型，就能够用一个或两个 σ_t^2 的滞后值代替许多 u_t^2 的滞后值，这就是广义自回归条件异方差模型（generalized autoregressive conditional heteroscedasticity model，简记为 GARCH 模型）。在广义的 ARCH 模型中，要考虑两个不同的设定：一个是条件均值，另一个是条件方差。

在标准化的 GARCH（1，1）模型中：

$$y_t = \gamma x_t' + u_t \qquad (3.6)$$

$$\sigma_t^2 = \omega + \alpha u_{t-1}^2 + \beta \sigma_{t-1}^2 \qquad (3.7)$$

式（3.6）中给出的均值方程是一个带有误差项的外生变量函数。由于 σ_t^2 是以前面信息为基础的一期向前预测方差，所以它被叫作条件方差。式（3.7）中给出的条件方差方程是均值、用方程（3.19）的残差平方的滞后来度量从前期得到的波动性的信息（ARCH 项）、上一期的预测方差（GARCH 项）的函数。

GARCH（1，1）中的（1，1）是指阶数为 1 的 GARCH 项（括号中的第一项）和阶数为 1 的 ARCH 项（括号中的第二项）。一个普通的 ARCH 模型是 GARCH 模型的一个特例，即在条件方差方程中不存在滞后预测方差的说明。ARCH 模型是在误差是条件正态分布的假定下，通过极大似然函数方法估计的。例如，对于 GARCH（1，1），t 时期的对数似然函数为：

$$l_t = -\frac{1}{2}\log(2\pi) - \frac{1}{2}\log\sigma_t^2 - \frac{1}{2}\log(y_t - \gamma x_t')/\sigma_t^2 \quad (3.8)$$

其中，

$$\sigma_t^2 = \omega + \alpha(y_{t-1} - \gamma x_{t-1}')^2 + \beta\sigma_{t-1}^2 = \omega + \alpha u_{t-1}^2 + \beta\sigma_{t-1}^2 \quad (3.9)$$

通过对 Baker 等人根据《南华早报》（South China Morning Post, SCMP）制定的 EPU 指数的均值模型估计得到均值方程，当 t 检验的 P 值为 0，说明模型非常显著。然后根据均值方程提取残差序列，绘制残差序列的时序图。根据时序图的集群现象判断是否存在 ARCH 现象。图 3.13 为 SCMPEPU 均值模型的残差序列时序图。通过 SCMPEPU 均值模型的残差序列时序图可以看出，在大波动后面紧跟着较大的波动，小波动后面则跟着较小的波动，这就说明了 SCMPEPU 指数时间序列存在 ARCH 效应。

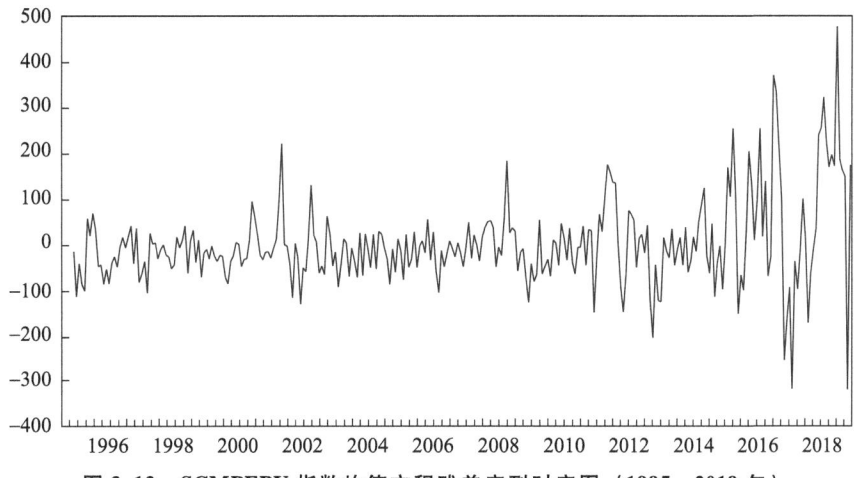

图 3.13　SCMPEPU 指数均值方程残差序列时序图（1995—2019 年）

图 3.14 中 SCMPEPU 自相关检验图存在拖尾现象，衰减速度非常缓慢，而且 P 值全部为 0，显著拒绝不存在自相关的原假设，很明显存在自相关性。接下来设置 GARCH 模型对原数据进行拟合。均值方

程与方差方程估计见表 3.11。

Autocorrelation	Partial Correlation		AC	PAC	Q-Stat	Prob
		1	0.365	0.365	38.904	0.000
		2	0.277	0.165	61.312	0.000
		3	0.246	0.120	79.105	0.000
		4	0.380	0.277	121.73	0.000
		5	0.338	0.139	155.55	0.000
		6	0.319	0.119	185.85	0.000
		7	0.249	0.033	204.28	0.000
		8	0.069	−0.217	205.71	0.000
		9	0.150	−0.011	212.51	0.000
		10	0.159	−0.028	220.14	0.000
		11	0.145	−0.030	226.49	0.000
		12	0.141	0.099	232.57	0.000
		13	0.117	0.045	236.75	0.000
		14	0.070	0.007	238.24	0.000
		15	0.166	0.161	246.71	0.000
		16	0.167	0.022	255.26	0.000
		17	0.339	0.308	290.82	0.000
		18	0.211	0.045	304.58	0.000
		19	0.220	0.029	319.67	0.000
		20	0.189	0.025	330.90	0.000
		21	0.147	−0.233	337.71	0.000
		22	0.213	−0.062	352.03	0.000
		23	0.240	0.008	370.30	0.000
		24	0.325	0.130	403.80	0.000
		25	0.057	−0.068	404.82	0.000
		26	0.092	−0.003	407.55	0.000
		27	0.144	0.082	414.21	0.000
		28	0.155	0.007	421.98	0.000
		29	0.127	0.003	427.16	0.000
		30	0.050	−0.064	427.96	0.000
		31	0.024	−0.039	428.15	0.000
		32	0.062	0.022	429.40	0.000
		33	0.135	0.019	435.39	0.000
		34	0.067	−0.131	436.86	0.000
		35	0.037	−0.026	437.31	0.000
		36	0.037	−0.054	437.77	0.000

图 3.14 SCMPEPU 指数自相关检验图

表 3.11 均值方程与方差方程估计

Mean Equation				
Variable	Coefficient	Std. Error	z-Statistic	Prob.
C	53.47483	5.296898	10.09550	0.0000
SCMPEPU (−4)	0.382632	0.041598	9.198398	0.0000
Variance Equation				
C	822.8712	143.9989	5.714428	0.0000
RESID (−1)^2	0.819446	0.165321	4.956702	0.0000
GARCH (−1)	0.202813	0.072210	2.808656	0.0050

在对 SCMPEPU 进行了特性分析后，下文将对经济政策不确定指数的另一个量化指标：MLEPU 指数进行特性分析。表 3.12 为对

MLEPU 指数的 ARCH 均值模型估计。从表中可以看出，t 检验的 P 值为 0，模型非常显著。根据该均值方程画出残差序列的时序图，从时序图 3.15 可以看出，这一时期的 MLEPU 指数具有明显的 ARCH 效应。通过图 3.16 的 MLEPU 自相关和偏自相关分布图可以看出，该指数具有较强的自相关性，一直延续到第 10 期以后都有相关性。这一特性与前文提到的 SCMPEPU 指数是一致的。

通过表 3.13 中对 SCMPEPU 指数与 MLEPU 指数的描述统计、ARCH 类效应检验以及两者的时序图与 GARCH 模型估计可以看出，中国经济政策不确定性本身就有波动集聚性、异方差性、尖峰厚尾、自相关性、ARCH 效应等特点。

表 3.12　　　　MLEPU 指数的 ARCH 均值模型估计

Variable	Coefficient	Std. Error	t-Statistic	Prob.
C	61.11498	7.185283	8.505577	0.0000
MLEPU1978 (-4)	0.428933	0.059802	7.172560	0.0000
R-squared	0.172958	Mean dependent var		105.1331
Adjusted R-squared	0.169596	S. D. dependent var		64.58139
S. E. of regression	58.85076	Akaike info criterion		10.99592
Sum squared resid	851 999.3	Schwarz criterion		11.02425
Log likelihood	-1 361.494	Hannan-Quinncriter.		11.00732
F-statistic	51.44561	Durbin-Watson stat		1.479714
Prob (F-statistic)	0.000000	/	/	/

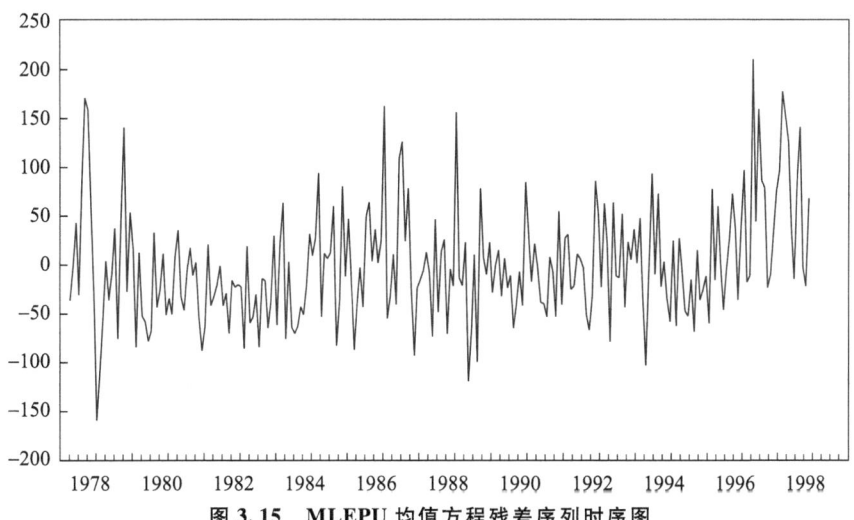

图 3.15　MLEPU 均值方程残差序列时序图

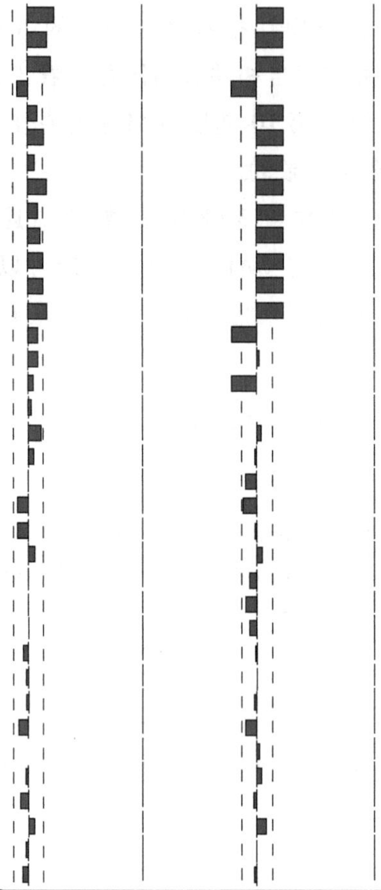

Autocorrelation	Partial Correlation		AC	PAC	Q-Stat	Prob
		1	0.257	0.257	16.532	0.000
		2	0.174	0.116	24.187	0.000
		3	0.215	0.158	35.854	0.000
		4	−0.098	−0.220	38.300	0.000
		5	0.096	0.140	40.636	0.000
		6	0.141	0.106	45.715	0.000
		7	0.067	0.058	46.878	0.000
		8	0.174	0.057	54.705	0.000
		9	0.101	0.024	57.344	0.000
		10	0.112	0.086	60.599	0.000
		11	0.140	0.049	65.763	0.000
		12	0.154	0.116	71.979	0.000
		13	0.173	0.068	79.865	0.000
		14	0.096	−0.017	82.289	0.000
		15	0.100	0.024	84.944	0.000
		16	0.055	−0.014	85.765	0.000
		17	0.036	0.012	86.120	0.000
		18	0.111	0.042	89.455	0.000
		19	0.065	−0.008	90.609	0.000
		20	0.011	−0.084	90.640	0.000
		21	−0.033	−0.121	90.941	0.000
		22	−0.026	−0.004	91.119	0.000
		23	0.050	0.056	91.795	0.000
		24	0.007	−0.061	91.807	0.000
		25	0.000	−0.084	91.807	0.000
		26	0.002	−0.045	91.809	0.000
		27	−0.038	−0.004	92.205	0.000
		28	−0.006	0.003	92.216	0.000
		29	−0.006	−0.011	92.227	0.000
		30	−0.068	−0.087	93.527	0.000
		31	0.011	0.027	93.562	0.000
		32	−0.005	0.034	93.568	0.000
		33	−0.066	−0.023	94.829	0.000
		34	0.051	0.085	95.592	0.000
		35	−0.009	0.007	95.617	0.000
		36	−0.036	−0.007	95.994	0.000

图 3.16 MLEPU 指数自相关检验图

表 3.13 MLEPU 指数的 GARCH 均值模型估计

Mean Equation				
Variable	Coefficient	Std. Error	z-Statistic	Prob.
C	16.18615	4.965837	3.259500	0.0011
MLEPU2000（−4）	0.770824	0.062983	12.23858	0.0000
Variance Equation				
C	22.65813	14.66292	1.545268	0.1223
RESID（−1）^2	0.155791	0.041948	3.713905	0.0002
GARCH（−1）	0.860708	0.039277	21.91355	0.0000

第二节 股票市场波动性特征分析

一、股票市场波动率选择

波动性的研究一直是股票市场研究领域的热点问题,无论是对于各类投资主体还是政府监管部门,股票市场的波动程度及走向都密切关系着投资人及上市公司的切身利益,更是事关整体国民经济的健康运行。因此在具体研究经济政策不确定与股票市场波动关联性之前,必须要对波动率有明确的认识和了解。基于实际经济发展趋势和公司基本面的股票市场适度波动能够真实反映金融市场的运行效率,利于真正发挥股票市场对经济发展与稳定的促进作用。但是违背经济运行基本态势及上市公司基本面的暴涨暴跌助长了投机行为的气焰,不仅造成股票市场人心动荡,而且严重影响实体经济和国家整体经济的健康有序发展。股票市场的波动可以分为股票价格的波动和股票收益的波动,股票价格的波动是收益波动的标准差,反映收益波动的分散程度的大小,对于时间序列数据的分析,股票收益的波动被认为更切实反映股票市场内部的变化。

波动率本身代表的是该标的资产投资回报率的变化程度,根据江恩理论,波动率本身可以分为实际波动率和历史波动率。实际上江恩本人并没有对股票市场波动率给出具体定义和计算方式,后来的学者基于其理论才产生了一系列股票市场波动率的计算分类与方法,在具体分析波动率的测度之前,有必要对江恩理论进行简单了解。江恩理论是20世纪美国最著名的投资学家威廉·江恩基于美国资本市场的数十年成功实践经验总结的一套投资理论。江恩综合利用几何学、数学、天文学等领域的专业知识创立了一套独特技术分析理论,在这一整套分析投资理论中包括江恩六角形、周期理论、波动法则、江恩角度线等内容。关于股票市场及股价的波动方面,江恩始终坚持基于判定的法则可以较为准确地预判股票市场的波动趋势与幅度。每一只股票都有自己的一套波动法则，所有同时发生的股票波动相互交织共同造成大盘指数的起伏变换，在整个波动性过程中，时间是最为重要的因素。一定程度认为时间具有循环周期，在一个周期结束后，历史将会重演，也就是说可以根据历史股票价格走势和波动率背后的自然法则预测未来的股票波动。时间始终是最重要的，然后才是波动率的比例大小和具体形态的展示。江恩作为一个股票市场的投资者，在进入股市之初也曾因为预判失误多次遭遇损失，一直到1908年开始起投资逐渐趋于稳定盈利状态，在历次股票选择反面展示出惊人的准确性，特别是在1929年准确预测出当年的美股大崩盘。通过对多种专业领域知识的运行，其建立起一套独特的分析方法与投资理论，在该套理论的指导下，不仅建立了高度精确的预测系统，还建立的响应的补救系统，即当预测系统发生失误时，操作系统及时做出补救，从而形成一套完整的操作系统。

江恩理论的本质是在不为人所控制的复杂股票波动趋势下建立一套严格的交易程序以实现投资利益的最大化，交易过程必须严格遵守设定的交易程序，杜绝盲目猜测与买卖的现象，同时根据内外部环境的变化及时更新既定规则，以符合市场的真实需求。在该理论下投资者在股票市场时遭受损失主要有三个原因，首先是毫无技巧地利用有限资本进行频繁的短线交易，有限资本的过度买卖通常会造成很大损失；其次是没有设立合适的止损点，使得判断错误导致的损失持续加大，即使是一些市场上的经验者设定了止损点也会在实际操作中受到投机思想的影响而视止损点于不顾，导致大额损失的出现。最后是投资者缺乏市场常识，许多投资者都是抱有投机的目的加入到股票市场中，试图利用一系列的买卖交易获取超额利润，全然不顾股票市场固有的专业知识和运行规律，盲目相信市面上的信息与噪声，做出错误的投资决策，从而产生较大损失。

江恩理论在期货期权市场和股票市场上都具有广泛影响，后期一些学者基于江恩理论初步制定了股票波动率计算公式。股票波动率分为上升波动率和下降波动率，当波动率趋势为上升时，底部与底部的距离除以底部与底部的相隔时间，取整，上升波动率＝（第二个底部－第一个底部）/两底部的时间距离。当波动率的趋势为下降时，顶部与顶部的距离除以顶部与顶部的相隔时间并取整，下降波动率＝（第二个顶部－第一个顶部）/两顶部的时间距离。在成熟的金融市场上，可以获得以下三种股票波动率，分别是历史波动率、实际波动率和隐含波动率。

（一）历史波动率

历史波动是资产在已有时间内的客观历史数据所表现出的波动特性，由于在实际中股票市场波动是一个随机过程，无法精确计算波动率的具体数值，所以真实的波动率是依据相关数据进行估值得到的。如果真实波动率是一个常数，那么历史波动率就是依据历史数据计算得到的真实波动率的估计值。

在股票市场波动率的研究过程中，历史波动率是最早受到关注的波动率指标，其包含最基础和普遍的数据。关于波动率研究的早期模型，如 ARMA、ARCH、GARCH 族等模型，都致力于历史波动率的分析和预测。根据波动的影响范围将历史波动性划分为三种波动形式：第一种是日常波动，此波动是在宏观经济形势下，金融资产日常交易导致资产价格波动所导致的小幅度波动，与金融资产本身无关，不会对实体经济和金融市场产生影响。第二种是周期性波动，此波动与外界环境因素有密切关系，比如经济危机带来的整体衰退，某个行业的兴盛或者衰败，或者国家的经济周期等。寻找周期性波动分布函数的具体形式和固有特性是股票市场波动的研究重点。第三种是异常波动，如果按照传统金融理论基础的有效市场假说，当投资者是完全理性时，股票市场的波动是稳定可预测的，不可能出现异常波动。但实际中，无论是欧美成熟的证券市场，还是发展中国家的新兴市场，都会出现不可预见的异常波动。异常波动反映出金融市场的负责性和不可预知性，仍需要学者们的深入广泛研究。在历史波动率的计算中首先需要获得时间序列收益率数据，对于收益率的计算，目前有以下两种的估计方法。

方法一：百分比价格变动法

$$r_i = \frac{(p_{i+1} - p_i)}{p_i} \quad (3.10)$$

该方法可以用来表示价格的环比增长速度，在式（3.10）中 r_i 是资产的百分比收益，p_i 是报告期前一期（基期）资产的价格，p_{i+1} 是今天（报告期）资产的价格。在股票市场指数历史波动率的计算中，通常以收盘价衡量当期资产价格。

方法二：对数收益法

$$r_i = \ln\frac{p_{i+1}}{p_i} = \ln p_{i+1} - \ln p_i \quad (3.11)$$

式（3.11）中，r_i 是资产的对数收益，p_i 是报告期前一期（基期）资产的价格，p_{i+1} 是今天（报告期）资产的价格。根据数据提取的频率，历史波动率可以依据交易日、星期、月度、季度甚至年份进行划分。不同交易数据频数下所计算得出的历史波动率数值存在较大差异。随着股票市场技术的不断发展，高频数据逐渐成为研究的重点，目前可以获取股指 1 分钟、5 分钟、15 分钟、30 分钟、60 分钟等微小时间单位的交易数据。理论上来讲，高频数据能够捕捉更多的交信息，体现更多的交易本质，利于对于波动率的测算更加精确，但是相关技术手段近期才得以发展，微小时间单位的交易数据量小，涵盖时间较短，对于时间跨度较大的股票市场波动率研究存在数据不足的问题。本书在研究的过程中，涉及时间范围长达 25~30 年，所以选取普通日度、月度数据作为研究对象。

历史波动率中收益率的两种计算方式的假设条件是不同的，百分比价格变动法假定数据非连续，存在固定的间断。对数收益法假定时间和数据的一贯连续性，更加符合当前股票市场的实际情况，因此对数收益公式更加适合于历史波动率的表达。针对得到的对数收益，进一步计算得到历史波动率的估计值，计算式如下：

$$\sigma = \sqrt{\sum_{i=1}^{T}(r_i - \bar{r})^2/(T-1)} \quad (3.12)$$

式（3.12）中，σ 是对数收益的平均离差，即标准差，若将日、周等标准差转化为年标准差，需要乘以以年为单位的频数长度的平方根,例如欧洲期权市场一年有252个工作日,r为日变量,则年波动率为 $\sigma\sqrt{252}$;T 是观察值的数量;$\bar{r} = \frac{1}{N}\sum r_i$。

上述计算过程表明历史波动率的估计类似于估计标的资产收益系列的标准差。在历史波动率的计算过程中,除了要考虑选取数据的频率问题,目前提取频率以1分钟为最大频率,由于得到关于投资交易的高频数据。还要考虑样本的整体时间段,在一定程度上讲,样本容量的增加可以提高波动计算的准确性以减少预测误差,但并不代表选取的时间段越长越好,因为基于历史波动率进行未来的预测时,时间过于久远的信息可能与之关联性很小,甚至导致误差的增大。

(二) 实际波动率

Merton(1980)在研究中提到以足够高的频率提取样本数据时,独立同分布随机变量的方差通过加总高频平方变量的值来大幅度提高估计的精确性,得到实际波动率。French(1987)也在文章中提到通过高频数据来逐步估计波动率的方式可以提高估计准确性,例如通过股票市场每天的收益率来估计股市月度波动率水平。并根据局部鞅分解和二次变动理论证明计算得出的实际波动率是真实波动率的最优估计。关于实际波动率的估计分为参数方法和非参数方法。参数方法是将波动率置于一定的模型之中,利用已有模型来估计波动率。非参数方法是指直接利用收益方差、日收益绝对值等数据通过公式计算得出实际波动率。首先设置多变量连续时间随机波动扩散模型:

$$d(\ln p_t) = \mu_t d_t + \Omega_t dW_t \qquad (3.13)$$

实际波动率的计算中,假定 $n \times 1$ 维价格向量 p_t 满足上式,其中 Ω_t 为 $n \times n$ 维严格平稳的正定扩散矩阵;W_t 为 n 维布朗运动过程。$[t, t+i]$ 阶段的连续复合收益为 $r_{t+i,i}$,并且连续复合收益服从高斯分布。

$$r_{t+i,i} = \ln(p_{t+i}) - \ln(p_t) \qquad (3.14)$$

$$r_{t+i,i} \mid \sigma \{\mu_{t+\tau}, \Omega_{t+\tau}\}_{\tau=0}^{h} \sim N\Big(\int_0^i \mu_{t+\tau} d\tau, \int_0^i \Omega_{t+\tau} d\tau\Big) \qquad (3.15)$$

根据二次变动理论,当 $\Delta \to 0$ 时,$\sum_{j=1}^{h/\Delta} (r_{t+j\Delta,\Delta} r_{t+j\Delta,\Delta}^T) - \int_0^h \Omega_{t+\tau} d\tau \to 0$,

其中 h 表示单位时间，$h=1$ 代表一分钟、一日或者一个月等，Δ 为样本个数的倒数。因此实际协方差矩阵可以表示为：

$$\mathrm{Cov}(t) = \sum_{j=1}^{1/\Delta} (r_{t+j\Delta,\Delta} r_{t+j\Delta,\Delta}^T) \quad (3.16)$$

$$\rho_{ijt} = \{\mathrm{Cov}(t)\}_{ij}/(V_{it} \times V_{jt}) \quad (3.17)$$

$$V_{jt}^2 = \{\mathrm{Cov}(t)\}_{jj} \quad (3.18)$$

式（3.17）中，ρ_{ijt} 表示第 i 只股票和第 j 只股票之间的相关系数；式（3.18）中，V_{jt}^2 为第 j 只股票的实际标准差。

实际波动率又可以称之为高频波动率，随科技的发展，以分钟为频率收集数据成为可能，最小的时间单位为一分钟，高频数据更大程度上波动了交易的信息，而且上述非参数计算方式在不依赖模型的条件下直接观测潜在波动。但不可否认的是，作为资产投资回报率的度量，由于投资本身的随机性导致实际波动率只是真实波动率的近似估计。

（三）隐含波动率

估计隐含波动率的最主要模型是期权定价模型（Black-Scholes 模型，简称 BS 模型），在金融期权模型中，波动率估计值是一种关键变量，反过来根据金融期权模型和实际中期权的交易价格倒推出的波动率估计值即隐含波动率。因为在 BS 模型给出了期权价格与标的股价、执行价、到期时间、波动率的定量关系，只要已知 4 个参数，便可推出第 5 个参数值。随着上证 2015 年 50ETF 期权的问世，作为风险衡量指标的隐含波动率也成为学者的研究对象。

在上述三种波动率中，历史波动率是根据历史数据进行回溯所得，属于最易获得的波动率类型，隐含波动率是最接近真实波动率的类型，但是隐含波动率是根据实际期权价格反推得到的，我国 50ETF 期权问世不到 4 年的时间，数据量过小不利于整体股票市场波动率的观测。实际波动率属于高频波动率，而本研究另一关键指标即 EPU 指数是月度数据，属于低频数据，两者频率不同。因此在研究经济政策不确定性与股票市场波动的过程中，将选用历史波动率中的对数收益计算所得到的方差作为股票市场波动率的替代指标。

二、特征分析

(一) 与成熟市场的对比分析

在第三章的研究过程中，将中国股票市场的发展分为 4 个阶段，其中上交所和深交所的成立被认为是股票市场的正式开端。自 1990 年上交所、深交所成立以来，我国的股票市场经历了 30 多年的不断发展和完善。虽然与西方成熟的股票市场相比起步较晚，但仍然以较高的发展速度一跃成为目前全球仅次于美国的第二大股票市场。目前针对于股票市场，上证综指和深证成指是两大交易所中最具有代表性的指数。下文中以 1991 年 4 月至 2019 年 7 月为时间跨度对两个综合指数的数据进行研究。图 3.17 为上证综指和深证成指样本期内的股票收盘价走势图。

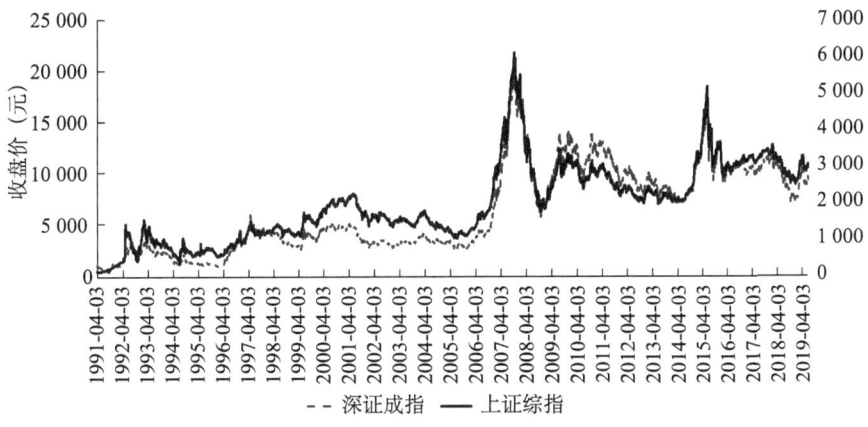

图 3.17 上证综指与深证成指日收盘价趋势图

数据来源：万得数据库。

由于 1991 年 4 月至 1992 年 3 月这段时期内，上交所与深交所每周闭市时间不同，交易天数存在 42 天的差距，因此在处理数据过程中对缺失值进行处理后得到图 3.17，由于两个指数计算的基日起点不同，所以两个综合性指数绝对值相差较大，为了便于趋势的比较，在图中采用两个坐标轴的形式进行展现。从图 3.17 可以看出，由于两者所处内外部环境具有较大的相似性,因此两大指数的收盘价走势具有很大的相似性。但是在某些时刻两者以自身为基础值的变动幅度略有差异。我国股票市场整体波动幅度较大,为更好地展现股票市场的震荡特性,下文将上证指数和深证成指与另外两个成熟股票市场的代表性指数进行综合对比,即香港恒生指数和美国道琼斯指数。

首先从振荡幅度的角度对四大指数进行对比分析。所谓振荡幅度是指股票市场指数在一段时间内的变动幅度。振荡幅度=(本期指数最高收盘价-本期指数最低收盘价)/本期指数收盘价平均值×100%。本书选用1991—2019年的数据作为研究对象,分别计算上证综指、深证成指、恒生指数和道琼斯工业指数的振荡幅度,结果如表3.14所示。

表3.14 股票指数年度振荡幅度情况对照表

年份	深证成指	道琼斯工业指数	恒生指数	上证综指
1991	0.769608	0.093515	0.180267	0.981017
1992	0.871261	0.052631	0.286496	1.297796
1993	0.442605	0.125525	0.797428	0.540978
1994	0.626262	0.093175	0.348653	0.706998
1995	0.211642	0.280813	0.300128	0.271225
1996	1.373517	0.194875	0.237847	0.645707
1997	0.343043	0.220387	0.439183	0.36277
1998	0.33734	0.190747	0.447432	0.210377
1999	0.554737	0.209126	0.579723	0.433836
2000	0.20352	0.101684	0.216068	0.283796
2001	0.391836	0.203589	0.494234	0.294731
2002	0.251235	0.306287	0.234989	0.240254
2003	0.140372	0.284194	0.380958	0.155299
2004	0.286411	0.073169	0.176097	0.323746
2005	0.243043	0.058254	0.132734	0.214287
2006	0.786615	0.13932	0.246028	0.840133
2007	0.863315	0.125881	0.493707	0.731834
2008	0.970109	0.360269	0.575885	0.911325

续表

年份	深证成指	道琼斯工业指数	恒生指数	上证综指
2009	0.618246	0.378621	0.497771	0.519326
2010	0.342204	0.170222	0.156124	0.25421
2011	0.350664	0.156875	0.286182	0.276104
2012	0.248348	0.080259	0.194686	0.202781
2013	0.228923	0.180065	0.135869	0.186119
2014	0.476786	0.12628	0.116861	0.530025
2015	0.487395	0.105673	0.301787	0.426248
2016	0.186342	0.18285	0.194557	0.188725
2017	0.141701	0.221315	0.247919	0.084781
2018	0.422605	0.125254	0.274529	0.337969
2019	0.268068	0.076725	0.098451	0.172842
最大值	1.373517	0.378621	0.797428	1.297796
均值	0.463371	0.169572	0.312848	0.435353

数据来源：由万得数据库获得数据计算而得。

从表3.14可以看出，深证成指年度振荡幅度最大值约为1.37，上证综指的年度振荡幅度为1.29，远远大于恒生指数最大值0.79和道琼斯工业指数最大值0.37。由四大指数的最大值比较可以看出，最成熟的美国股票市场，年振荡幅度最小，成立时间最短的深证成指的年振荡幅度最大。通过振荡幅度的均值也可以看出，年振荡幅度与交易所成立时间呈反比例关系。这说明我国的股票市场虽然筹资量与开户数等数量已经成为仅次于美国的第二大股票市场，但仍处于尚未成熟阶段，还有许多需要完善的地方。

图3.18为四大指数的年振荡幅度趋势图。从图中可以看出，除1992年与2001年等个别时间点，恒生指数年振荡幅度略大于上证指数之外，剩余绝对多数年限内，深证成指和上证综指的年振荡幅度均大于恒生指数与道琼斯工业指数。而且在1996年和2008年等个别年份，国内两个综合性指数的振荡幅度突破100%。从整体年振荡的方向来看，四大指数存在一定程度的相似性。这一现象在2000年以前并不明显，1991—2000年，四大指数的振荡方向较为杂乱，同一时间

段内，有的指数向上振荡，有的指数不变或向下振荡。但自2000年开始，四大指数的年振荡方向趋于一致性现象明显。原因主要是2000年后，全球经济进入一体化时代，各个国家、经济体之间的经济交流合作进一步加强，受相同国际政治及经济形势的影响，各国股票市场之间的相互影响加强，股指振荡方向有较大的相似性。

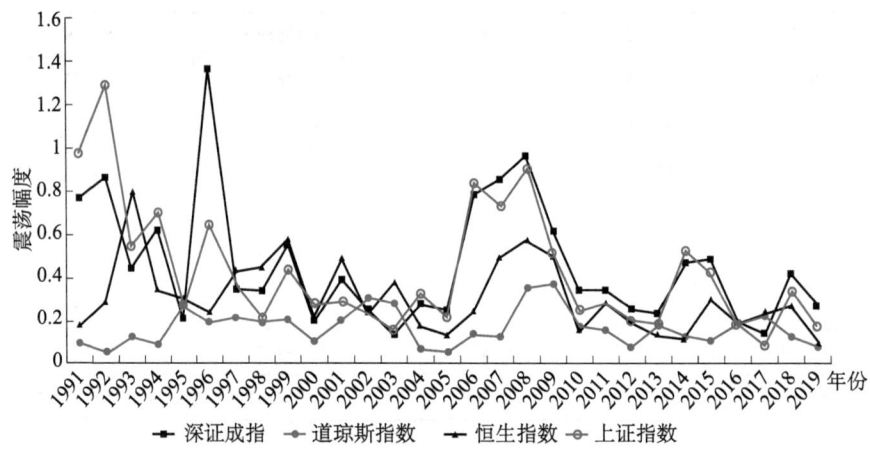

图3.18　四大指数年振荡幅度趋势图

在分析了四大指数的日收盘价基本趋势的异同点之后，从收益率的角度再对其进行比较。表3.15为上证综指、深证成指、恒生指数、道琼斯工业指数的收益率描述性统计量，上证综指和深证成指的收益率方差与标准差远大于恒生指数与道琼斯工业指数，说明前者的收益分散性较大。通过图3.19四大指数收益率序列正态Q-Q图及图3.20大指数收益率分布直方图可以看出，无论是成熟股票市场还是我国尚未成熟的股票市场，收益率序列均不服从与正态分布，具有一定的随机性，且全部显示出尖峰厚尾的特征。从偏度上看，四大指数的偏度皆不为0，具有非对称性，但道琼斯工业指数收益率偏度值为-0.75，恒生指数收益率偏度为-0.29，皆为负值，说明具有左偏性。上证综指收益率为偏度为2.45，深证成指收益率偏度为1.05，皆为正值，说明具有右偏性。

表 3.15　　　　　　　　四大指数收益率描述性统计量

		道琼斯收益率	恒生收益率	上证收益率	深证收益率
样本量	有效	339	339	339	339
	缺失	0	0	0	0
均值		0.00657260	0.00607897	0.00957664	0.00691974
均值的标准误		0.002206109	0.003828872	0.006705771	0.005975045
中值		0.00944436	0.01039443	0.00636894	0.00222487
标准差		0.040618766	0.070497015	0.123466333	0.110012245
方差		0.002	0.005	0.015	0.012
偏度		-0.752	-0.293	2.449	1.047
偏度的标准误		0.132	0.132	0.132	0.132
峰度		1.689	2.811	19.779	4.711
峰度的标准误		0.264	0.264	0.264	0.264
极小值		-0.164074	-0.348235	-.373283	-.296190
极大值		0.100792	0.264523	1.019664	0.633716

数据来源：万得数据库。

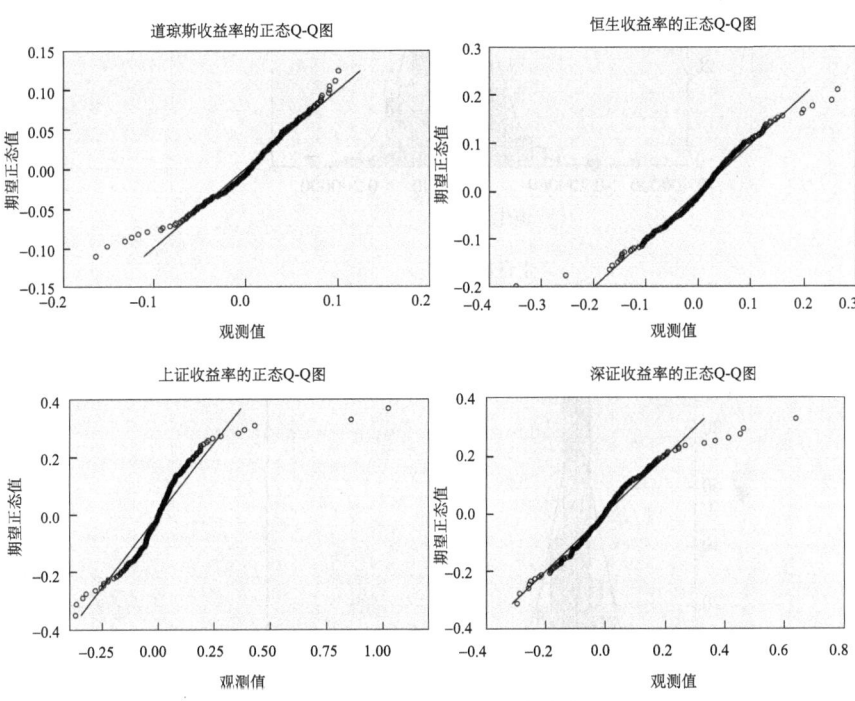

图 3.19　四大指数收益率序列正态分布 Q - Q 图

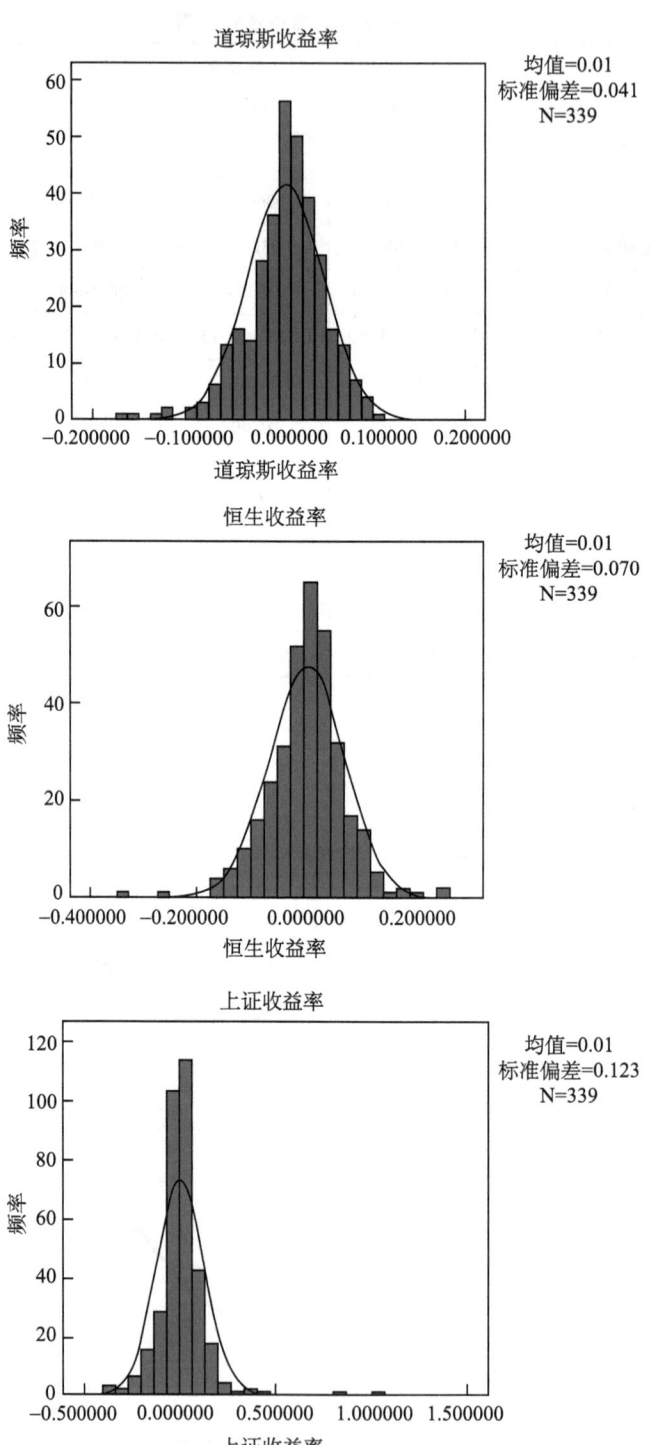

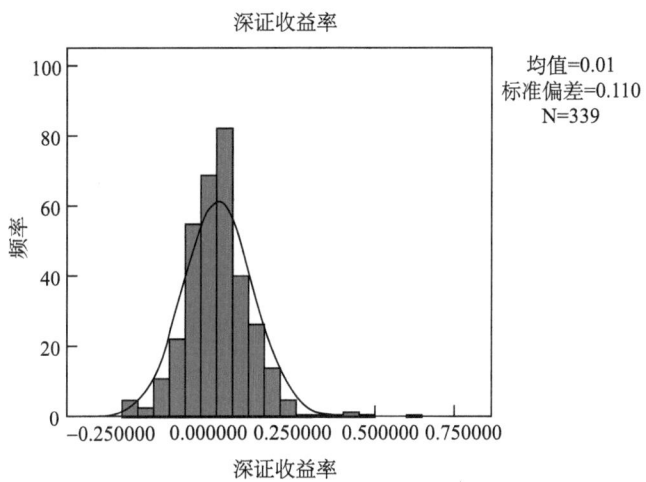

图 3.20 四大指数序列分布直方图

通过对四大代表性指数的基本收盘价趋势和收益率分布等信息的比较可以发现，我国股票市场最具有代表性的是上证综指与深证成指与香港恒生指数。美国道琼斯工业指数相比较，波动较大，分布更分散，具有更强的风险性。说明股票市场与成熟股票市场相比还有较大差距，需要对股票市场的各个方面进行综合完善，才能有效促进股票市场的健康运行。

（二）应用 GARCH 模型对特征进行检验

上文经过与成熟股票市场代表性股指收盘价和收益率的对比，大体上分析了我国股票市场代表性指数的大体特征，下面将利用专门的 GARCH 类模型对我国股票市场收益率波动特征进行细化分析，在更好地了解股市波动特性的基础之上研究政策不确定性与股指波动的相互关联性。首先对上证综指收益率的特性进行实证分析。

从图 3.21 左侧上证综指收益率分布情况及右侧的描述性信息可以看出，上证综指收益率非正态分布，JB 检验值高达 5690，且 P 值为 0，显著拒绝正态分布的原假设。偏度值为 2.438，说明与正态分布相比具有右偏性，说明收益率分布具有非对称的特点。峰度值 22.47，显著大于正态分布标准值 3，收益率分布具有尖峰的特点。综上所述，上证综指收益率分布具有非对称性、尖峰厚尾、右偏、自相关等特点。在进行 ARCH 效应检验之前，为了避免伪回归的问题，需要先检测时间序列的平稳性,通过 ADF、DF 与 PP 三种检验方式来验证上证综指收益率序列的平稳性状况。

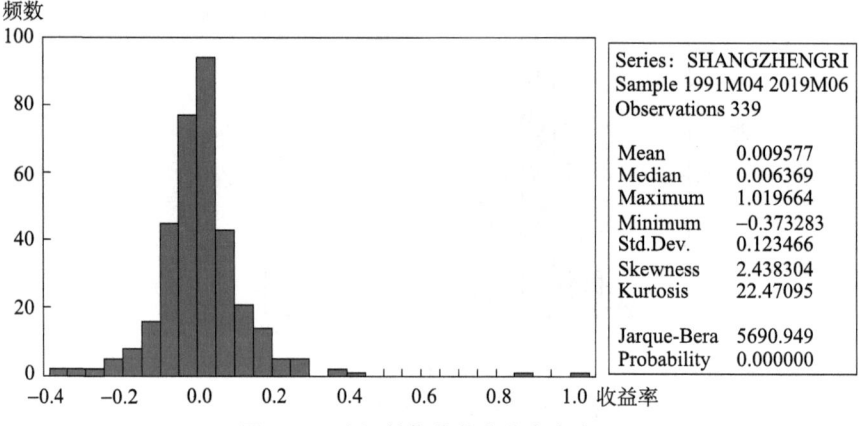

图 3.21　上证综指收益率分布直方图

1. 平稳性检验

通过表 3.16 可以看出,无论是 ADF 检验、DF 检验还是 PP 检验,t 值为负均小于 1%、5%、10% 水平下的 t 值,且三种单位根检验对应的 P 值均为 0。显著具有时间序列具有单位根的原假设,说明上证综指收益率序列不存在单位根,属于平稳序列。

表 3.16　　　　　上证综指收益率单位根检验结果

		t-Statistic	Prob.*
Augmented Dickey-Fuller test statistic		-18.89354	0.0000
Test critical values	1% level	-3.449504	/
	5% level	-2.869876	/
	10% level	-2.571280	/
		t-Statistic	
Elliott-Rothenberg-Stock DF-GLS test statistic		-18.91643	
Test critical values	1% level	-2.571822	
	5% level	-1.941764	
	10% level	-1.616071	
		Adj. t-Stat	Prob.*
Phillips-Perron test statistic		-18.88689	0.0000
Test critical values	1% level	-3.449504	/
	5% level	-2.869876	/
	10% level	-2.571280	/

2. ARCH 效应检验

上证综指收益率序列顺利通过了单位根检验后,再来看一下该时间序列是否存在 ARCH 效应。首先估计上证综指收益率序列的 ARCH 均值方程,通过表 3.17 可以看出,P 值小于 0.01,显著拒绝原假设。

表 3.17　　　　　上证综指收益率 ARCH 效应检验

Variable	Coefficient	Std. Error	t-Statistic	Prob.
C	0.003817	0.005555	0.687194	0.4925
SHANGZHENGRI（-24）	-0.129422	0.043529	-2.973254	0.0032

在估计上证综指收益率 ARCH 模型的均值方程后,提取残差序列,然后根据图 3.22 通过均值模型的残差序列时序图可以看出,在大波动后面紧跟着较大的波动,小波动后面则跟着较小的波动,这就说明了上证综指收益率时间序列存在波动集聚性。从图 3.23 可以看出,上证综指收益率分布具有明显的自相关性,而且滞后 6 期内自相关性不明显,在滞后第 7 期到第 31 期时,有不同程度较为明显的自相关性。且自滞后第 7 期开始,P 值不断变小并逐步趋于零值,自相关性显著,残差序列存在 ARCH 效应。

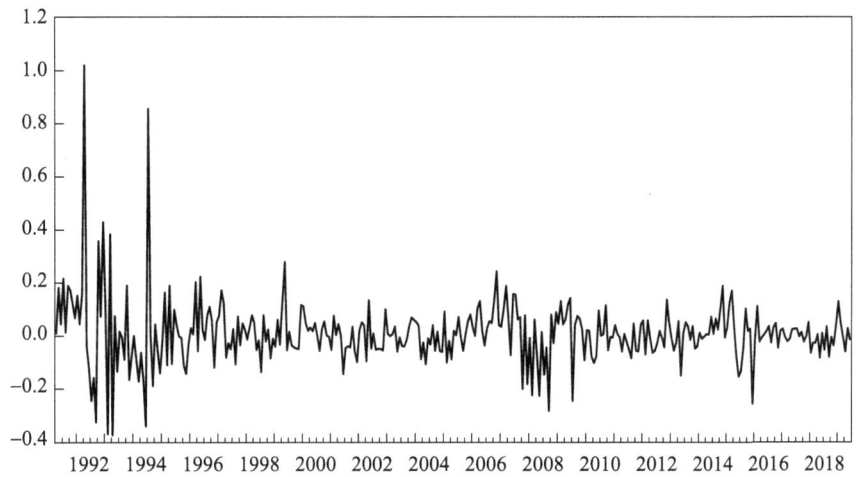

图 3.22　上证综指收益率残差序列时序图

Autocorrelation	Partial Correlation		AC	PAC	Q-Stat	Prob
		1	−0.030	−0.030	0.3144	0.575
		2	0.073	0.073	2.1662	0.339
		3	−0.005	−0.001	2.1758	0.537
		4	−0.065	−0.070	3.6116	0.461
		5	−0.026	−0.030	3.8469	0.572
		6	0.018	0.027	3.9551	0.683
		7	0.152	0.159	12.000	0.101
		8	−0.023	−0.022	12.187	0.143
		9	0.179	0.154	23.361	0.005
		10	−0.097	−0.088	26.654	0.003
		11	0.122	0.126	31.925	0.001
		12	−0.070	−0.058	33.672	0.001
		13	−0.058	−0.060	34.855	0.001
		14	−0.061	−0.092	36.172	0.001
		15	−0.108	−0.100	40.363	0.000
		16	0.023	−0.020	40.554	0.001
		17	−0.107	−0.090	44.632	0.000
		18	0.020	−0.062	44.779	0.000
		19	0.064	0.119	46.250	0.000
		20	0.036	0.015	46.727	0.001
		21	0.008	0.072	46.751	0.001
		22	−0.033	−0.023	47.155	0.001
		23	−0.071	−0.031	49.025	0.001
		24	−0.128	−0.069	55.077	0.000
		25	−0.035	−0.048	55.532	0.000
		26	−0.100	−0.101	59.224	0.000
		27	0.206	0.182	74.980	0.000
		28	−0.053	−0.110	76.009	0.000
		29	−0.060	−0.083	77.341	0.000
		30	−0.006	−0.063	77.353	0.000
		31	0.007	0.098	77.373	0.000
		32	−0.056	−0.048	78.552	0.000
		33	−0.068	−0.027	80.277	0.000
		34	0.057	0.014	81.488	0.000
		35	−0.063	0.040	82.990	0.000
		36	0.101	0.055	86.872	0.000

图 3.23　上证综指收益率分布自相关及偏自相关函数图

3. GARCH 模型估计

表 3.18 为上证综指的 GARCH 模型估计结果,分为均值方差与方差方程,通过 P 值可以看出,上证综指波动率具有显著的 GARCH 效应。综上所述,上证综指收益率时间序列具有非对称性、右偏性、尖峰厚尾和波动集聚的分布特性,属于平稳时间序列,且残差序列存在明显的 GARCH 效应,自相关性。接下来本书将对深证成指进行类似的实证分析。

表 3.18　　　　上证综指 GARCH 模型估计

Variable	Coefficient	Std. Error	z-Statistic	Prob.
C	−0.000879	0.003363	−0.261207	0.7939
SHANGZHENGRI（−4）	−0.071402	0.041764	−1.709628	0.0873

续表

	Variance Equation			
C	0.000269	0.000144	1.862163	0.0626
RESID（-1）^2	0.373290	0.063472	5.881129	0.0000
GARCH（-1）	0.691276	0.043754	15.79934	0.0000

从图 3.24 左侧深证成指收益率分布情况及右侧的描述性信息可以看出，深证成指收益率非正态分布，JB 检验值高达 363，且 P 值为 0，显著拒绝正态分布的原假设。偏度值为 1.042，说明与正态分布相比具有右偏性，说明收益率分布具有非对称的特点。峰度值 7.62，显著大于正态分布标准值 3，收益率分布具有尖峰的特点。综上所述，深证成指收益率分布具有非对称性、尖峰厚尾、右偏、自相关等特点。在进行 ARCH 效应检验之前，为了避免伪回归的问题，需要先检测时间序列的平稳性，通过 ADF、DF 与 PP 三种检验方式来验证深证成指收益率序列的平稳性状况，具体结果如表 3.19 所示。通过表 3.19 可以看出，无论是 ADF 检验、DF 检验还是 PP 检验，t 值为负均小于 1%、5%、10% 水平下的 t 值，且三种单位根检验对应的 P 值均为 0。显著具有时间序列具有单位根的原假设，说明深证成指收益率序列不存在单位根，属于平稳序列。深证成指收益率序列顺利通过了单位根检验后，分析该时间序列是否存在 ARCH 效应。

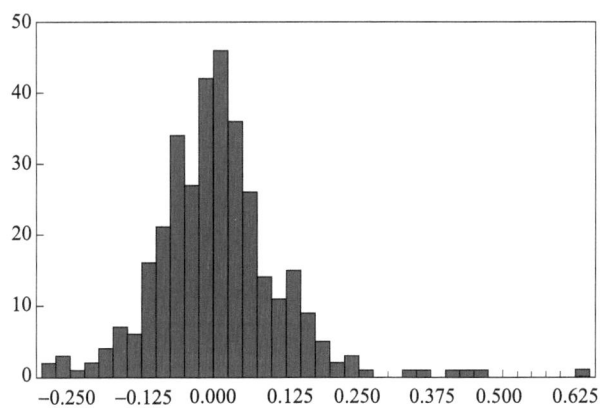

图 3.24 深证成指收益率分布直方图

表 3.19　　　　　深证成指收益率序列的平稳性检验

		t-Statistic	Prob.*
Augmented Dickey-Fuller test statistic		-15.18205	0.0000
Test critical values	1% level	-3.449504	
	5% level	-2.869876	
	10% level	-2.571280	
		t-Statistic	
Elliott-Rothenberg-Stock DF-GLS test statistic		-4.118310	
Test critical values	1% level	-2.571883	
	5% level	-1.941773	
	10% level	-1.616066	
Bandwidth: 4 (Newey-West automatic) using Bartlett kernel			
		Adj. t-Stat	Prob.*
Phillips-Perron test statistic		-15.22514	0.0000
Test critical values	1% level	-3.449504	
	5% level	-2.869876	
	10% level	-2.571280	

在估计深证成指收益率 ARCH 模型的均值方程后，提取残差序列。然后，根据图 3.25 均值模型的残差序列时序图可以看出，在大波动后面紧跟着较大的波动，小波动后面则跟着较小的波动，说明深证成指收益率时间序列存在波动集聚性。从图 3.26 可以看出，深证

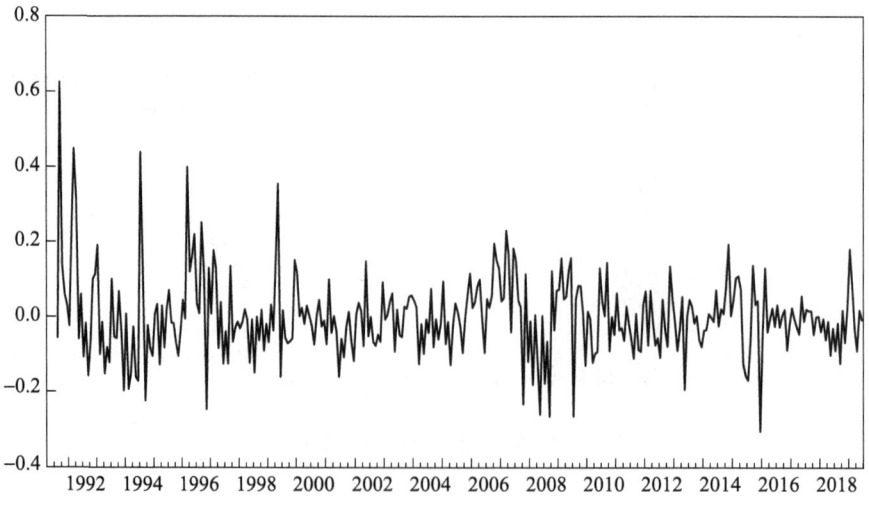

图 3.25　深证成指收益率残差序列时序图

成指收益率分布具有明显的自相关性,而且滞后4期内自相关性不明显,在滞后第5期到第7期,有不同程度较为明显的自相关性。且自滞后第6期开始,P值不断变小并逐步趋于零值,自相关性显著,残差序列存在 ARCH 效应。

Autocorrelation	Partial Correlation		AC	PAC	Q-Stat	Prob
		1	0.109	0.109	4.0427	0.044
		2	0.045	0.034	4.7428	0.093
		3	0.008	−0.001	4.7631	0.190
		4	0.006	0.004	4.7771	0.311
		5	0.092	0.092	7.6795	0.175
		6	0.266	0.252	31.959	0.000
		7	0.143	0.095	38.988	0.000
		8	0.014	−0.026	39.056	0.000
		9	0.003	−0.005	39.060	0.000
		10	0.028	0.027	39.328	0.000
		11	−0.000	−0.045	39.328	0.000
		12	0.021	−0.068	39.475	0.000
		13	−0.009	−0.071	39.503	0.000
		14	−0.005	−0.010	39.512	0.000
		15	0.017	0.021	39.612	0.001
		16	0.007	−0.005	39.629	0.001
		17	−0.020	−0.016	39.772	0.001
		18	0.018	0.049	39.887	0.002
		19	0.001	0.033	39.887	0.003
		20	0.085	0.105	42.466	0.002
		21	0.032	0.017	42.836	0.003
		22	0.018	0.009	42.950	0.005
		23	0.017	0.025	43.050	0.007
		24	0.001	−0.013	43.050	0.010
		25	−0.000	−0.036	43.050	0.014
		26	0.036	−0.024	43.529	0.017
		27	0.126	0.098	49.304	0.005
		28	0.136	0.123	56.104	0.001
		29	0.069	0.044	57.854	0.001
		30	0.037	0.020	58.348	0.001
		31	0.006	0.019	58.364	0.002
		32	0.030	0.028	58.706	0.003
		33	0.029	−0.048	59.024	0.004
		34	0.182	0.096	71.495	0.000
		35	0.018	−0.066	71.613	0.000
		36	0.047	0.017	72.452	0.000

图 3.26　上证综指收益率分布自相关及偏自相关函数图

本小节通过对我国股票市场的代表性指数:上证综指和深证成指,成熟股票市场的代表性指数:恒生指数和道琼斯工业指数,四种指数进行了对比研究。研究发现随着全球经济一体化程度的不断加深,特别是在2000年以后,四大指数的振荡趋势有趋同性。但是上证综指和深证成指的振荡幅度显著高于成熟股票市场指数振荡幅度,说明股票市场尚且处于不成熟发展阶段，有较大改善空间。

在对比分析之后，针对上证综指和深证成指收益率时间序列进行了专门的特性分析，通过分析发现两大指数收益率在一些细节方面虽然存在差异，比如偏度和峰度的不同，但两者均存在非对称性、尖峰厚尾及波动集聚的现象，残差序列也都存在自相关性和 ARCH 效应。对经济政策不确定性指数的特性进行实证分析发现的一系列相似点，为下文研究两者的关联性研究奠定了基础。

第三节　中国股票市场现状分析

一、中国股票市场发展阶段

中国经济体制全面改革启动后，伴随股份制经济的发展，资本市场开始萌生，因此股市是经济体制转型到一定阶段的产物。历经 30 余年的发展，中国股票市场经历过几次重大改革和暴涨暴跌，一直在各种困境与波动中砥砺前行。虽然与西方发达完善的股票市场相比，我国的股票市场尚且处于弱势有效市场阶段，但随着市场经济的进一步发展，政策体制的逐步完善，中国股市必将在规范中发展壮大，真正全面的发挥股票市场在经济发展中的力量。本节将从中国股票市场的初步萌芽阶段开始，逐步分析到目前为止中国股市所经历的几大代表性发展阶段，在梳理股市的发展过程中，发现股市的重大转折点往往伴随着关键性调整政策的出现，这与本书的研究主题不谋而合，进一步验证了经济政策不确定性与股票市场波动关联性这一研究方向的可行性和科学性。

（一）新中国资本市场的萌生阶段（1978—1992 年）

20 世纪 70 年代末中国正式拉开改革开放的大幕，全面计划经济时代宣告结束，从计划经济向市场经济的转变成为当时乃至当前的经济主要发展状态。经济体制的转变是中国股市得以萌芽并进一步发展的基本前提条件，因为经济体制改变所带来的收入分配格局的变化为新中国证券市场的发展提供了可能。我国从 1978 年实行改革开放政策后，为了进一步激励企业和职工的积极性，通过改变收入分配方式和利益调整来促使社会积累机制发生变化。改革开放初期随着经济活力的提升，国家所积累的大量社会资金为证券市场发展提供了客观上的可能性。同时由于在以往的计划经济中，国有企业从未因为资金链而苦恼，这就导致了改革开放后财政体制改革所带来的国企资金链的变化使得国有企业不得不为了解决融资困境而寻求社会资金的注入。国企发展所需要的大量融资需求为证券市场发展提供直接动力。

国有企业的改革过程经济了"放权让利""利改税""承包制"，国有企业经历了去"大锅饭"阶段，股份制改造成为国企改革的正确发展之道，主动选择投资主体的多元化，为企业发展注入新活力成为国企改革的必然选择。国企的这一系列改革需要则同时为股票市场萌生和成长提供了良好的土壤。也就是说，证券市场及股票市场的发展源于中国的经济体制改革，源于企业的改革发展需要，源于政策的不断推动，是商品经济的产物。表 3.20 为中国股票市场萌芽阶段的重大代表性历史事件。

表 3.20　　1984—1991 年我国股票市场的重大事件及历史意义

日期	重大事件	历史意义
1984 年 11 月	上海飞乐音响股份有限公司获准首次向社会公众发行 50 万元人民币普通股	新中国第一个公开发行的股票，标志着中国股市发展的序幕拉开
1986 年 4 月	中国工商银行上海分行信托投资公司静安证券业务部设立证券交易柜台，允许飞乐音响、延中实业等股份有限公司的股票在此挂牌交易	诞生了新中国历史上第一个股票交易市场（当时曾被认为是世界上最小的证券交易所）
1988 年 4 月	深圳发展银行获准向社会公众公开发行普通股在当地证券交易柜台正式挂牌交易	中国股市从第一大经济都市向改革开放的前沿城市辐射开来
1990 年 12 月	上海证券交易所正式挂牌成立	新中国成立以来内地第一家证券交易所
1990 年 12 月	深圳证券交易所鸣锣开张	中国股票交易活动开始向高度组织化的、与发达市场经济运作规则相适应的方向发展

数据来源：中国证券网，中国证券业年鉴。

经济政策不确定性对股票市场波动影响的实证分析

截止到 1991 年 12 月,上海证券交易所和深圳证券交易所的挂牌股票分别达到 8 只和 6 只,与此同时,除了上海和深圳这两大城市以外,全国各地国企开展股份制改革,近 7 000 家股份制企业涌现。不可否认的一点是,这 7 000 家股份制企业多以中小企业为主。因为随着经济体制改革的逐步深入,虽然很多国有企业管理者已经意识到股份制改革的必要性和重要性,但是在 20 世纪 80 年代,"姓社还是姓资"的问题仍然处于热烈争论之中。传统的国有化思想根深蒂固,有相当一部分人将股份化视为私有化,与以往的国有制思想相悖,他们甚至认为股份制改革会动摇我国社会主义体制的根基,因此绝大多数的大型国有企业尚未真正实行股份制改革。彼时的股份制企业以中小企业为主,股票发行和交易规模较小,截止到 1991 年底总股本不足 10 亿元。

1978—1991 年处于萌生阶段的中国股票市场,不仅规模小,局限性高,还存在法律法规不健全的问题。特别是 1987 年以前,中央政府对于股份制改革及股票交易没有实施任何规制,各地中小企业的股份制改革往往是自发的,一部分股份制企业受到了地方政府的指导和许可。1987 年国务院发布了第一个关于股票管理的文件《关于加强股票债券管理的通知》,标志着我国股票市场的交易发行开始得到约束和管理,但该通知的相关规定对于真正规范股票市场还远远不够。从上文所述的 1978—1991 年中国股票市场的种种特点表明,彼时的股票市场尚且处于萌芽阶段,是极为不成熟的。

(二) 中国股票市场的初步发展阶段(1992—1999 年)

如前文所述,20 世纪 80 年代,虽然中国已经诞生了股份制企业,股票市场也得到了初步建立,但受制于意识形态的限制和法律法规的缺失,股份制尚未成为国有企业的主流,股票市场尚且处于萌芽阶段。1992 年邓小平同志南方谈话,将中国股票市场发展推进到全新的发展阶段。南方谈话后束缚我国股票市场发展的思想枷锁逐步解开,当时我国设立的经济体制改革目标是"建立社会主义市场经济体制",进而股份制改革成为国企下一步发展的重中之重。

随着股票市场萌芽阶段上交所和深交所的成立,特别是思想的开放和包容，1992年后大量国企开始股份制改革，极大地拓宽了融资渠道，为国家经济的发展贡献重要力量。截止到1999年底，共有949家企业分别在两所上市，股票市值高达26 471.17亿元，占当年我国GDP总量的32.4%。随着上市公司的增多和股份制国企的蓬勃发展，越来越多的投资者积极加入股票投资之中，以实现自我资产的最大化。截止到20世纪末，我国股票市场个人投资者达到4 481.97万人次，机构投资者则达到24.13万户。伴随股票市场各方主体容量的迅速扩大，政府也相应设置各类监管机构和出台多项监管措施，与此同时，与股票市场交易有关的第三方中介机构也迅速扩张。表3.21为1992—1999年，我国股票市场的重大事件及历史意义。

表3.21 1992—1999年我国股票市场的重大事件及历史意义

日期	重要事件	历史意义
1992年2月	邓小平同志南方谈话	解开了束缚股票市场发展的思想枷锁
1992年10月	国务院证券委和中国证监会成立	标志着中国资本市场开始逐步纳入全国统一监管框架
1992年5月	全面放开股票价格，取消涨停板	新旧股皆突然爆发行情，成倍上涨；指数冲天而起，创出单日涨幅之最
1993年	国务院相继出台《股票发行与交易管理暂行条例》和《企业债券管理条例》	证券市场法规体系初步形成
1994年7月	证券市场的第一部"根本大法"《公司法》颁布	启动了证券投资基金的规范发展之路
"8·10事件"和"3·27事件"	新股发行抽签制度的腐败和国债期货市场的混乱	两个事件严重影响中国证券市场发展进程，暴露了中国股市系统性的腐败和混乱
1996年10月	深沪行情的再度大爆发	频繁的暴涨暴跌透露出股票市场投机现象严重，监管不力
1998年4月	中国证监会成为全国证券期货市场的监管部门，实行跨区域监管体制	集中统一的证券期货市场监管体制得以建立
1998年12月	酝酿6年之久的《证券法》全国人大第六次会议上通过	规范证券发行和交易行为，保护投资者的合法权益，维护社会经济秩序和社会公共利益

数据来源：中国证券网，中国证券业年鉴。

纵观中国股票市场的沪深两市，最具有代表性的股指是上证综指，图3.27以上证综指1992—1999年底的收盘价为例，重点标记了在该阶段股市多次暴涨暴跌的背景或者原因。

经济政策不确定性对股票市场波动影响的实证分析

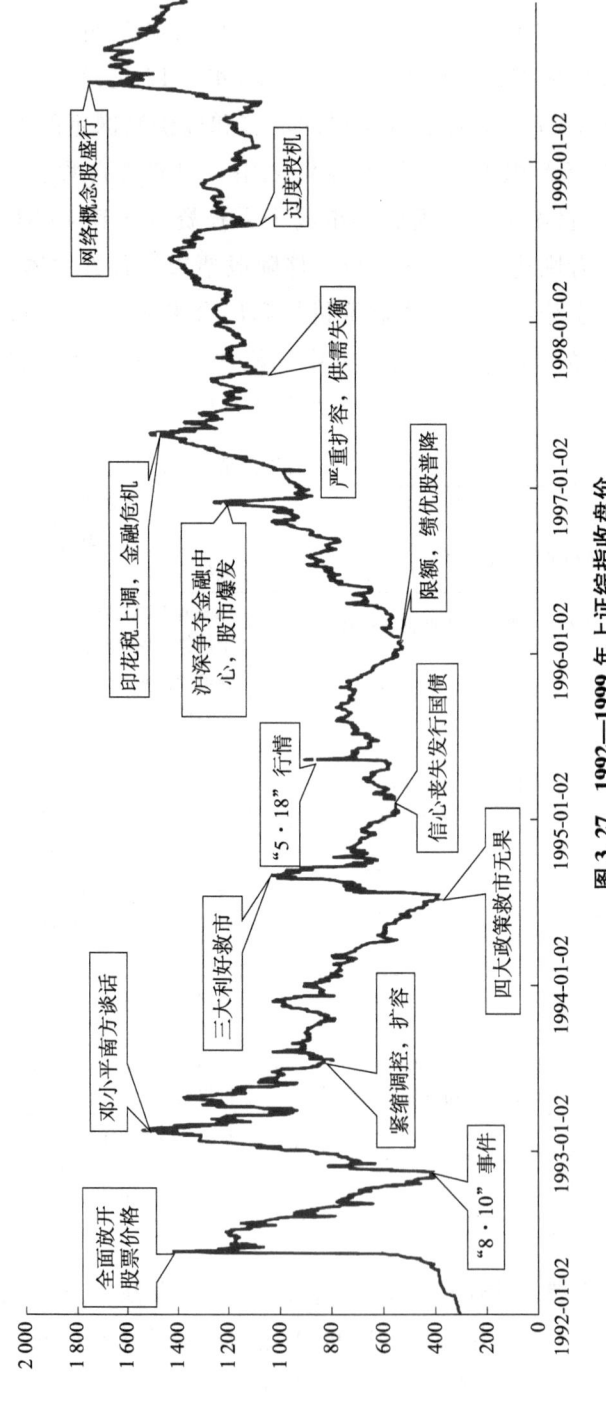

图 3.27 1992—1999 年上证综指收盘价

数据来源：万得数据库，中国证券网。

从图 3.27 可以看出，每次股市的剧烈波动大都伴随着各种政策的推出或国际事件的发生。1992—1999 年是我国股票市场的初步发展阶段，也是逐渐走入正轨的阶段。在该阶段股票市场逐步拥有的统一的监管体制，不断推出的各项监管措施也为股票市场健康发展提供一系列的保障。大量国有企业纷纷实行股份制改革，不断上升的上市公司数量也表明股票市场将应该一个快速发展阶段。但不可否认的是，在该阶段虽然股市快速扩容，国有企业成为股市的主力军，但盲目性和投机性并存，股市出现了多次暴涨暴跌现象，证券交易内部员工的多次腐败危机也暴露了彼时股市发展的一系列严重问题。为缓解股票市场的各类异常现象，政府逐步加大对其管理调控力度，随后中国股票市场进入了规范化发展阶段。

（三）中国股票市场的规范化阶段（2000—2008 年）

经历过 20 世纪末的几次暴涨暴跌，中国股票市场逐步走入规范化成熟阶段。1999 年《证券法》的颁布实施，在股票市场领域建立了一整套垂直管理体制，形成了全国统一监管的局面。股票市场规范化阶段可以划分为两个小阶段：第一个阶段是 2000—2004 年，属于证券市场逐步实现依法治市和规范发展的过渡阶段；第二个阶段为 2005—2008 年，是证券市场进一步深化改革和规范发展阶段。形成两个阶段分界点的重大历史转折点是 2001 年初"国九条"的颁布和 2005 年股权分置改革。规范化阶段的股票市场主要是政府不断推行各类政策，意在从法律法规的角度约束以往的"投机倒把"等各种不规范现象，试图建立规范化、科学化的健全证券市场体系。

表 3.22 列述了 2000—2008 年政府为进一步规范股票市场所做出的各种努力，图 3.28 为 2000—2008 年上证综合指数收盘价走势图。从图中可以看出，与股票市场上一个阶段即初步发展（1992—1999 年）相比，处于规范阶段的中国股票市场相对平稳，较少出现收盘价大幅波动的情况，除了 2007 年美国次贷危机席卷全球导致的股票剧烈震荡之外，基本处于相对平稳状态。需要重点分析 2007 年 5 月印化税率上调所导致的近千股跌停现象，所谓证券交易印花税，是股民

从事证券买卖所强制缴纳的费用。我国在 1990 年 6 月 28 日，深圳首先开征股票交易印花税，此举是为了约束转让行为，稳定初建的股票市场，其后我国共进行了 6 次印花税税率的调整，其中，调低印花税有 4 次。在中国股票市场发展的初步成长及规范化两个阶段中，历经 7 次印花税改革，且历次改革都导致了股票市场较为剧烈的波动。

表 3.22　　2001—2007 年我国股票市场的重大事件及历史意义

日期	重要事件	历史意义
2001 年 6 月	国有股减持拉开序幕	利于证券市场的稳定发展
2003 年 10 月	《证券投资基金法》颁布	进一步推动市场的法制化、规范化建设
2004 年 1 月 31 日	"国九条"的颁布	确立了尊重市场规律解决股权分置问题的基本原则
2005 年 4 月	证监会启动股权分置改革	股权分置改革让股市"脱胎换骨"
2006 年 6 月 19 日	"新老划断"后的全流通第一股中工国际上市	标志着中国股市进入全流通时代
2007 年 8 月	证券公司综合治理工作结束	加强多方监管，完善风险监控与预警制度
2007 年 5 月	印花税税率由现行 1‰ 调整为 3‰	近千股跌停，投资者心里受挫
2007 年 10 月	全球次贷危机	股市剧烈震荡

数据来源：中国证券网，中国证券业年鉴。

政策实行之初目的在于规范股票市场，促使股市健康发展并为经济运行提供良好动力。但政策实行力度及政策的不确定性往往会导致投资者盲目出现应急反应进而造成股票的震荡，由此可以看出在政策的不确定性与股票市场波动之间必然存在千丝万缕的关系，这种关系的出现也许并不是政策制定者的本意，但由于经济形势的复杂和股票市场的混乱，导致政府很难合理预见及掌控事态的发展。所以在接下来的第四章中，将深入了解经济政策不确定性与股票市场的动态关联性，以期为政府制定一系列政策和合理保证政策的稳定性提供一些建议。

第三章 关键指标特性分析

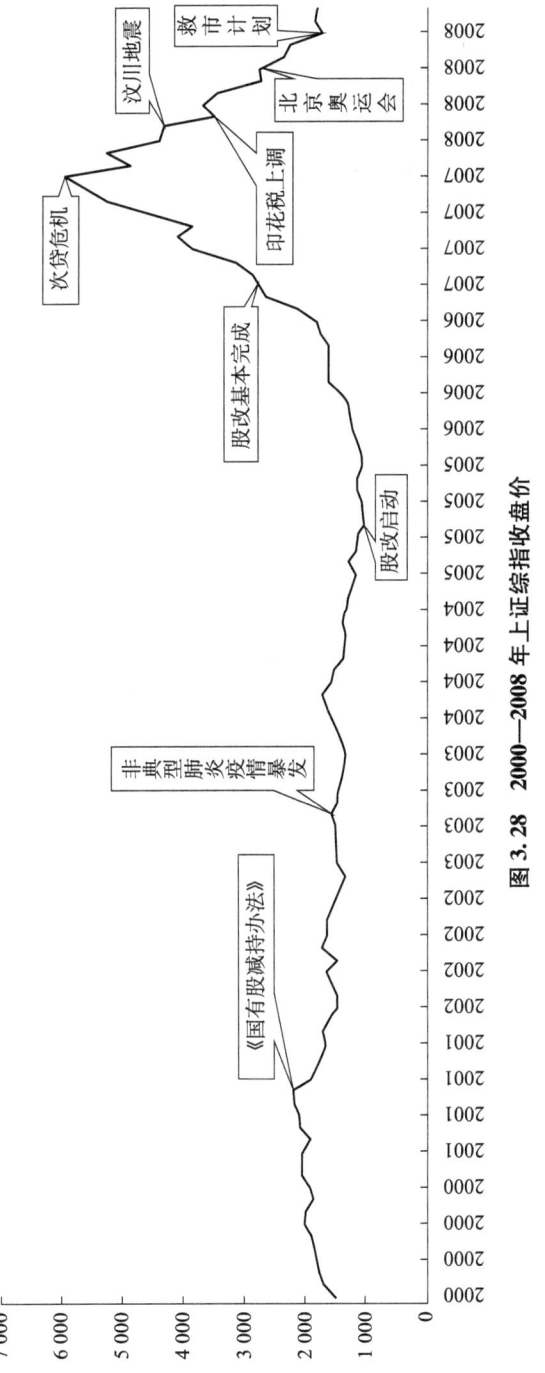

图 3.28 2000—2008 年上证综指收盘价

数据来源：万得数据库，中国证券网。

(四) 中国股票市场的深化改革及创新阶段 (2009 年至今)

中国股票市场在经历了各种法律法规约束下的规范化发展阶段后，接下来的发展重点在于多层次资本市场的创新和延伸。众所周知，在股票市场的前两个发展阶段，国有企业一直是主板市场的主力，然而市场经济的进一步发展，中小型民营企业和创新性企业在我国的经济发展中发挥着不可忽视的作用。但主板上市的多种限制条件使得新型创新性企业很难通过股权制改革在股票市场上拓展融资渠道，间接导致了新兴企业的发展屏障。为了进一步鼓励及支持各种所有制企业的全面蓬勃发展，2009 年 10 月，我国推出创业板。创业板的建立标志着我国股票市场朝着多层次方向发展。到 2013 年，新三板市场正式扩容至全国，随着新三板上市各种准入制度的宽松化，越来越多的地区及市场纳入新三板发展之中。随着各种创新性和改革性措施的逐步推进，中国资本市场多层次框架已经建立，证券市场也逐渐走向成熟，并为中国经济的发展不断注入新的活力。

图 3.29 为 2009 年至今的中国股票市场上证综合指数收盘价走势图，从图中可以看出，2008 年底国家为刺激经济发展所推出的 "四万亿" 计划，提高了投资者的信心，一时间股市摆脱 2008 年的萎靡，在 2009 年中期创立新高点。2009 年 10 月 30 日，创业板正式揭开了帷幕，28 只股票齐发的壮观场面，也刷新了中国股市多股齐发的历史纪录。2010 年股指期货的这一新型 "产品" 的出台，短时间加剧了股市的跌幅。

在随后的 2010—2014 年，股票市场相对稳定，但是 2015 年股市异常性暴涨和暴跌充分显示了投资者作为经济人主体的贪婪与恐惧。2015 年 9 月份习近平总书记在接受《华尔街日报》采访时，对 2015 年的股市异常发表了两点看法，第一点是政府已经及时采取调控措施成功避免了系统性风险；第二点是股票市场进入自我修复和自我调节阶段。

关于股市的自我调节的 "自我" 这一因素，不仅仅指的是市场的自我调控力，更重要的是各类投资者的自我反省。2015 年中国总体经

第三章 关键指标特性分析

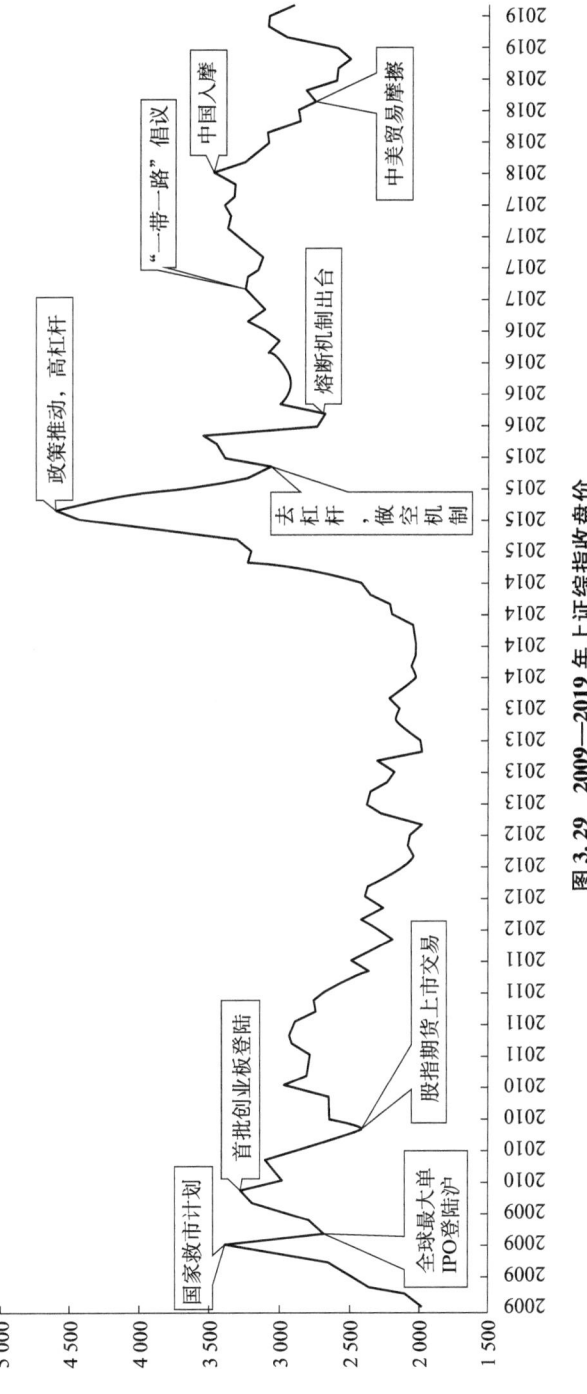

图 3.29　2009—2019 年上证综指收盘价

数据来源：万得数据库，中国证券业年鉴。

济形势开始进入新常态,经济增长趋势逐步放缓,并未有巨大的经济增长或者衰退,毫无缘由的股市暴涨暴跌究其原因是股民的心理斗争过程。用许多股民刹那间盆满钵满后有瞬时"倾家荡产"形容不足为过,对于2015年股市异常波动背后有很多人分析缘由的时候,提到过大户的"恶意做空"或者存在"幕后黑手",尚未有足够的证据表明暴跌所导致的群体性崩盘是由于大户撤资散户接盘导致的。不可否认的是,散户投资者是中国股票市场的主题投资者,其在2015年股市中充分展现了"人性的贪婪",无论是否有幕后黑手和内部交易的存在,投资者心里的弱势是造成散户利益受损的根本原因。由于个人投资者对于信息的掌握不全面、不及时,在利益的驱使下很容易盲目跟风,投资者情绪不稳定,最终造成群体冲动下的股票暴跌,利益受损。由此也反映出我国股票市场以散户为主,投资理念不成熟,羊群效应显著,这些因素的存在对股市稳定不利。

2016年1月1日,中国证监会为维持股市稳定推出熔断机制,即当股指波动达到规定标准时,自动停盘。由于我国股票市场本身就有最高点和最低点的限制,熔断机制出台后由于市场的不适应导致深沪市开盘后很短时间内数次停盘,严重影响股票市场的正常运行,所以熔断机制仅仅运行8天就由中国证监会宣布暂停。政府部门为防止系统性风险,试图采取各项措施稳定市场、修复市场,但是政策实行效果受到各方面因素的左右,如果政策频繁变动,投资者情绪受到影响,很可能达不到预期的市场维稳效果。本书试图探究经济政策不确定性与股票市场波动的内在关联机制,以期为政策稳定性提供一些建议。

二、当前股票市场存在的主要问题

(一)暴涨暴跌现象频发

以1990年上交所和深交所的成立作为中国股票市场的正式开端,纵观股市近30年的发展历程,可以发现历经近10次的暴涨暴跌是中国股票市场与欧美股票市场的最大不同。欧美股票市场由于成立时间长，各种监管机制健全，投资者相对理性，所以即便是在发展过程中个股偶尔出现巨幅涨跌，但大盘总体形势符合经济走势。表3.23为中国股票市场自1990年正式建立至今，所经历的多次牛市和熊市。

表3.23 中国股票市场涨跌事件

次数	牛市	市场表现	熊市	市场表现
第一次	1990年12月19日—1992年5月26日	老八股从最初100涨到1 429点的高位，上涨幅度14倍有余	1992年5月26日—1992年11月17日	狂热后受到市场不成熟的影响，在半年的时间内就从1 429点下降到了386点，跌幅高达73%
第二次	1992年11月17日—1993年2月16日	从386点只用了3个月的时间就上攒到了1 558点，上涨幅度303%	1993年2月16日—1994年7月29日	股市扩容，新股发行，数次跌宕起伏，历时一年半，于325点回归原点
第三次	1994年7月29日—1994年9月13日	三大利好政策使得股市进入亢奋期，一月有余即达到了1 052点，上涨幅度达到了200%	1994年9月13日—1995年5月17日	政策限制，半年时间内跌幅达到了50%。下跌到了577点
第四次	1995年5月18日—1995年5月22日	三日内股市因为受到关闭国债期货的影响，全面暴涨，3个交易日的时间的内从582点上涨到了926点	1995年5月22日—1996年1月19日	上证指数下跌到了512点，各类绩优股出现全面下跌
第五次	1996年1月19日—1997年5月12日	在绩优股带领下，指数重新回到了1 510点，出现上涨神话	1997年5月12日—1999年5月18日	股市疯狂扩容，新股不断发行带来长达两年的低谷期
第六次	1999年5月19日—2001年6月14日	"5·19行情"中网络概念股出现了井喷行情，上证指数创出了2 245点的历史高位	2001年6月14日—2005年6月6日	股改开始被认为是利空消息，上证指数也从2 245点一路下跌了998点
第七次	2005年6月6日—2007年10月16日	全民炒股的风潮来袭，大蓝筹成为了这轮牛市的主角	2007年10月16日—2013年6月26日	印花税和美国金融危机使得股指快速下跌，投资者损失惨重
第八次	2013年6月26日—2015年6月12日	融资融券业务及场外配资带来了"杠杆牛市"	2015年6月12日—2019年1月4日	监管层严查配资，去杠杆，熔断机制等政策也出现较多负面影响

数据来源：中国证券业统计年鉴。

表3.23中详细列出了"牛熊市"的具体历经时间和涨幅程度，

并简要指明了个别暴涨暴跌的背景或原因。上一节关于中国股票市场的4次阶段的内容中，曾经详细分析过每一阶段的股市大事件和历史意义，其中也涉及数次股票市场的暴涨暴跌。虽然从2009年开始中国股票市场进入了规范化阶段，政府不断出台各类调控措施试图防范系统性风险，维护股票市场稳定，但整体大盘指数暴涨暴跌的现象仍然存在，而个股的剧烈波动更是屡见不鲜。以往学者们在研究大盘指数历次暴涨暴跌背后的原因时发现，导致此类状况的因素是多样的。但基本有一个共同点，即投资者本身的投机行为，政府监管措施的不到位等是暴涨暴跌背后的基本背景。股市的巨幅波动不仅给股票投资者带来利益上的直接损失，也会对上市公司的经营状况产生非常不利的影响。深入研究股市波动特性，探究背后深层次原因，对于稳定股票市场，充分发挥其对整体经济的促进作用具有重要的现实意义，下一章将重点研究中国股票市场的波动特性。

（二）投机性行为导致股价扭曲

中国股票市场与欧美股票市场相比，之所以频繁出现暴涨暴跌背后的原因之一在于股票市场本身参与者主体的结构不同。欧美成熟的股票市场主体参与者以机构投资者为主，而我国的股票市场投资主体则是散户，即个人投资者。众所周知，机构投资者因为其内部包含大量的专业工作人员，技术水平高，信息来源广泛，而个人投资者大都单纯为了获得股票买入价与卖出价的价差而获得买卖收益，很多没有经过专业的理论及技术指导，很多散户甚至都没有了解证券市场的内部交易规则和理念，因此交易行为具有很大的主观性和羊群效应。在上小节中，提到有多次的暴涨和暴跌都反映了"人性的贪婪"，散户过度投机行为的存在是中国股票市场的波动主因，然而散户投资者在参与股票市场投资的过程中，除了思维不够理智之外，还有多种原因导致其在股票市场异常波动中的恶性推动作用。

散户投资者以其庞大的开户数量成为当前我国股票市场的主体投资者，个人投资者虽然在购买上市公司股票的同时成为公司的股东，但是其股东地位问题导致其很难真正发挥股东投票决策的权利。上市公司的绝大多数股权由个别超级大股东所持有，这些大股东以其足够份额的股票比例对于企业的生产经营等各项过程拥有绝对的话语权和表决权。特别是涉及上市公司重要发展方向、投融资决议、股权分置改革、关联交易等重大问题方面，散户投资者的小股东地位根本无法真正参与到公司发展中。当然散户投资者购买公司股票的最初动因也不是企图获得企业分红，而是从买卖股票价差中获利。由于散户投资者缺乏主人翁意识，以个人持有资金在股市中寻求炒作股价的盈利模式，拒绝真正的价值投资，这种投机买卖行为对于股票市场及上市公司健康发展带来很多不利影响。也正是因为这种投机行为使得我国股票上市公司的股价并未以企业价值定价，脱离了国际成熟股票市场的真正合理的估价体系。以炒作作为上市公司股价定价筹码的估价方式势必会造成股价的剧烈不合理波动，这导致我国股市中蓝筹股定价偏低，而很多真实价值并不高的中小上市公司通过炒作的方式获得较高定价。市值与股票价格涨幅之间呈反比例关系，即市值越小，在"庄家"的操控之下，涨幅越大。在2000年前后很长时间，"有庄则灵"的反常规现象成为我国股票市场公开的秘密，"庄主"操控股价，一方面与上市公司大股东勾结，通过发布虚假利好营造该公司未来价值高升的迹象，吸引个人投资者的盲目跟风，另一方面又在二级市场上脱离估计远离公司基本面，加速泡沫膨胀疯狂拉升股价。高杠杆容易加剧股票市场风险，使股市频频陷入危机之中，股价飙升之后大股东及"庄家"迅速撤离，大量圈钱，留下盲目投机跟风的中小投资者，严重影响了信誉较好的上市公司形象，损害资本市场发展的基础。

　　上市公司的委托代理关系的矛盾也为投机性行为导致股价扭曲提供了便利，委托代理矛盾出现在上市公司所有者和管理者之间，由于两者职责不同、利益不同、目标不同，导致在公司的具体运营和方向选择上经常出现冲突，股东雇佣管理者切实管理公司运行。作为实际管理者的企业经理人通常以个人收入最大化作为目标，因此在实际管理过程中通常会利用信息不对称而通过粉饰财务报表或者贪污作假等手段增加个人收入，同时为了避免承担责任和风险，在企业的投资生产等方面选择风险最低而非收益最大的项目。然而公司所有者往往以股东财富最大化作为目标，其不得不依靠职业经理人的管理才能，同时对于这种委托代理关系存在较多的不信任而不舍得放权，在这种矛盾机制下往往会产生股东与职业经理人之间的各种矛盾和冲突。2010年"国美内战"事件便是最好的例子，作为委托代理关系中受托方的职业经理人陈晓为达到个人目的通过增发新股的方式稀释大股东股权，损害委托方的直接利益，而其中大股东黄光裕受损最为严重。这场国美内部斗争使得其公司股票低开低走，完全脱离了公司实际价值，从资本市场角度来看，这种委托代理的冲突虽然没有涉及散户投资者的投机行为，但这正是职业经理人的投机行为导致了股票价格的剧烈波动，便偏离实际价值。

当中小上市公司的股价明显高于其实际价值时，机构投资者或者大股东则会选择在高价时抛出手中的股票，这是利益驱使，羊群效应显著的散户投资者则蜂拥而上，盲目接盘在高价抛售的中小上市公司的远高于价值的高价股票，从而导致利益严重受损。在这种大股东高价抛售，小股东高价接盘的恶性循环中，可以看到太多的投机成分，当把矛头指向大股东的恶意炒作时，个人投资者的投机和贪婪也是整个过程中并不可少的环节。

正常情况下，监管部门可以在一定程度上减少干预，让中小投资者充分汲取投机所带来的教训，从而让市场通过自我调节的功能进行自我修复。现实往往相反，迫于股票对股票市场只准涨不许跌的强大压力，监管部门不得不"顺应民意"频繁采取各种措施挽救暴跌的股市。由此大股东、散户投资者、监管部门三者共同作用下，股票异常波动频发，造成了我国股票整体的整体低效。在欧美等地区成熟的股票市场中，做空机制往往是抑制大盘指数非正常暴涨的重要力量，在稳定股票市场上一直发挥着重要作用，帮助过热的股市降温以便于长时间维持牛市状态。

（三）"政策市"及制度性缺陷

中国股票市场自成立已经历经 30 多年的发展，以较快的发展速度依然具有相当大的规模，在上市公司数量、投资者数量、开户数和投资量上取得显著成就，对于整体经济形势的发展发挥着越来越重要的作用。一直以来我国股票市场的涨跌与政府政策的主导有密不可分的关系，经济理论界和普通民众都普遍认为政府干预过多。当各类投资者的投机行为导致股价暴涨时管理层往往采取放任态度，任其发展，企图利用市场自我调控力回归平静，但是投机导致的暴涨必然会紧跟暴跌，政府迫于股东"只准升不准降"的要求混乱中采取各类合理或者不合理的调控措施，造成股票市场的混乱。因此整个市场陷入"一抓就死、一死就放、一放就乱、一乱就抓"的怪圈而难以自拔。

股票市场成为"政策市"的原因主要有两点。第一个原因是我国股票市场成立之初的10年间，上市公司大都是国有企业，而作为国有企业对大股东的政府则成为股市的最大参与人。导致政府本身在股市中既发挥调节者作用又处于利益参与者的角度。政府不仅要保证股市基本稳定以维护广大中小投资者的利益，又要满足自身在市场经济中的利益需求。而且从股市设立之初对于其市场定位就存在偏差，在本章第一节中在研究股市成立背景时提到，20世纪改革开放政策实行以后，由于国有企业开始自负盈亏面临融资困境，限制了其发展，产生了向社会融资的巨大需求，进而股市应运而生，所以股市设立之初的目标是满足国有企业的融资需求，帮助其实现股份制改造，为国企在新经济体制下寻求发展道路，扶持其持续发展进而维护社会稳定，而不是为了市场经济的完善的发展。定位错误的问题也导致了股票不可能完全实现市场化，必然会受到政府政策的干扰。第二个原因是上文所提到的各类投资者的投机行为导致股价严重偏离实际价值，大量优质企业无法从股票市场通过正常手段获得资金支持，相反一些善于粉饰报表，通过资本操作哄抬股价的低价值中小企业的股价攀升，造成了股票市场的混乱。因此大量投机性行为的存在使得股票市场无法像欧美成熟市场那样通过市场自我调整和自我修复功能实现稳定发展，即股票市场自身机制问题导致需要政府政策的干预与指导，这也为"政策市"的存在提供了便利，特别是在大盘指数暴跌的时候，甚至出现过度依赖政府的现象。

众所周知，我国政府曾经多次出台救市政策，也试图维护股票市场的稳定，例如印花税的数次调整、"四万亿"计划、"国九条"的出台等。但是并非每一次的调控政策都能真正发挥稳定市场的作用，有时甚至会出现加剧股票市场波动的情况。究其原因在于我国股票市场监管机制的不健全和制度性缺陷两个方面。监管并不是越严格也好，也不是简单的维持表面的稳定，规范基本的交易行为，当前我国股票市场的监管水平比较低，不能很好处理各种层次的问题。以外资投资者为例，当前对其管制相当严厉，对于外资对股票市场的参与限制很多，也不允许外资企业在国内证交所上市，所以导致目前我国股票市场不够开放。严格的外资管制一定程度上保护了国内某些投资者的利益，但不利于股票市场的自我健全与发展。

　　制度不完善是我国股票市场暴涨暴跌、投机严重、换手率过快等问题的主要原因之一，在不同的股市发展阶段，制度上存在不同的问题。首先在股市成立之初，秉持助力国有企业发展，为国企融资服务的目的，股票类型分为国有股、个人股、法人股和外资股，且同一个上市公司的各种股票类型之间的价格与股权不同，这种不公平的机制使得股市流通性不足，没有投资的价值，丧失投资的功能。"同股不同权、同股不同价"的股权分置现状使得当时的股市问题频发，危机重重。一直等到2005年中国股票市场才开始实施股权分置改革，此次股改被认为是中国股票市场发展史上具有深远意义的重大变革，通过此次改革非流通股东与流通股东达到双赢，扫清了股市发展的最大障碍。此次成功改革的重大利好也带来了2005年股市的大波牛市，可见制度上的创新和改善对股市良好发展的重要性。此后十余年间，为了规范股票市场上的各种制度，政府部门陆续推出股指期货、中小板、创业板、融资融券业务、ETF基金等措施来完善制度性缺陷，在一定程度上起到了积极作用。不可否认的是我国当前股票市场仍然存在较多制度性缺陷严重影响股市的正常运转，首先是投资者投资股票的初衷和盈利来源问题，目前我国的各类投资者投资股市的目的还停留在通过买卖获取价差收益的阶段，而非成熟的资本市场上那些通过上市公司分红来获得股票投资收益的正常盈利渠道。这种非正常的股市投资盈利手段使得资本市场失去了根本，长期的投机行为也严重破坏了股市的正常运行，使其很难达到真正为上市公司经营提供融资渠道，从而推进企业发展的目的，进而是股票市场无法真正发挥其对实体经济的推动作用。其次是上市公司的退市制度不健全，退市通道的不流畅，在A股市场上投机行为最严重的当属ST股，此类股票已经达到退市要求但又在资本操控下具有较大的投机价值，反而提升股价，挤压具有真正实际价值且运行良好的其他上市公司，导致了"劣币驱逐良币"的现象，违背了正常的健康的股市运行规律。最后是IPO新股定价问题，一些优质高质量的上市企业好不容易通过排队获得了IPO机会，但新股定价在投机作用下已经严重偏离的其市盈率，违背了这些上市公司最初试图通过发行新股获得容易进而支持企业运营的目标，反而造成股价飙升进而引发一系列风险。

第四节　本章小结

本章首先对于本书的关键指标，即经济政策不确定性的量化指标进行了系统的梳理与分析。文中选择由芝加哥大学和斯坦福大学的学者们制定的中国EPU指数作为经济政策不确定性的量化指标，针对指数具体制定过程中的数据源、关键词、计算方式等问题进行了较为详细的分析，以便于对该指数的了解和应用。该指数制定单位针对中国的经济政策不确定性制定了两种指数，第一种是由Baker等人根据香港最大的中文报纸《南华早报》（SCMP）制定的EPU指数，第二种是由Davis等学者根据《光明日报》和《人民日报》这两个内地报纸制定的EPU指数。本章对于这两种指数分别进行了趋势定性分析和特性定量分析，并根据历史阶段的划分，对指数进行了分阶段解析。通过运用GARCH类模型对中国EPU指数的进行特性分析发现，我国经济政策不确定性具有非正态、波动集聚、异方差等特点。

随后本章对于第二个关键指标，即股票市场波动进行了一系列分析。首先对于股票市场波动率这一变量的替代性指标进行了分析与选择，通过对历史波动率、实际波动率及隐含波动率的具体分析，选用历史波动率中以日度收盘价计算的收益率的标准差作为股市波动率的替代性指标。根据中国股票市场的具体情况，选择上证综指和深证成指作为股市代表性综合指数进行了收益率和波动率的具体分析，并与成熟股票市场中的恒生指数和道琼斯工业指数进行对比，发现我国股票市场具有波动性大、波动集聚、尖峰厚尾及非对称性等特点，与前文中国经济政策不确定性指数的特性有一定相似性。

在中国股票市场阶段性划分及分析的基础之上，总结出当前股市存在的几个较为严重的问题，包括暴涨暴跌现象频发，投机性严重导致股价扭曲，及"政策市"与制度性缺陷等。每一个问题的出现并不是独立的存在，其内部机理之间存在复杂多样的关联性。通过梳理可以发现，首先"政策市"的存在是有其历史背景及便利土壤的，股市不可能完全摆脱政府的控制真正实现完全自主的调控和修复。在政府为主体参与者的背景下，无论是机构投资者、大股东、个人投资者的投资行为都会受到政府各类调控政策的影响，同时通过行为金融学理论的分析，各类投资者通过股市买卖价差获利的投机性非正常受益渠道也会导致股价的剧烈波动，而当前政策的监管措施不到位，监管机制不健全又很难抑制投机行为的出现。所有问题的出现背后都存在千丝万缕的关系，在"政策市"这一基本前提下研究政策不确定性与股票市场波动的影响更加具有现实意义。至此本书两变量关联分析中的变量替代性指标已选择完毕，本书将在下一章的内容中重点研究两大指标的内部动态关联性。

第四章 基于结构突变的 EPU 指数与股市波动的动态关联研究

第一节 基础理论模型

前文在分析经济政策不确定性指数与中国股票市场波动各自的特性时，应用的 GARCH 类模型适用于单因素时间序列的分析，通过 ARMA 模型来刻画时间序列数据自身的动态变化过程。本章最为核心的研究目的在于探究经济政策不确定性与股票市场波动的相互关联性，这就涉及多变量时间序列分析方法。传统的计量方法寄托于经济理论背景之下，在实证分析前需要对数据之间的关系进行严厉的理论推证，特别是多组数据间的关系存在动态变化时，问题会变得十分复杂。Sims（1980）提出的向量自回归模型（Vector Autoregressive Model，VAR）弥补了传统计量模型的一些缺陷。VAR 模型应用于多组时间序列数据之间关系的分析，将所有可能的内部关联性考虑进来，特别是在经济理论未充分分析变量间的所有相关关系，以及无法确定变量之间的内生或外生性时非常有效。VAR 模型应用与变量间关系分析时不要求理论分析为背景，注重于从数据统计特点出发分析多个变量间的动态关联性，目前已经成为多变量动态关系分析的重要计量工具。

一、经典向量自回归模型

（一）VAR 模型

相对于 GARCH 类模型而言，VAR 模型主要特点是将自回归的思路应用了多变量时间序列数据。在 VAR 模型中，所有的解释变量都是各个变量的滞后值，通过将不同变量的滞后项纳入其他变量的方程中来体现变量内在统计关联关系。本章需要分析的两组变量为经济政策不确定性指数与股票市场波动指数，即存在两个变量，可定义为 y_t 和 z_t，先分别建立两个变量的自回归模型，形式如下：

$$y_t = f(y_{t-1}, y_{t-2}, \cdots, y_{t-p}) \tag{4.1}$$

$$z_t = f(z_{t-1}, z_{t-2}, \cdots, z_{t-p}) \tag{4.2}$$

式（4.1）和式（4.2）反映了单变量与其自身滞后项的关系，通过建立联立方程可以捕捉双变量之间的相互关系，形式如下：

$$y_t = b_{10} - b_{12} z_t + \gamma_{11} y_{t-1} + \gamma_{12} z_{t-1} + \varepsilon_{yt} \tag{4.3}$$

$$z_t = b_{20} - b_{21} y_t + \gamma_{21} y_{t-1} + \gamma_{22} z_{t-1} + \varepsilon_{zt} \tag{4.4}$$

其中，假设：（1）y_t 和 z_t 都是平稳时间序列数据；（2）ε_{yt} 和 ε_{zt} 是白噪音干扰项，标准差分别是 σ_y 和 σ_z；（3）$\{\sigma_y\}$ 和 $\{\sigma_z\}$ 是不相关的白噪音干扰项。

式（4.3）和式（4.4）中最长滞后阶数为 1，因此两式构成了一阶向量自回归模型（VAR），该模型中假设 y_t 和 z_t 之间相互影响，所以体系结构中结合了反馈因素，例如 γ_{12} 代表一单位 z_{t-1} 的变化对 y_t 变化的影响，γ_{21} 代表一单位 z_{t-1} 的变化对 z_t 变化的影响。ε_{yt} 和 ε_{zt} 是 y_t 和 z_t 中的冲击，如果 b_{21} 不为零，则 ε_{yt} 同时对 z_t 有一个间接的影响；如果 b_{12} 不为零，则 ε_{zt} 同时对 y_t 有一个间接的影响。式（4.3）和式（4.4）中由于 y_t 对 z_t 有一个同期的影响，而 z_t 对 y_t 也有一个同期的影响，所以并非是诱导性方程，可以通过矩阵的应用将方程转化为更加实用的方式：

$$\begin{bmatrix} 1 & b_{12} \\ b_{21} & 1 \end{bmatrix} \begin{bmatrix} y_t \\ z_t \end{bmatrix} = \begin{bmatrix} b_{10} \\ b_{20} \end{bmatrix} + \begin{bmatrix} \gamma_{11} & \gamma_{12} \\ \gamma_{21} & \gamma_{22} \end{bmatrix} \begin{bmatrix} y_{t-1} \\ z_{t-1} \end{bmatrix} + \begin{bmatrix} \varepsilon_{yt} \\ \varepsilon_{zt} \end{bmatrix} \quad (4.5)$$

或者，

$$Bx_t = \Gamma_0 + \Gamma_1 x_{t-1} + \varepsilon_t \quad (4.6)$$

其中，

$$B = \begin{bmatrix} 1 & b_{12} \\ b_{21} & 1 \end{bmatrix}, x_t = \begin{bmatrix} y_t \\ z_t \end{bmatrix}, \Gamma_0 = \begin{bmatrix} b_{10} \\ b_{20} \end{bmatrix}, \Gamma_1 = \begin{bmatrix} \gamma_{11} & \gamma_{12} \\ \gamma_{21} & \gamma_{22} \end{bmatrix}, \varepsilon_t = \begin{bmatrix} \varepsilon_{yt} \\ \varepsilon_{zt} \end{bmatrix}$$

$$(4.7)$$

用 B^{-1} 左乘以方程，得到向量自回归 VAR 的标准形式

$$x_t = A_0 + A_1 x_{t-1} + e_t \quad (4.8)$$

其中，

$$A_0 = B^{-1}\Gamma_0, A_1 = B^{-1}\Gamma_1, e_t = B^{-1}\varepsilon_t \quad (4.9)$$

为了便于标记将 a_{10} 定义为 A_0 中的元素 i，a_{ij} 为矩阵 A_1 中第 i 行第 j 列的元素，e_{ij} 为向量 e_t 的元素 i，通过上述标记，可以将式（4.6）用下式等价表示：

$$y_t = a_{10} + a_{11}y_{t-1} + a_{12}z_{t-1} + e_{1t} \quad (4.10)$$

$$z_t = a_{20} + a_{21}y_{t-1} + a_{22}z_{t-1} + e_{2t} \quad (4.11)$$

式（4.1）和式（4.2）所代表的系统与式（4.10）和式（4.11）所代表的系统差异在于，式（4.1）和式（4.2）被称为结构性 VAR 或者原始系统，式（4.10）和式（4.11）被称为标准型 VAR。在这里需要注意误差项 e_{1t} 与 e_{2t} 是 y_t 与 z_t 序列中两个冲击 ε_{yt} 与 ε_{zt} 合成的，$e_t = B^{-1}\varepsilon_t$，$e_{1t}$ 与 e_{2t} 可以写为如下形式：

$$e_{1t} = (\varepsilon_{yt} - b_{12}\varepsilon_{zt})/(1 - b_{12}b_{21}) \quad (4.12)$$

$$e_{2t} = (\varepsilon_{zt} - b_{21}\varepsilon_{yt})/(1 - b_{12}b_{21}) \quad (4.13)$$

因为 ε_{yt} 与 ε_{zt} 服从白噪音过程，所以 e_{1t} 与 e_{2t} 的均值为0，方差恒定且独立不相关。为了推导出 $\{e_{1t}\}$ 的性质，首先计算式（4.12）的期望值：

$$Ee_{1t} = E(\varepsilon_{yt} - b_{12}\varepsilon_{zt})/(1 - b_{12}b_{21}) = 0 \quad (4.14)$$

e_{1t} 的方差为：

$$Ee_{1t}^2 = E[(\varepsilon_{yt} - b_{12}\varepsilon_{zt})/(1 - b_{12}b_{21})]^2 = (\sigma_y^2 + b_{12}^2\sigma_z^2)/(1 - b_{12}b_{21})^2 \tag{4.15}$$

因为 e_{1t} 的方差在时间上是独立的，所以 e_{1t} 与 e_{1t-i} 的自协方差为：

$$Ee_{1t}e_{1t-i} = E[(\varepsilon_{yt} - b_{12}\varepsilon_{zt})(\varepsilon_{yt-i} - b_{12}\varepsilon_{zt-i})]/(1 - b_{12}b_{21})^2 = 0$$
$$当 i \neq 0 \tag{4.16}$$

通过式（4.13）证明 e_{2t} 是一个平稳的过程，均值为零，方差恒定，并且所有的自协方差为零。需要注意 e_{1t} 与 e_{2t} 是相关的，两者的互协方差为

$$Ee_{1t}e_{2t} = E[(\varepsilon_{yt} - b_{12}\varepsilon_{zt})(\varepsilon_{zt} - b_{21}\varepsilon_{yt})]/(1 - b_{12}b_{21})^2$$
$$= -(b_{12}\sigma_y^2 + b_{12}\sigma_z^2)/(1 - b_{12}b_{21})^2 \tag{4.17}$$

通常情况下，式（4.17）的值不为零，所以 y_t 与 z_t 两个序列的冲击是相关的，在特殊情形下，令 $b_{12} = b_{21} = 0$（即 y_t 对 z_t，z_t 对 y_t 没有产生同期影响），则冲击不相关，把 ε_{1t} 和 ε_{2t} 的方差/协方差矩阵定义为

$$\Sigma = \begin{bmatrix} \mathrm{var}(e_{1t}) & \mathrm{cov}(e_{1t}, e_{2t}) \\ \mathrm{cov}(e_{1t}, e_{2t}) & \mathrm{var}(e_{2t}) \end{bmatrix} \tag{4.18}$$

因为 Σ 的所有元素在时间上是独立的，所以可以写成更加紧凑的形式

$$\Sigma = \begin{bmatrix} \sigma_1^2 & \sigma_{12} \\ \sigma_{21} & \sigma_2^2 \end{bmatrix} \tag{4.19}$$

其中，$\mathrm{var}(e_{it}) = \sigma_i^2$，$\sigma_{12} = \sigma_{21} = \mathrm{cov}(e_{1t}, e_{2t})$。

（二）VAR 模型稳定性条件

在一阶 VAR 模型 $y_t = a_0 + a_1 y_{t-1} + \varepsilon y_t = a_0 + a_1 y_{t-1} + \varepsilon_t$ 中，稳定性条件是 a_1 的绝对值小于 1，式（4.8）所示的一阶 VAR 模型中矩阵 A 与稳定性条件属于类似的情况，使用原始方法求解该系统，反向递归迭代式（4.8）得：

$$x_t = A_0 + A_1(A_0 + A_1 x_{t-2} + e_{t-1}) + e_t$$
$$= (I + A_1)A_0 + A_1^2 x_{t-2} + A_1 e_{t-1} + e_t \tag{4.20}$$

其中，I 为 2×2 的单位矩阵，经过 n 次递归后

$$x_1 = (I + A_1 + \cdots + A_1^n)A_0 + \sum_{i=0}^{n} A_1^i e_{t-i} + A_1^{n+1} x_{t-n-1} \quad (4.21)$$

进一步反向递归，其收敛性要求当 n 趋近于无穷大时，A_1^n 趋近于零。如下所示，稳定性要求 $(1-a_{11}L)(1-a_{22}L)-a_{11}a_{22}L_2$ 的跟分布在单位圆外，随着时间的推移，假定稳定性条件已经满足，x_t 的特解可以写为：

$$x_t = \mu + \sum_{i=0}^{\infty} A_1^i e_{t-i} \quad (4.22)$$

其中，$\mu = [\bar{y}\ \bar{z}]'$，并且

$$\bar{y} = [a_{10}(1-a_{22}) + a_{12}a_{20}]/\Delta \quad (4.23)$$

$$\bar{z} = [a_{20}(1-a_{11}) + a_{21}a_{10}]/\Delta \quad (4.24)$$

$$\Delta = (1-a_{11})(1-a_{22}) - a_{12}a_{21} \quad (4.25)$$

取式（4.22）的期望值，则 x_t 的无条件均值为 μ，y_t 与 z_t 的无条件均值为 $\bar{y}$ 和 $\bar{z}$。y_t 与 z_t 的方差和协方差可以根据如下等式得到，首先构造方差/协方差矩阵

$$E(x_t - \mu)^2 = E\left[\sum_{i=0}^{\infty} A_1^i e_{t-i}\right]^2 \quad (4.26)$$

根据式（4.19），且

$$Ee_t^2 = E\begin{bmatrix} e_{1t} \\ e_{2t} \end{bmatrix}[e_{1t}\ e_{2t}] = \sum \quad (4.27)$$

当 $i \neq 0$ 时，$Ee_t e_{t-i} = 0$，所以

$$E(x_t - \mu)^2 = (I + A_1^2 + A_1^4 + A_1^6 + \cdots\cdots)\sum = (I - A_1^2)^{-1}\sum \quad (4.28)$$

如果 VAR 模型满足稳定性条件，当 n 趋于无穷大时，A_1^n 趋于 0。下面使用滞后算子将式（4.10）与式（4.11）所代表的经典 VAR 模型改写为：

$$y_t = a_{10} + a_{11}Ly_t + a_{12}Lz_t + e_{1t} \quad (4.29)$$

$$z_t = a_{20} + a_{21}Ly_t + a_{22}Lz_t + e_{2t} \quad (4.30)$$

或

$$(1 - a_{11}L)y_t = a_{10} + a_{12}Lz_t + e_{1t} \quad (4.31)$$

$$(1 - a_{22}L)z_t = a_{20} + a_{21}Ly_t + e_{2t} \quad (4.32)$$

最后一个等式作 z_t 的表达式，则 Lz_t 为

$$Lz_t = L(a_{20} + a_{21}Ly_t + e_{2t})/(1 - a_{22}L) \quad (4.33)$$

所以

$$(1 - a_{11}L)y_t = a_{10} + a_{12}L[(a_{20} + a_{21}Ly_t + e_{2t})/(1 - a_{22}L)] + e_{1t} \quad (4.34)$$

注意将序列 $\{y_t\}$ 和 $\{z_t\}$ 中的一阶 VAR 模型转化为序列 $\{y_t\}$ 的二阶随机差分方程，得到 y_t 的表达式为

$$y_t = \frac{a_{10}(1 - a_{22}) + a_{12}a_{20} + (1 - a_{22}L)e_{1t} + a_{12}e_{2t-1}}{(1 - a_{11}L)(1 - a_{22}L) - a_{12}a_{21}L^2} \quad (4.35)$$

同样可以得到 $\{z_t\}$ 的表达式为

$$z_t = \frac{a_{20}(1 - a_{11}) + a_{21}a_{10} + (1 - a_{11}L)e_{2t} + a_{21}e_{1t-1}}{(1 - a_{11}L)(1 - a_{22}L) - a_{12}a_{21}L^2} \quad (4.36)$$

式（4.35）和式（4.36）是具有相同特征的方程，其收敛性要求多项式 $(1 - a_{11}L)(1 - a_{22}L) - a_{12}a_{21}L^2$ 的根在单位圆外，因为在任何二阶差分方程中，根可能是实根或复根，并且是收敛的或者是发散的。注意 y_t 和 z_t 有相同特征的方程，只要 a_{12} 和 a_{21} 不为 0，两个序列的解有相同的特征根，两者的时间路径相似。在下一节的实证分析中，通过观察特征根是否全部落在单位圆内来检验 VAR 模型的稳定性。

二、结构突变 VAR 模型

早期用来研究经济变量之间相互关系的经典回归模型中，最关键目的在于通过数据与模型得到想要的关键参数，参数本身代表了被解释变量对解释变量的作用及大小，也反映了变量之间的相互依存程度，是通过定量分析经济因素间相互关系的关键。往往根据对模型参数的分析来验证经济理论、分析经济现象和解决经济问题。但是早期的经典回归模型都是采用固定参数模式，在这些回归模型中参数是固定不变的常数，该固定性设置基于经济结构始终固定的假设。在实际中，经济结构与经济关系往往不可能处于一种固定的关系之中，而是时刻都存在发生变化的可能性。这说明传统固定参数的假定是不合理

且不现实的。随后为了克服固定参数回归模型的假设，时变结构模型得以出现并不断发展，在新的时变结构模型中，参数被假定存在自身的变动规律，在不同的情况或者不同的时间节点下，时间序列回归模型的参数是允许发生改变的。根据参数突变点是否预支，时变结构模型分为已知突变点的断点回归模型和未知突变点的外生性断点模型。

在"已知突变点"的断点回归模型中，邹至庄（1960）在文章中提到 Chow Breakpoint Test 与 Chow Forecast Test，该检验利用可能存在的已知的 n 个断点，将时间序列分为 $n+1$ 个样本，对每个样本单独进行回归分析，并比较不同时间段下模型参数的差异，以此判断是否确实存在结构突变点。邹至庄断点检验的前提是已知的，所以可称之为外生性断点模型。在实际分析中，通常情况下对于突变点的发生时间是未知的，需要通过样本数据和统计方法的应用才能最终确定突变点的存在和具体位置，因此常见的未知突变点的又称为内生性断点模型。

时变结构模型的假设要弱于经典回归模型，也更加符合经济实际情况，在宏观经济的研究过程中，时变结构模型是固定参数模型的改进和延伸，能够更加真实的反映经济变量之间的时变特征，通过关键参数的实质性变化揭示经济内部运行的非线性规律，避免了固定参数模型的虚假回归问题。现有计量模型中，除了固定参数结构模型和时变参数结构模型外，还存在非参数方法，但是非参数方法大部分情况下无法进行理论验证及结构分析，所以应用范围及成熟度不及时变结构模型。

本书研究目的在于分析经济政策不确定性与股票市场波动之间的动态关联性。从理论上来说，在不同的经济发展阶段和国内外环境的不断变化下，政策与股票市场之间的关联性不可能是一成不变的，无论是作为政策主导方的政府，还是作为股票主体参与者的市场，其内在关联性都处于变化当中。然而这种关系的突变是未知的，也许通过观察经济政策不确定性和股票市场波动率的走势图，可以推测结构突变点的具体位置，但这是不科学的不严谨的。因此本书基于 Qu 和 Perron（2007）提出的在多元回归模型中未知结构突变点估计方法，研究 VAR 模型中经济政策不确定性与股票市场波动的动态关联性。

首先假设模型中包含 n 个方程和 T 个观测结果。系统中结构突变总次数为 m，根据突变次数 m 可以将整个样本周期分为 $m+1$ 个，$T = (T_1, \cdots, T_m)$，且 $T_0 = 1, T_{m+1} = T, j = 1, \cdots, m+1$，下标 t 代表观测到的时间分段，$t = 1, \cdots, T$，参数 q 表示回归项的个数，z_t 包含所有方程的回归项 $z_t = (z_{1t}, \cdots, z_{qt})'$。模型设定如下：

$$y_t = (I \otimes z_t')S\beta_j + u_t \tag{4.37}$$

当 $T_{j-1} + 1 \leq t \leq T(j = 1, \cdots, m+1)$，$u_t$ 均值为 0，方差为协方差矩阵 Σ_j，S 为 $nq \times p$ 阶满秩矩阵，在第 j 个阶段内的参数 β_j 和 Σ_j，需要进行一些限制，令

$$g(\beta, vec(\Sigma)) = 0 \tag{4.38}$$

式中，$\beta = (\beta_1', \cdots, \beta_{m+1}')'$，$\Sigma = (\Sigma_1, \cdots, \Sigma_{m+1})$，$g(\cdot)$ 是一个 r 维向量，在此情况下允许方程内部和方程之间的限制。

该模型具有较强的通用性。当 $p = q$ 且 S 为选择矩阵时，它是标准 SUR 方程。当 $z_t = (y_{1t}, \cdots, y_{qt})'$，它是标准的 VAR 方程。在常见的结构突变中，每个方程中至少有一个系数是不被限制必须突变的，也就是说在突变前后，某个系数可以被允许在相邻两个时间段上是相似的。

为了简化方程，令 $x_t' = (I \otimes z_t')S$，x_t 为 $p \times n$ 阶矩阵，当 $T_{j-1} + 1 \leq t \leq T(j = 1, \cdots, m+1)$ 时，方程 (4.46) 可以写为

$$y_t = x_t'\beta_j + u_t \tag{4.39}$$

用矩阵形式表示方程有利于接下来的分析，令 $Y = (y_1', \cdots, y_T')'$，为 $n \times T$ 阶因变量，误差项 $U = (u_1', \cdots, u_T')'$，$nT \times p$ 阶矩阵 $X = (x_1, \cdots, x_T)'$。利用 m 个结构突变点对样本进行分区 $(T_1, \cdots, T_m)$，对于第 j 个阶段，当 $X_j(j = 1, \cdots, m+1)$ 是 X 的一个子集，矩阵 $\bar{X} = \text{diag}(X_1, \cdots, X_{m+1})$，同理 U_j 是矩阵 U 的一个子向量，由此方程 (4.39) 可以用 $Y = \bar{X}\beta + U$ 来表示。在结构突变模型的分析中必须基于以下假设：

假设 1：对于 $j = 1, \cdots, m+1$ 且 $l_j \leq T_j^0 - T_{j-1}^0$，当 $l_j \to \infty$，$(1/l_j) \times \sum_{t=T_{j-1}^0+1}^{T_{j-1}^0+l_j} x_t x_t' \xrightarrow{a.s.} Q_j^0$ 对于每一个 j 阶段，Q_j^0 是一个不确定的非随机正定

矩阵。

假设2：对于所有的 $l > l_o$，存在 $l_o > 0$，则 $(1/l)\sum_{j=T_j^0+1}^{T_j^0+l} x_t x_t'$ 和 $(1/l)\sum_{t=T_j^0-l}^{T_j^0} x_t x_t'$ 最小的特征值显著不为0。

假设3：对于 $0 < k_0 < \infty$，$l - k \geq k_0$，矩阵 $\sum_{t=k}^{l} x_t x_t'$ 是可逆的。

假设4：如果在每一分段中，$x_t u_t$ 是弱势平稳的，对于 $r \geq 1$，$\|X\|_r = (\sum_i \sum_j E|X_{ij}|^r)^{1/r}$，$F_t = \sigma\{\cdots, x_{t-1}, x_t, \cdots, u_{t-2}, u_{t-1}\}$。

假设5：在每一个分段中，当 $T_{j-1}^0 < t \leq T_j^0 (j = 1, \cdots, m+1)$，$u_t$ 和 $u_t u_t'$ 是弱势平稳的。

假设1排除了单位根过程，序列是趋势平稳的，并允许在不同的阶段有不同的分布，这是一个非常重要的假设，因为在动态模型中的变化会导致回归项的变化。假设2结构突变点局部领域中的回归项进行了限制，确保没有局部共线性问题，因此保证所确定的断点的正确性。假设3的可逆性保证了模型有一个精确的估计。假设4和假设5则确定了 $x_t u_t$ 和 u_t 的过程性结构，表明 $x_t u_t$ 与 $u_t u_t'$ 在不同的阶段具有短记忆性。这些假设是相对宽松的额，允许异方差和自相关的存在，但是最终目的都是获得一个完善的似然函数从而得到系数的强一致估计。

对于双变量 VAR 模型的结构突变类型，较为常见的是部分结构突变模型。即允许两个方程中一个发生突变，而另外一个没有突变。这取决于两个方程的误差项之间的相关程度。以下列模型为例：

$$\begin{pmatrix} y_{1t} \\ y_{2t} \end{pmatrix} = (I_n \otimes z_t') \begin{pmatrix} \beta_{1t} \\ \beta_{2t} \end{pmatrix} + u \quad (4.40)$$

式中，y_{1t} 与 y_{2t} 分别为 n_1 和 n_2 维向量，$n_1 = n_2 = n$，在部分突变模型中，允许方程1或者方程2中的系数发生单独突变。为了简便起见，假设回归项的分布不变且误差项的协方差矩阵是稳定的，令 V_j^f 代表第 j 次突变的全样本估计值渐进方差，V_j^p 为第一个方程的渐近方差，可以得到相对渐近率：

$$\frac{V_j^f}{V_j^p} = \left(\frac{\Delta\beta_{1,j}'(\Sigma_{11}^{-1} \otimes Q)\Delta\beta_{1,j}}{\Delta\beta_{1,j}'((\Sigma_{12}\Sigma_{22}^{-1}\Sigma_{12}')^{-1} \otimes Q)\Delta\beta_{1,j}} \right)^2 \leq 1 \quad (4.41)$$

式中，$Q = \text{plim}_{T \to \infty} T^{-1}\sum_{t=1}^{T} z_t z_t'$，$\Delta\beta_{1,j}'$ 是系数向量 β_{1t} 第 j 次突变的变

化量,为了说明整个系统的潜在状态,考虑用两个方程的简单情况来代替:

$$y_{1t} = a_1 1(t \leq T_1) + (a_1 + \lambda) 1(t > T) + u_{1t} \quad (4.42)$$

$$y_{2t} = a_2 + u_{2t} \quad (4.43)$$

式中,$u_{1t} = i.i.d.(0,1)$,$E(u_{1t}u_{2t}) = r_{12}$,式(4.41)中相对率为 $1/(1 - r_{12}^2)$,r_{12} 是 u_{1t} 和 u_{2t} 之间的相关系数,当 $r_{12} = 0.5$,在大样本中,使用这两个方程,方差减少约 44%,当 $r_{12} = 0.8$,方差减少约 87%。所以使用多元 VAR 模型可以提高方程的拟合性。

在结构断点及系数的估计中,所用的估计方法是假设连续不相关高斯误差的限制性极大似然估计,给定的样本分区 $T = (T_1, \cdots, T_m)$,高斯拟似然函数为:

$$L_T(T, \beta, \Sigma) = \prod_{j=1}^{m+1} \prod_{t=T_{j-1}+1}^{T_j} f(y_t | x_t; \beta_j, \Sigma_j) \quad (4.44)$$

当

$$f(y_t | x_t; \beta_j, \Sigma_j) = \frac{1}{(2\pi)^{n/2} |\Sigma_j|^{1/2}} \exp\left\{-\frac{1}{2}[y_t - x_t'\beta_j]' \Sigma_j^{-1} [y_t - x_t'\beta_j]\right\}$$

$$(4.45)$$

似然比为:

$$LR_T = \frac{\prod_{j=1}^{m+1} \prod_{t=T_{j-1}+1}^{T_j} f(y_t | x_t; \beta_j, \Sigma_j)}{\prod_{j=1}^{m+1} \prod_{t=T_{j-1}+1}^{T_j} f(y_t | x_t; \beta_j^0, \Sigma_j^0)} \quad (4.46)$$

估算目的在于获得 $(T_1, \cdots, T_m, \beta, \Sigma)$ 的估计值,当限制条件 $g(\beta, vec(\Sigma)) = 0$ 时,似然比 LR_T 达到最大化,令 $lr_T(\cdot)$ 代表对数似然比,此时目标函数变为:

$$rlr_T(T, \beta, \Sigma) = lr_T(T, \beta, \Sigma) + \lambda' g(\beta, vce(\Sigma)) \quad (4.47)$$

目的估计值为

$$(\tilde{T}, \tilde{\beta}, \tilde{\Sigma}) = \arg\max_{(T_1, \cdots, T_m); \beta; \Sigma} lr_T(T, \beta, \Sigma) \quad (4.48)$$

先假设 $\Sigma_{(i,j)}$ 是已知的,则极大似然估计等效于广义最小二乘法估计,并且:

$$\hat{\beta}_{(i,j)}^{GLS} = (X'_{(i,j)} \Sigma_{(i,j)}^{-1} X_{(i,j)})^{-1} X'_{(i,j)} \Sigma_{(i,j)}^{-1} Y_{(i,j)} \qquad (4.49)$$

利用迭代法通过 $\hat{\beta}_{(i,j)}^{GLS}$ 获得 $\Sigma_{(i,j)}$ 的估计值，并且第 (i,j) 段的对数似然函数值为：

$$l_{(i,j)} = -\frac{j-i+1}{2} \left\{ (\log(2\pi)+1)n + \log \det \frac{1}{(j-i+1)} \sum_{t=i}^{j} [y_t - x'_t \hat{\beta}_{(i,j)}][y_t - x'_t \hat{\beta}_{(i,j)}]' \right\}$$

(4.50)

根据基于结构突变的 VAR 模型获得关于两组时间序列之间的结构突变具体日期和每个时间段对应的方程的具体表达式后，还需要对每一段的 VAR 模型进行平稳性检验、格兰杰因果关系检验、脉冲响应和方差分析来进一步分析两组两边之间的动态关联性，在下一小节中将对经济政策不确定性和股票市场波动进行一系列实证分析。

第二节 实证分析

本书重点研究经济政策不确定性与股票市场波动的动态关联性，因为经济内外部形势及股票市场运行规律的不断变化，两者之间的关系不可能保持一成不变。从理论上讲，首先股票市场本身并非是完全市场，不满足有效市场三大假说，所以股票市场收益的波动率并不是围绕均值均匀波动。其次根据行为金融理论，股票市场参与方由于羊群效应、投机性心理的作用，受到政策及政策不确定性的影响较大，进而通过具体股票买卖行为反映股票市场收益率的波动。

在变量选择上，本章将上证综指收益波动率作为股票市场波动的代表性指标，将美国政策不确定性指数官网上发布的中国 EPU 指数作为经济政策不确定性的代理指标。在此需要特别说明的是，该网站提供了两种中国 EPU 指数：第一种是由 Baker 等专家依据《南华早报》统计的指数值，该指数公布时间早，涉及 1995 年 1 月至 2019 年 4 月的经济政策不确定性数据，目前已有很多学者在研究中应用这种指数，在本书接下来的研究中，将依据《南华早报》统计的指数值简称为 SCMPEPU 指数；第二种是 Davis 等专家依据《人民日报》和《光明日报》统计的指数值，涉及时间范围从新中国成立 1949 年至今约 70 周年的数据，但是该种指数发布时间较晚，目前学者们在研究中应用较少。为了体验分析结果的稳健性，本章将同时选用两种指数作为经济政策不确定性的代理指标，在下文研究中，将依据《南华早报》统计的指数值简称为 SCMPEPU 指数，将依据《人民日报》和《光明日报》统计的指数值简称为 MLEPU 指数。由于当代中国股票市场数据起源于上深两大交易所的成立，即始于 20 世纪 90 年代初，而 SCMPEPU 指数始于 1995 年 1 月，为了保证研究的一致性和可比性，本章将数据的时间锁定在 1995 年 1 月至 2019 年 4 月，每一组时间序列变量包含 292 个样本量。根据前一节中模型的具体形式，本小节将从结构突变点的确定、分段 VAR 模型估计、分段格兰杰因果关系检验、分段脉冲响应分析与方差分解 5 个角度来探讨中国经济政策不确定与股票市场波动的动态关联性。

一、结构突变检验及模型估计

（一）结构突变检验

在双变量 VAR 模型中：

$$y_{1,t} = \beta_{1,j} + y_{1,t-1}\beta_{2,j} + y_{2,t-1}\beta_{3,j} + \mu_{1,t} \quad (4.51)$$

$$y_{2,t} = \beta_{4,j} + y_{1,t-1}\beta_{5,j} + y_{2,t-1}\beta_{6,j} + \mu_{2,t} \quad (4.52)$$

用矩阵形式表示为：

$$\begin{pmatrix} y_{1,t} \\ y_{2,t} \end{pmatrix} = (I2 \otimes (1 \quad y_{1,t-1} \quad y_{2,t-1})) \begin{bmatrix} 1 & 0 & 0 & 0 & 0 & 0 \\ 0 & 1 & 0 & 0 & 0 & 0 \\ 0 & 0 & 1 & 0 & 0 & 0 \\ 0 & 0 & 0 & 1 & 0 & 0 \\ 0 & 0 & 0 & 0 & 1 & 0 \\ 0 & 0 & 0 & 0 & 0 & 1 \end{bmatrix} \begin{pmatrix} \beta_{1,j} \\ \beta_{2,j} \\ \beta_{3,j} \\ \beta_{4,j} \\ \beta_{5,j} \\ \beta_{6,j} \end{pmatrix} + \begin{pmatrix} \mu_{1,t} \\ \mu_{2,t} \end{pmatrix}$$

$$(4.53)$$

在该模型中，令 $y_{1,t}$ 为上证指数波动率，$y_{2,t}$ 为经济政策不确定性指数，在研究两者关联性时，最关键的参数是 $\beta_{3,j}$ 与 $\beta_{5,j}$，这两个参数代表了 $y_{1,t}$ 与 $y_{2,t}$ 两者的关联性，而 $\beta_{1,j}$ 与 $\beta_{4,j}$ 分别是两个方程的常数项，即截距。$\beta_{2,j}$ 与 $\beta_{6,j}$ 代表两个变量各自的自相关性。根据 SC 信息准则，选择滞后期为 1 期。

在进行结构突变检验时，股票市场波动率选用上证综指波动率和深证成指波动率作为替代性指标，经济政策不确定性选用 SCMPEPU 指数和 MLEPU 指数作为替代指标，在分别进行突变检验后，选用其中一组指标进行具体分析。在构造 VAR 模型之前，首先对时间序列进行平稳性检验。通过表 4.1 中各个变量的平稳性检验结果可以看出，在不同阶段上的数据都是平稳的。表 4.2 和表 4.3 为上证综指波动率与 MLEPU 指数 VAR 突变检验、深证成指波动率与 MLEPU 指数 VAR 突变检验。从表 4.2 可以看出，上证综指波动率与 MLEPU 指数之间关联性的结构突变次数为 3，对应的样本点为 59、154、262。由于样本数据始于 1995 年 1 月，为月度数据，所以第 59 个样本对应于 1999 年 11 月，第 154 个样本对应于 2007 年 10 月，第 262 个样本对应于 2016 年 10 月。m 个突变点将样本分为 $m+1$ 个阶段，所以根据表4.2中 $\beta_1 - \beta_6$ 的数值，四个阶段的双变量 VAR 模型可以写为如下形式：

第 I 阶段（1995.1—1999.11）：

SH1999 $= 0.68 + 0.05 \times$ SH1999（-1）0.34 × MLEPU1999（-1）

MLEPU1999 $= 0.26 - 0.068 \times$ SH1999（-1）$+ 0.45 \times$ MLEPU1999（-1）

第 II 阶段（1999.12—2007.10）：

SH2007 $= 0.22 + 0.41 \times$ SH2007（-1）$+ 0.40 \times$ MLEPU2007（-1）

MLEPU2007 $= 0.74 - 0.02 \times$ SH2007（-1）$+ 0.10 \times$ MLEPU2007（-1）

第 III 阶段（2007.11—2016.10）：

SH2016 $= -0.004 + 0.73 \times$ SH2016（-1）$+ 0.015 \times$ MLEPU2016（-1）

MLEPU2016 $= -0.004 + 0.009 \times$ SH2016（-1）$+ 0.25 \times$

MLEPU2016 (−1)

第Ⅳ阶段 (2016.11—2019.4):

SH2019 = −0.44 + 0.56 × SH2019 (−1) + 0.098 × MLEPU2019 (−1)

MLEPU2019 = 3.10 + 1.55 × SH2019 (−1) − 0.13 × MLEPU2019 (−1)

从表 4.3 可以看出,上证综指波动率与 MLEPU 指数之间关联性的结构突变次数为 3,对应的样本点为 59、154、262。由于样本数据始于 1995 年 1 月,为月度数据,所以第 59 个样本对应于 1999 年 11 月,第 154 个样本对应于 2007 年 10 月,第 262 个样本对应于 2016 年 10 月。综上所述两个波动率与 MLEPU 指数的 VAR 结构突变检验在时间上是一致的。在下文关于模型稳健性检验和格兰杰因果分析等环节,将选择上证综指波动率作为股票市场波动率唯一代理指标分四个阶段进行详细分析。

表 4.1 四变量单位根检验

Null Hypothesis: MLEPU has a unit root			
		t-Statistic	Prob.*
Augmented Dickey-Fuller test statistic		−2.732401	0.0700
Test critical values	1% level	−3.455685	/
	5% level	−2.872586	/
	10% level	−2.572730	/
Null Hypothesis: SCMPEPU has a unit root			
		t-Statistic	Prob.*
Augmented Dickey-Fuller test statistic		−4.153163	0.0059
Test critical values	1% level	−3.990019	/
	5% level	−3.425397	/
	10% level	−3.135832	/
Null Hypothesis: SHANGZHENG has a unit root			
		t-Statistic	Prob.*
Augmented Dickey-Fuller test statistic		−4.918876	0.0004
Test critical values	1% level	−3.990356	/
	5% level	−3.425561	/
	10% level	−3.135929	/

续表

Null Hypothesis: SHENZHENG has a unit root			
		t-Statistic	Prob.*
Augmented Dickey-Fuller test statistic		-6.892467	0.0000
Test critical values	1% level	-3.990019	/
	5% level	-3.425397	/
	10% level	-3.135832	/

注：由于 MLEPU 指数在 2016 年突然大幅度增长，所以对于该指数分别从 1995.1—2016.10 和 2016.11—2019.4 两阶段进行单位根检验，检验结果全部显示了各个阶段的平稳性。

表 4.2　上证综指波动率与 MLEPU 指数 VAR 突变检验结果

The estimated breaks are			59		154		262
Confidence intervals for the break dates are							
The 95% C. I. for the 1.000 th break is			57				61
The 90% C. I. for the 1.000 th break is			57				61
The 95% C. I. for the 2.000 th break is			149				159
The 90% C. I. for the 2.000 th break is			150				158
The 95% C. I. for the 3.000 th break is			261				263
The 90% C. I. for the 3.000 th break is			261				263
The estimated coefficients are	β_1	β_2	β_3	β_4	β_5	β_6	
for the 1.000 th regime	0.644	0.065	-0.322	0.307	-0.092	0.429	
for the 2.000 th regime	0.229	0.422	0.408	-0.741	-0.017	0.100	
for the 3.000 th regime	-0.007	0.738	0.018	-0.001	0.005	0.243	
for the 4.000 th regime	-0.436	0.560	0.098	3.097	1.545	-0.125	

表 4.3　深证成指波动率与 MLEPU 指数 VAR 突变检验结果

The estimated breaks are	59	154	262
Confidence intervals for the break dates are			
The 95% C. I. for the 1.000 th break is	56		62
The 90% C. I. for the 1.000 th break is	57		61
The 95% C. I. for the 2.000 th break is	149		159
The 90% C. I. for the 2.000 th break is	150		158
The 95% C. I. for the 3.000 th break is	261		263
The 90% C. I. for the 3.000 th break is	261		263

续表

The estimated coefficients are	β_1	β_2	β_3	β_4	β_5	β_6
for the 1.000 th regime	0.461	0.106	-0.216	0.271	-0.055	0.449
for the 2.000 th regime	0.266	0.488	0.491	-0.740	-0.013	0.102
for the 3.000 th regime	0.020	0.737	-0.002	-0.002	0.005	0.243
for the 4.000 th regime	-0.328	0.514	0.068	2.896	1.476	-0.152

(二) 模型平稳性检验

前文对 VAR 模型稳健性进行了梳理，可以通过观察特征根是否全部落在单位圆内来检验 VAR 模型的稳定性。首先检验一下上证指数收益波动率与 MLEPU 指数之间 4 个阶段 VAR 模型的平稳性。

通过图 4.1 中上证综指波动率与 MLEPU 指数的双变量 VAR 模型特征根倒数的模的单位圆图示可以看出，每一个阶段的两个点都落在圆内部，表明 4 个阶段的 VAR 模型都是平稳的，因此下文可以进行下一步的脉冲响应分析及方差分解。

二、格兰杰因果关系检验

对于本书所研究的上证综指波动率与经济政策不确定性两个时间序列，经济变量之间的格兰杰因果关系主要是指，包含了上证综指波动率和 EPU 指数滞后值信息的前提下，对上证综指波动率的预测效果优于单独只由上证波动率过去信息对其预测效果。即 EPU 指数信息的存在是否更利于预测上证波动率，则认为 EPU 指数是上证综指波动率的格兰杰原因，同理相反。对于上证综指波动率是否是 EPU 指数的格兰杰原因也是同样道理。关于 X（EPU 指数）与 Y（股市波动率）两个变量，格兰杰因果关系检验要求估计以下回归模型：

$$Y_t = \alpha_0 + \sum_{i=1}^{m} \alpha_i Y_{t-i} + \sum_{i=1}^{m} \beta_i Y_{t-i} + \mu_{1t} \quad (4.54)$$

$$F = \frac{(RSS_R - RSS_U)/q}{RSS_U/(n-k)} \quad (4.55)$$

第四章 基于结构突变的 EPU 指数与股市波动的动态关联研究

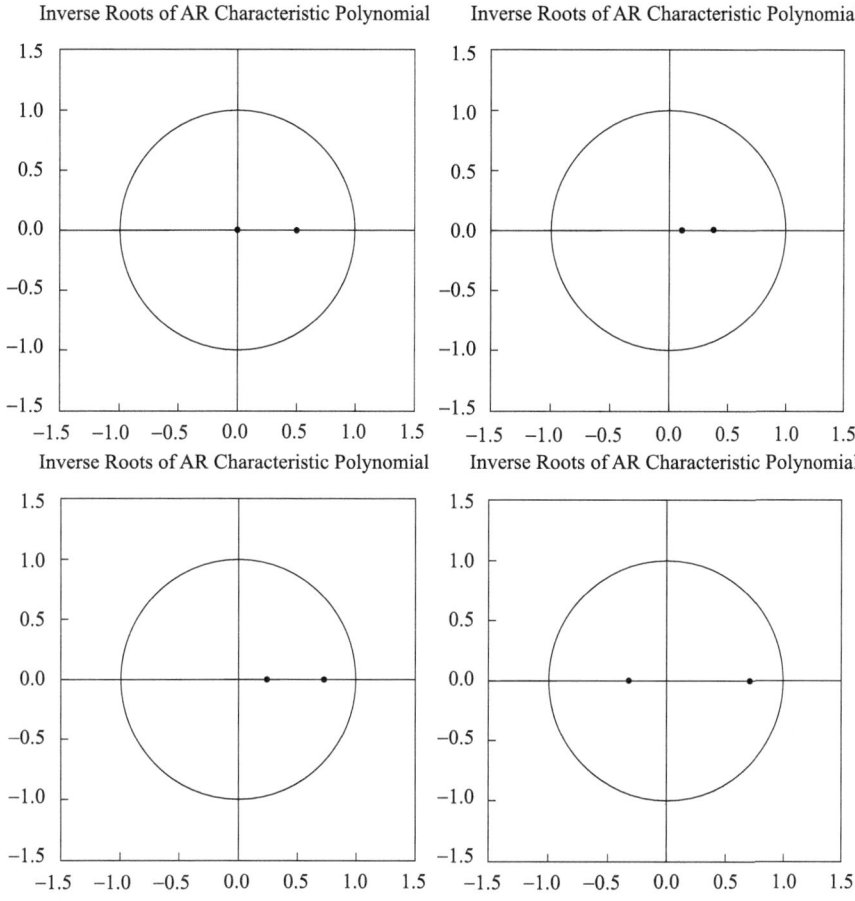

图 4.1 上证 &MLEPU 指数四阶段 AR 特征根倒数模的单位圆图示

注：左上为上证综指波动率与 MLEPU 指数第一阶段（1995.1—1999.11）双变量 VAR 模型稳定性检验图，右上为第二阶段（1999.11—2007.10）VAR 模型稳定性检验图，左下为第三阶段（2007.11—2016.10）VAR 模型稳定性检验图，右下为第四阶段（2016.11—2019.4）VAR 模型稳定性检验图。

$$X_t = \lambda_0 + \sum_{i=1}^{m} \lambda_i Y_{t-i} + \sum_{i=1}^{m} \delta_i X_{t-i} + \mu_{2t} \quad (4.56)$$

格兰杰因果检验根据式（4.54）和式（4.55）中 β_i 与 δ_i 是否整体为零的情况分为四种可能的结果，分别是 X 对 Y 有单向影响，Y 对 X 有单向影响，X 与 Y 存在相互影响或者 X 与 Y 是独立的。

$$Y_t = \alpha_0 + \sum_{i=1}^{m} \alpha_i Y_{t-i} + \sum_{i=1}^{m} \beta_i X_{t-i} + \mu_t \quad (4.57)$$

$$Y_t = \alpha_0 + \sum_{i=1}^{m} \alpha_i Y_{t-i} + \mu_t \qquad (4.58)$$

以 X 不是 Y 的格兰杰原因这一假设为例，分别对包含 X 滞后项的无约束方程和不包含 X 滞后项的约束方程进行回归，分别计算式（4.57）的残差平方和 RSS_U 与式（4.58）的残差平方和 RSS_R，通过 F 统计量的值来判断原假设是否成立。

$$F = \frac{(RSS_R - RSS_U)/q}{RSS_U/(n-k)} \qquad (4.59)$$

格兰杰因果关系是基于预测关系的因果检验，并不是真正的因果关系。如果 X 是 Y 的格兰杰因并不代表是 X 导致了 Y，而是 X 信息的存在利于对 Y 的预测。将上证综指波动率与 MLEPU 指数进行格兰杰因果关系检验，结果如表 4.4 所示。

通过表 4.4 中四个阶段对应的 F 值和 P 值可以看出，第一阶段（1995.1—1999.11），MLEPU 指数是上证综指波动率的格兰杰原因，但上证综指波动率不对 MLEPU 指数构成格兰杰原因。第二阶段（1999.12—2007.10）、第三阶段（2007.11—2016.10）与第一阶段类似，MLEPU 指数是上证综指波动率的格兰杰原因，但上证综指波动率不对 MLEPU 指数构成格兰杰原因。第四阶段（2016.11—2019.4），MLEPU 指数不是上证综指波动率的格兰杰原因，但上证综指波动率对 MLEPU 指数构成格兰杰原因，与前三个阶段正好相反。

表 4.4　上证综指波动率与 MLEPU 格兰杰因果关系检验

Null Hypothesis：	Obs	F-Statistic	Prob.
SHANGZHENG1999 does not Granger Cause MLEPU1999	58	0.44065	0.5096
MLEPU1999 does not Granger Cause SHANGZHENG1999		3.60897	0.0627
Null Hypothesis：	Obs	F-Statistic	Prob.
SHANGZHENG2007 does not Granger Cause MLEPU2007	94	0.26678	0.6067
MLEPU2007 does not Granger Cause SHANGZHENG2007		4.04952	0.0471
Null Hypothesis：	Obs	F-Statistic	Prob.
SHANGZHENG2016 does not Granger Cause MLEPU2016	103	0.50125	0.7746
MLEPU2016 does not Granger Cause SHANGZHENG2016		3.36813	0.0077
Null Hypothesis：	Obs	F-Statistic	Prob.
SHANGZHENG2019 does not Granger Cause MLEPU2019	28	10.2906	0.0006
MLEPU2019 does not Granger Cause SHANGZHENG2019		0.744	0.4863

三、脉冲响应分析

脉冲响应分析主要是用来研究内生变量对自己或其他内生变量的变化的反应，可以通过正交脉冲响应图的形式观察相互之间的影响关系。

根据上一小节的 VAR 结构突变检验结果，以 1999 年 11 月、2007 年 10 月、2016 年 10 月这三个突变点，将样本期内的上证综指波动率与 MLEPU 指数之间的关系分为 4 个阶段，分别对 4 个阶段的脉冲响应图进行描绘和分析。变量命名方式与前文类似，对于第一阶段的上证综指波动率以 SHANGZHENG1999 表示，MLEPU 以 MLEPU1999 表示，后面 3 个阶段以此类推，不做赘述。

由图 4.2 可知，左上角为上证综指波动率（1995.1—1999.11）自身的正交脉冲响应图；右下角为 MLEPU 指数（1995.1—1999.11）自身的正交脉冲响应图；右上角以 MLEPU 指数为脉冲变量，描绘经济政策不确定性对上证综指波动率的动态效应。左下角上证综指波动率为脉冲变量，描绘上证综指波动率对经济政策不确定性的动态效应。因为研究重点在于分析股票市场波动与经济政策不确定性的关联性，因此在本小节的四个脉冲响应图中，只对右上角和左下角的脉冲图进行分析。右上角的正交脉冲响应图显示，在第一阶段内，经济政策不确定性指数上升时，股票市场波动最初期没有变化，后期反作用力上升，波动率有短期的下降，在第 2 期时达到最低值，并与第 6 期慢慢趋于原值。左下角的正交脉冲响应图显示，当存在股票波动率上升的冲击时，经济政策不确定性有下降的趋势，逐渐上升，并于第 5 期开始逐步趋于原值。图 4.3 为第二阶段内，上证综指波动率与 MLEPU 指数的正交脉冲响应图，根据右上角小图可以看出，经济政策不确定性的变化对于股市波动刚开始的冲击为零，后期正向作用力上升并于第 2 期达到最高点，随后影响缓慢下降并于第 5 期开始逐渐趋向于零。左下角小图显示了股市波动率的上升导致短期内经济政策不确定指数的下降，但反作用力持续时间很短，并于第 4 期趋向于零。

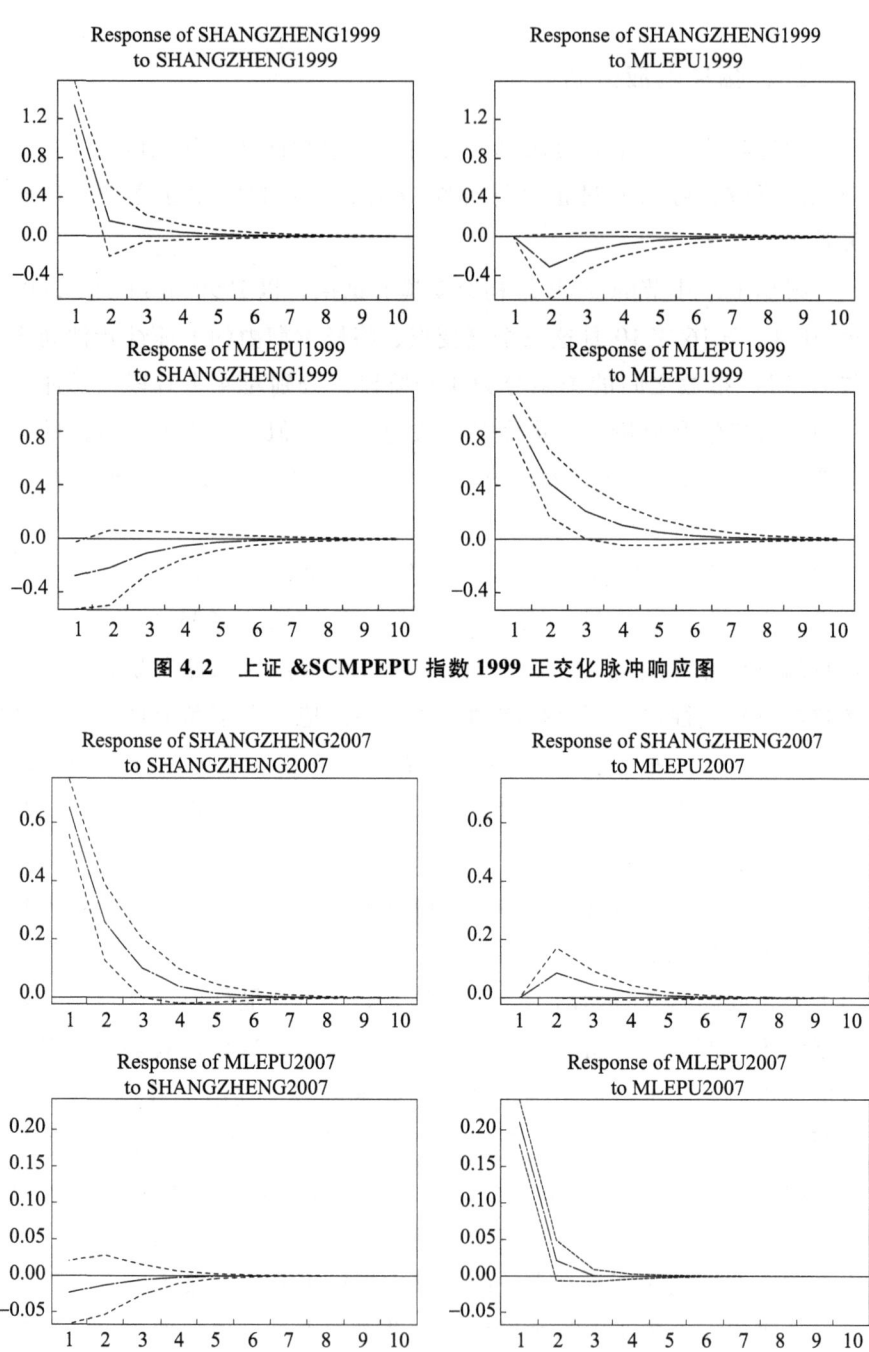

图 4.2　上证 &SCMPEPU 指数 1999 正交化脉冲响应图

图 4.3　上证 &SCMPEPU 指数 2007 正交化脉冲响应图

图 4.4 为第三阶段内,股市波动率与经济政策不确定性的正交脉冲响应图,从右上角小图可以看出,经济政策不确定性的冲击对股票波动几乎无明显影响,而上证综指波动率的冲击,短期内造成经济政策不确定性的下降,但很快恢复原值。图 4.5 为第四阶段内,股市波动率与经济政策不确定性之间的脉冲响应图,通过右上角小图可以看出,当存在经济政策不确定性上升的冲击时,股市波动率出现上升反应并于第二期达到最大值,之后缓慢下降并于第 8 期起缓慢趋向于零。而股票市场的波动对经济政策不确定性产生较大的冲击,当股市波动率上升时,经济政策不确定性迅速做出反应,在第 2 期达到最大值之后,冲击响应缓慢下降,在第 10 期仍然有正向作用力。

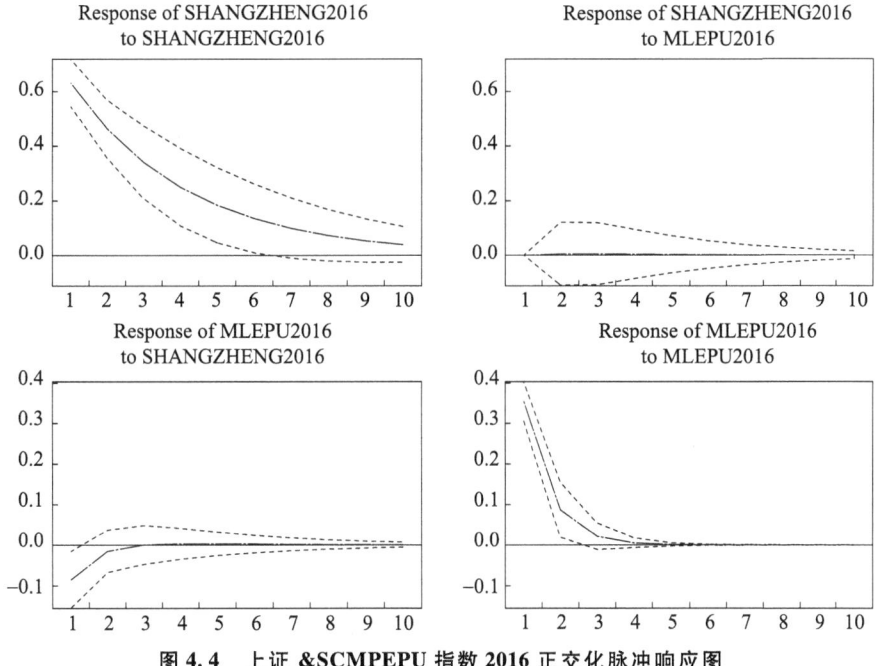

图 4.4 上证 &SCMPEPU 指数 2016 正交化脉冲响应图

四、方差分解

上节中通过正交脉冲响应图分别分析了 4 个阶段中,股票市场波动率和经济政策不确定性对于彼此冲击的反映,当冲击出现时,变量间出现不同程度和方向的变化,且不同时期有不同的影响效果,基本

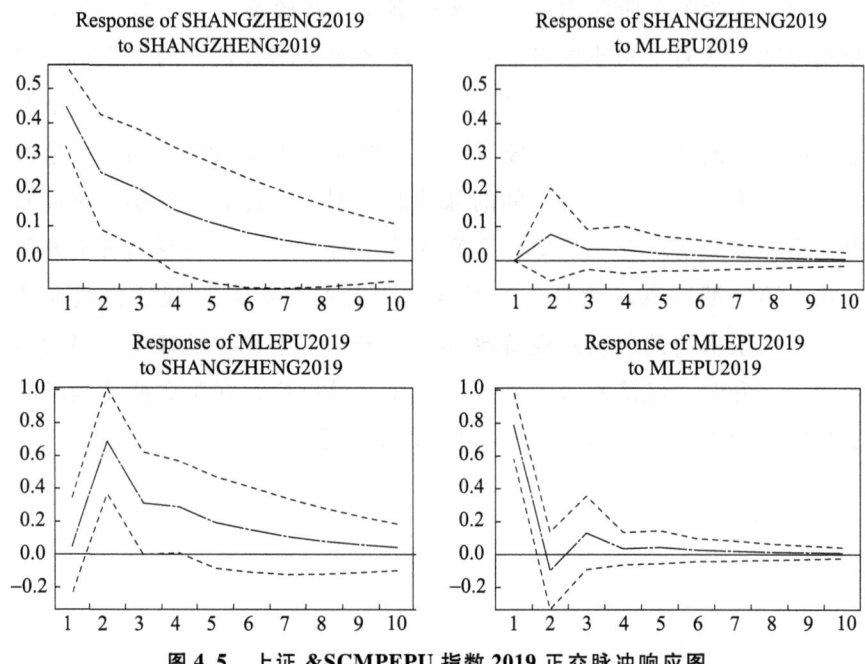

图 4.5　上证 &SCMPEPU 指数 2019 正交脉冲响应图

在第 10 期时已经趋于平稳状态。而方差分解的侧重点在于分析影响内生变量的结构冲击的贡献度，通过贡献率（百分比）来表示变量的变动中有多少成分是由冲击引起的，以此反映冲击的重要程度或者贡献度。方差分解和上文脉冲响应分析类似，根据前一节的结构突变点，通过表格数据和图示的形式共同对 4 个阶段的方差分解进行分析。

图 4.6 中，左上角图为上证综指波动率标准差中被自身承载的部分，右上角图为上证综指波动率标准差中被 MLEPU 指数承载的部分，左下角图为 MLEPU 指数标准差中被上证综指波动率承载的部分，右下角图为 MLEPU 指数标准差中被自身承载的部分。下述三个阶段的方差分解图顺序相同，下文不予赘述。

表 4.5 的预测方差分解表分为左右两列，左边部分代表第一阶段上证波动率的预测方差分解表，对应图 4.6 右上角的小图；右边部分为第一阶段 MLEPU 指数的预测方差分解表，对应图 4.6 中左下角小图。通过图表可以看出，上证标准差的绝大部分（从 100% 递减至 93%）被自身承载，并持续到第 10 期仍然起到主要作用；而 EPU 的

作用虽然占比不大，但持续增加，到第10期增加到11.40%，MLEPU标准差的大部分被自身因素承载，自身承载从91%递减至88%，上证波动率承载了8%到11%，从第一期到第11期逐步缓慢增加。

表 4.5　股市波动率与 MLEPU 指数（1995.1—1999.11）预测方差分解表

单位：百分比（%）

Variance Decomposition of SHANGZHENG1999:				Variance Decomposition of MLEPU1999:			
Period	S. E.	SHANGZHENG1999	MLEPU1999	Period	S. E.	SHANGZHENG1999	MLEPU1999
1	1.339773	100	0	1	0.968228	8.320779	91.67922
2	1.384461	94.92087	5.079131	2	1.075675	10.78342	89.21658
3	1.395341	93.77534	6.224661	3	1.100802	11.25201	88.74799
4	1.398036	93.49561	6.504389	4	1.106969	11.36219	88.63781
5	1.398707	93.4263	6.573698	5	1.108499	11.38924	88.61076
6	1.398873	93.40907	6.590933	6	1.108879	11.39595	88.60405
7	1.398915	93.40478	6.595222	7	1.108974	11.39762	88.60238
8	1.398925	93.40371	6.59629	8	1.108998	11.39803	88.60197
9	1.398928	93.40344	6.596556	9	1.109003	11.39813	88.60187
10	1.398928	93.40338	6.596622	10	1.109005	11.39816	88.60184
Cholesky Ordering: SHANGZHENG1999 MLEPU1999				Standard Errors: Monte Carlo (100 repetitions)			

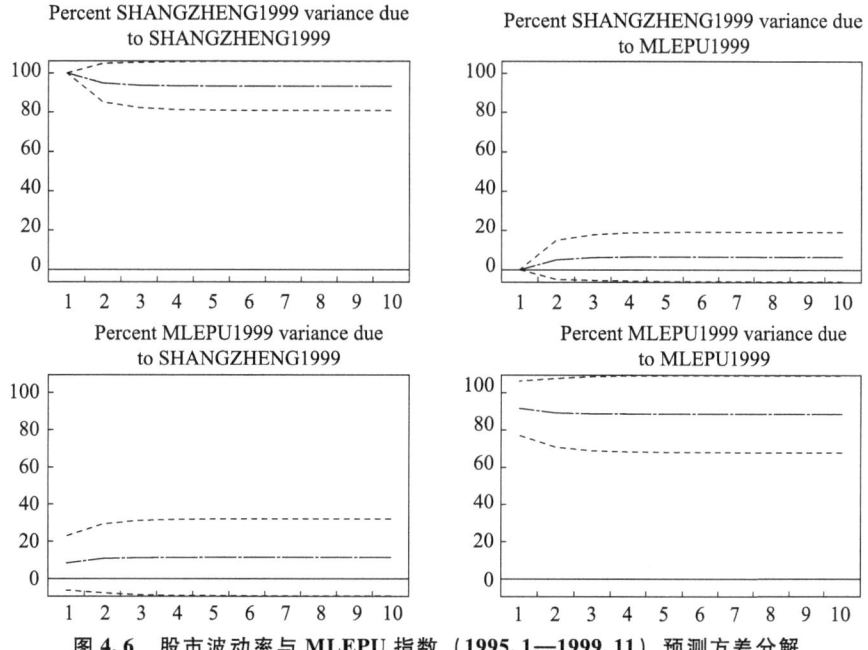

图 4.6　股市波动率与 MLEPU 指数（1995.1—1999.11）预测方差分解

通过表 4.6 左侧数据及图 4.7 的右上角可以看出，在第二阶段内，上证波动率标准差与上一阶段类似，绝大部分被自身承载，从第一期到第十期自身所占百分比在 98%～100%，经济政策不确定性冲击对于股市波动率的标准差贡献度不高，但保持从第一期至第十期缓慢增加的趋势。通过表 4.6 右侧列和图 4.7 左下角可以看出，在经济政策不确定性的标准差中，自身承载比例相对稳定，一直保持在 98%，而股市波动率贡献度比较低但保持稳定缓慢上升的趋势。

表 4.6　股市波动率与 MLEPU 指数（1999.12—2007.10）预测方差分解表

单位：百分比（%）

Variance Decomposition of SHANGZHENG2007:				Variance Decomposition of MLEPU2007:			
Period	S. E.	SHANGZHENG2007	MLEPU2007	Period	S. E.	SHANGZHENG2007	MLEPU2007
1	0.654984	100	0	1	0.211988	1.188717	98.81128
2	0.709213	98.56563	1.434372	2	0.213421	1.532128	98.46787
3	0.717595	98.23606	1.763939	3	0.213491	1.59546	98.40454
4	0.718871	98.17981	1.820188	4	0.213502	1.60542	98.39458
5	0.719063	98.17104	1.82896	5	0.213504	1.606929	98.39307
6	0.719092	98.16971	1.830287	6	0.213505	1.607155	98.39284
7	0.719096	98.16951	1.830486	7	0.213505	1.607189	98.39281
8	0.719097	98.16948	1.830516	8	0.213505	1.607194	98.39281
9	0.719097	98.16948	1.83052	9	0.213505	1.607195	98.39281
10	0.719097	98.16948	1.830521	10	0.213505	1.607195	98.39281
Cholesky Ordering: SHANGZHENG2007 MLEPU2007				Standard Errors: Monte Carlo (100 repetitions)			

通过表 4.7 左侧数据及图 4.8 的右上角可以看出，在第三阶段内，上证波动率标准差与上一阶段类似，绝大部分被自身承载，从第一期到第十期自身所占百分比在 98%～100%，经济政策不确定性冲击对于股市波动率的标准差贡献度不高，但保持从第一期至第十期缓慢增加的趋势。通过表 4.7 右侧列和图 4.8 左下角可以看出，在经济政策不确定性的标准差中，自身承载比例相对稳定，一直保持在 98%，而股市波动率贡献度比较低但保持稳定缓慢上升的趋势。

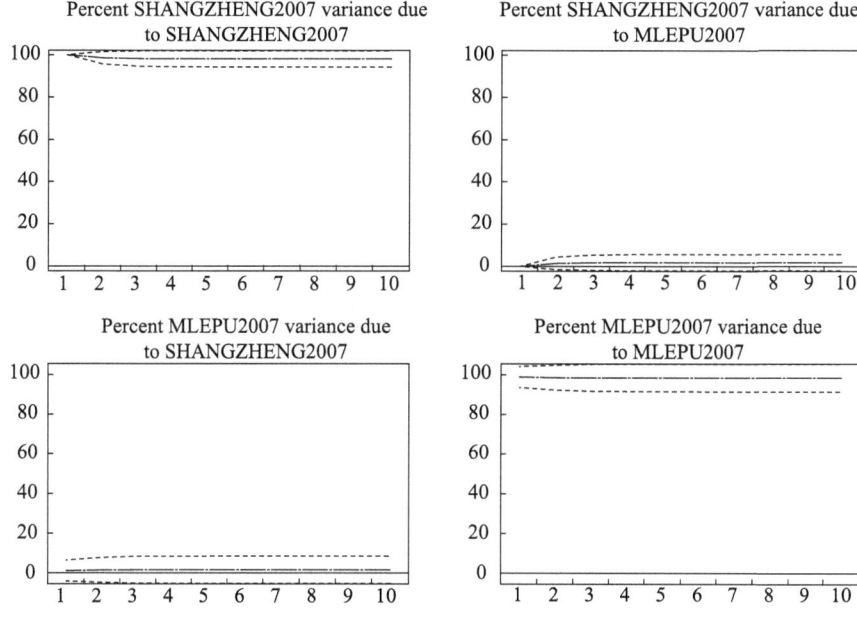

图 4.7　股市波动率与 MLEPU 指数（1999.12—2007.10）预测方差分解

第三阶段方差分解结果比较特殊，从表 4.7 左列及图 4.8 右上角小图可以看出，上证波动率的标准差部分一直是由自身承载，稳定在 99% 以上，经济政策不确定性指数所占份额不足 1%，且多期内未有明显上升。但是对于经济政策不确定性指数本身的标准差部分，自身承载比例 94% 左右，并呈现缓慢上升的趋势，而由上证波动率承载的部分稳定在 6% 左右，呈缓慢下降态势。

表 4.7　股市波动率与 MLEPU 指数（2007.11—2016.10）预测方差分解表

单位：百分比（%）

Variance Decomposition of SHANGZHENG2016:				Variance Decomposition of MLEPU2016:			
Period	S.E.	SHANGZHENG 2016	MLEPU2016	Period	S.E.	SHANGZHENG 2016	MLEPU2016
1	0.63135	100	0	1	0.364302	5.454038	94.54596
2	0.782735	99.99512	0.004884	2	0.374892	5.312141	94.68786
3	0.853309	99.99194	0.008064	3	0.375509	5.29494	94.70506
4	0.889099	99.99026	0.00974	4	0.375561	5.301151	94.69885
5	0.907851	99.9894	0.010603	5	0.375577	5.307643	94.69236

续表

Variance Decomposition of SHANGZHENG2016：				Variance Decomposition of MLEPU2016：			
Period	S. E.	SHANGZHENG 2016	MLEPU2016	Period	S. E.	SHANGZHENG 2016	MLEPU2016
6	0.917825	99.98895	0.011052	6	0.375585	5.311739	94.68826
7	0.923171	99.98871	0.011289	7	0.375589	5.31406	94.68594
8	0.926047	99.98858	0.011415	8	0.375592	5.315334	94.68467
9	0.927598	99.98852	0.011483	9	0.375593	5.316026	94.68397
10	0.928436	99.98848	0.011519	10	0.375594	5.3164	94.6836
Cholesky Ordering：SHANGZHENG2016 MLEPU2016				Standard Errors：Monte Carlo（100 repetitions）			

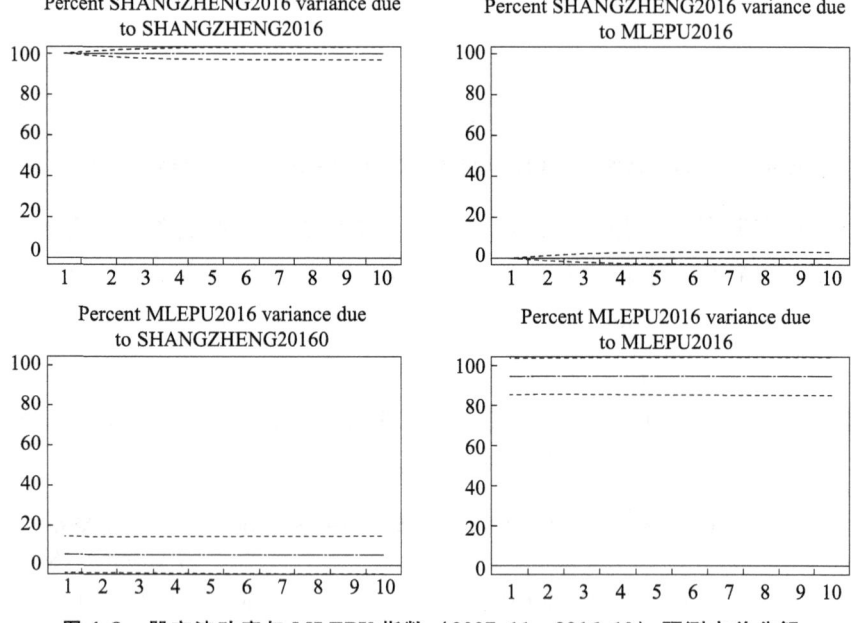

图 4.8　股市波动率与 MLEPU 指数（2007.11—2016.10）预测方差分解

第四阶段股市波动率与经济政策不确定性的方差分解图表显示（如图 4.9 所示），上证综指波动率的标准差部分第一期由自身全部承载，从第二期开始自身承担部分缓慢下降，但仍保持在 97% 左右，由经济政策不确定性承载的部分维持在 2% 以上并呈缓慢上升的态势。经济政策不确定性的标准差部分，由自身承载的部分第一期为 99%，但是从第二期开始自身负担部分迅速下降到 56%，一直持续下降到第

第四章 基于结构突变的 EPU 指数与股市波动的动态关联研究

十期的 46% 左右，而有股市波动率承载的部分从第二期的 43% 开始一直持续增长到第十期的 53% 左右，说明股市波动率对于经济政策不确定性的影响持续增大。

通过分别观察四个阶段股市波动率与经济政策不确定性的脉冲响应分析及方差分解图表，可以发现，在不同阶段之间，两个变量的对彼此冲击的相互影响程度及方差贡献度呈现出不同的特点，对于特点的总结和原因分析，需要结合前一节中的 VAR 模型具体形式及格兰杰因果分析在本章小结中进行详细分析。

表 4.8 股市波动率与 MLEPU 指数（2016.11—2019.4）预测方差分解表

单位：百分比（%）

Variance Decomposition of SHANGZHENG2019：				Variance Decomposition of MLEPU2019：			
Period	S.E.	SHANGZHENG2019	MLEPU2019	Period	S.E.	SHANGZHENG2019	MLEPU2019
1	0.450194	100	0	1	0.788764	0.371464	99.62854
2	0.523982	97.84312	2.156881	2	1.052434	43.15888	56.84112
3	0.565953	97.80188	2.19812	3	1.105092	47.0349	52.9651
4	0.586001	97.65953	2.340473	4	1.142435	50.3458	49.6542
5	0.596862	97.61869	2.381307	5	1.159585	51.65733	48.34267
6	0.602591	97.59178	2.408223	6	1.169282	52.40219	47.59781
7	0.605681	97.57897	2.421028	7	1.174376	52.7804	47.2196
8	0.607343	97.57186	2.42814	8	1.177148	52.9855	47.0145
9	0.608241	97.56811	2.431891	9	1.17864	53.09494	46.90506
10	0.608727	97.56608	2.433924	10	1.179447	53.15407	46.84593
Cholesky Ordering：SHANGZHENG2019 MLEPU2019				Standard Errors：Monte Carlo (100 repetitions)			

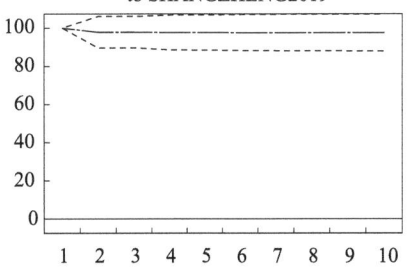

Percent SHANGZHENG2019 variance due to SHANGZHENG2019

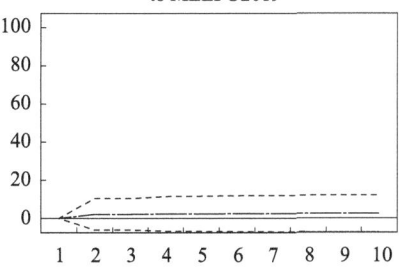

Percent SHANGZHENG2019 variance due to MLEPU2019

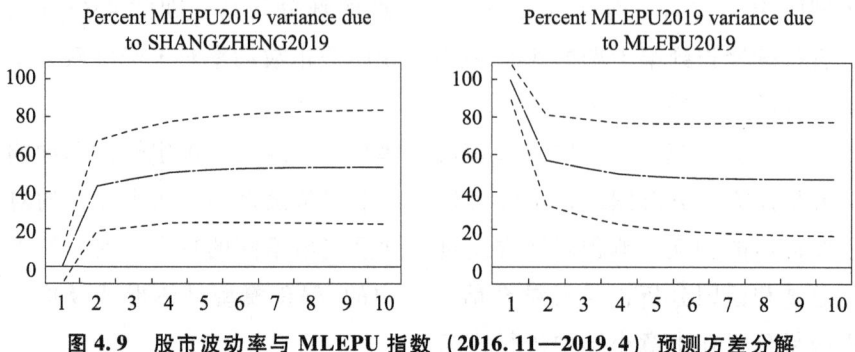

图 4.9　股市波动率与 MLEPU 指数（2016.11—2019.4）预测方差分解

第三节　本章小结

学者们以往在利用经济政策不确定指数研究其与中国股票市场波动的关联性及格兰杰因果关系检验时，得出的结论各不相同，特别是对于影响的大小和方向方面存在较多争议。从第二章的理论基础分析可以得知，由于我国股票市场并非成熟有效的市场，与西方成熟股票市场之间存在较大差距。政府的多方面干预及投资者的投机心理等多重因素影响下，股市时常出现非规律性波动，而经济政策本身毋庸置疑对股票市场波动率存在较大影响，受制于政府管制的影响，政策的频繁变动对于股票市场的参与者主体，即上市公司和投资者也会有或多或少的冲击。但是政策变动的影响并不是一成不变的，自从 20 世纪 90 年代初上海和深圳两大证券交易所成立以来，我国经济发展形势一直处于变化之中，政府部门也不断调整政策管控模式和力度，股票市场内外部环境发生了较大变化。所以经济政策不确定性与股票市场波动之间的关联性分析，如果以简单的全时段整体分析作出唯一的结论判断难免有失偏颇。正是基于这个原因，为合理地捕捉经济政策不确定性与股票市场波动之间的动态关联性，本书抛开了之前学者们广泛应用的全时段 VAR 模型，而是利用 Qu 和 Perron 提出的基于结构突变的 VAR 模型对两个变量之间的关联性作出结构突变检验和 VAR

模型估计。

本章第一节中分两部分进行了所选用模型的分析,首先在第一小节分析了学者们研究应用较多的标准 VAR 模型,为引入存在结构突变的 VAR 模型进行了铺垫。存在结构突变的 VAR 模型与普通 VAR 模型最大的不同在于,模型中允许突变点的存在,并且分析了突变点的几种模式及估计。随后在本章第二节中对于经济政策不确定与股票市场波动进行了结构突变点和 VAR 模型估计,根据 GAUSS 软件和具体算法,对上证综指波动率 MLEPU 指数,以及深证成指波动率 MLEPU 指数进行了 VAR 突变检验。发现上证综指和深证成指与 MLEPU 指数的关联性结构突变点是非常相似的,为避免赘述,本书决定在接下来的分析中选择上证综指作为股票市场指数的唯一替代指标。

上证综指波动率与 MLEPU 指数之间关联性的结构突变次数为 3,对应的样本点为 59、154、262。分别对应于 1999 年 11 月、2007 年 10 月、2016 年 10 月。对于第一阶段(1995.1—1999.11),通过双变量 VAR 模型系数可以看出彼此影响为负,响应的脉冲响应图及方差分解也显示副作用影响。结合第三章中对中国股票市场发展阶段的划分及分析,1999 年 11 月以前的时间段内,股票市场处于初步发展阶段。无论是市场内部运行还是国家政策管控都处于相对无序状态,所以股票市场的波动与政策不确定性之间的关联呈现出看似非合理状态,这其实是由于探索阶段的各种非常态管理运行所导致的。第二阶段(1999.12—2007.10),通过模型系数及格兰杰因果检验等一系列实证分析发现,经济政策不确定对股票市场波动有明显的正向影响,是股票波动的格兰杰原因。说明经济不确定性提高时,股票市场的波动率也明显提高,而股票市场的波动性变动本身对于政策不确定性并没有明显影响。这一阶段是我国股票市场的规范化发展阶段,政策制定者试图通过各种调整型手段的出台来规范化股票市场的发展,很多情况下政策的频繁出台和变动并不是由于股市的异常波动,而是一种政策的调整和试运行。第三阶段(2007.11—2016.10),双变量相互系数为正,而且 MLEPU 指数是股票市场波动的格兰杰原因,经济政策不确定性的变动和股票市场波动率的提高对彼此都有一个正向的影响。第四阶段（2016.11—2019.4），双变量相互影响系数为正，且股票市场波动是经济政策不确定性的格兰杰原因。从脉冲响应图及方差分解图表可以看出，对彼此的冲击反映都较大。根据前文股票市场的划分，2009年至今是中国股票市场的深化改革阶段，政府致力于改善对股票市场的调控措施，试图加强对股票市场异常波动的管理。两个变量之间的相互正向影响程度显著超过前两个时段。

综上所述，基于结构突变检验的VAR模型估计及相关性分析，中国经济政策不确定性与股票市场波动之间的关联性是呈动态变化的，不同时间段内的相互影响关系力度和方向皆不相同，除了上文所提到的股票市场不同发展阶段和政府调控政策不断调整的原因之外，在接下来的第五章和第六章对两者动态关联性背后的深层原因进行不同角度的分析和解读。

第五章　基于公司基本面的经济政策不确定性对个股波动非对称影响研究

前文中对基于结构突变的经济政策不确定性与中国股票市场波动的动态关联性进行了研究。经过实证分析发现，在1995—2019年，经济政策不确定性与股票市场之间相互关系存在3次突变，并根据3个突变点将两者关系划分为4个阶段。针对每个阶段的关联特征，进行格兰杰因果关系及脉冲响应分析。第四章研究内容重点是基于结构突变探讨经济政策不确定性与于整体股票市场的动态关联性，选用的是当前我国股票市场最具代表性的上证综指作为研究对象，本章将在第四章研究内容的基础上，将在上深两大交易所符合特定条件的所有A股上市公司作为研究对象，不仅以上一章研究得出的四个影响周期分阶段对个股进行研究，而且将以A股上市公司的不同属性进行对比性研究，以此根据每个公司的不同属性继续深入研究经济政策不确定对于个股股票波动的异质性影响。

经济政策不确定性对股票市场波动影响的实证分析

第一节 理论分析与研究假说

一、理论分析

经济政策不确定性指数的高低往往伴随着重点国际事件的发生、政府换届选举、经济政策改革等，无论是 Baker 等人根据《南华早报》(South China Morning Post, SCMP) 制定的 SCMPEPU 指数，还是 Davis 等学者根据《光明日报》和《人民日报》这两个内地报纸制定的 MLEPU 指数，在中国经济政治发展的关键重要性时点上，都出现大幅度提高。改革开放 40 多年以来，我国的经济飞速发展，为适应市场经济的进一步建立维持经济的快速增长，政府在经济领域不断推行各种类型的改革。特别是全球化经济的发展，使得各国之间的经济关联性增强，国际性经济危机或者其他重大事件的发生也会影响到我国的经济政策不确定性。尤其是中美贸易战以来，为了应对复杂的国际形势及经济新常态，经济政策不确定性指数达到了前所未有的高度。政策的不断调整与完善是政府为实现经济持续稳定健康发展提供良好政策环境作出的积极努力，出发点是为市场经济发展扫清障碍，更好地维护国计民生。然而经济政策不确定性过高可能对宏观经济的稳定发展产生较大不利影响。

当前已有较多学者研究了政策不确定性对经济各方面的影响，李凤羽等以 Baker 等人根据《南华早报》(South China Morning Post, SCMP) 制定的 EPU 指数作为经济政策不确定性的代理指标，研究发现经济政策不确定性的上升会对企业投资产生抑制作用，这种抑制性负面影响在 2008 年全球金融危机后明显加大。杨海生等以官员变更作为政策不确定的主要代理因素进行研究发行，变更当期所导致的政策不确定性提高对经济增长产生显著的抑制性负面影响。张倩肖等采用 Probit 模型和面板固定效应模型研究发现经济政策不确定通过银行信

第五章　基于公司基本面的经济政策不确定性对个股波动非对称影响研究

贷约束进一步抑制企业的技术创新，且对民营企业的负面影响远大于国有企业。顾夏铭等（2018）通过研究发现经济政策不确定性会正面影响企业的人力资本投入及专利的申请数量，但是这种积极的影响与企业所有权特征、行业特性及政府补贴有较大关系。即并非所有企业都会因经济政策不确定性而提高创新投入，仍有相当一部分企业受到负面影响。通过对学者们的研究进行梳理可知，经济政策不确定对于整体经济面的发展有负面影响。在当前经济发展形势之下，金融市场的发展是经济发展的重要组成部分，股票市场的波动对于经济稳定发展有至关重要的硬性，股票市场的有序健康发展利于提供发展活力，促进经济保持良好的发展增速。政府为维护股票市场的稳定，调节股票市场的功能，不断进行着政策推进与探索。1990年上交所与深交所陆续成立以来，特别是股票市场出现异常波动或持续下跌时，政府监管部门一直充当调节者的角色，频繁出台各类政策试图维护股票市场的稳定性发展。针对经济政策不确定性对股票市场的影响也有大量学者进行了研究。刘昌义等根据股利贴现模型中股价取决于公司现金流与贴心因子为基础，研究发现贴现因为波动的主要原因在于政策不确定性，当政策不确定较高时股票波动性加大。Brogaard（2015）、Baker et al.（2016）均指出经济政策不确定性对股市波动及不稳定有长期重大影响。李力等在研究中提到经济政策不确定性较高时，容易引发投资者情绪的变化，进而导致股票的异常波动。陈国进等则通过研究发现经济政策不确定主要是通过贴现因子、企业现金流和相关系数等渠道显著提高股票的风险性。

二、研究假说

本章以经济政策不确定性与A股上市公司的股价作为研究对象，试图探讨对于不同类型或者不同性质的企业，经济政策不确定到底发挥何种影响。在第四章研究的基础上，进一步分析在不同的历史阶段，基于同一种类型的上市公司，经济政策不确定对其个股波动的影响是否有显著变化。在理论基础部分，曾经提到有效市场假说的种种不合理性以及行为金融学的发展与进步，正是基于这种理论前提，股票市场显然不是完全理性有效市场,上市企业投资者和经营者的行为会受到噪声交易的严重影响,进而异常波动时常出现。经济政策的不确定性是投资者与经营者在经济环境中面临的主要不确定性,无论是对经营企业的预期投资还是投资者的信心都容易出现分歧,进而导致股票波动性提高,因此本章的第一个假说是:经济政策不确定显著提高个股股票的波动性。然后对于不同性质的企业而言,这种不确定性的存在所产生的影响可能会存在很多差异,以大型国企为例,源于稳定的资金链保证和强大的后台支持,受到经济政策不确定的冲击会显著低于资金链不稳定、实力稍弱的民营企业。本章第二个假说是:经济政策不确定性对规模小资金链不稳定的民营企业的冲击远大于对大型国企的冲击。对于股票市场自身波动性异常时,经济政策的频繁出台有可能进一步加剧投资者与企业经营者的恐慌,反过来导致股票市场波动加剧。而经济政策本身出现大幅度提升时,例如当前中美贸易战之际,政府频繁出台各类调整型政策,加之经济其他方面受到不同程度冲击,导致股票出现异常剧烈波动。所以本章的第三个假设是:在股票市场与经济政策本身异常波动频现时,经济政策不确定性对个股股票波动的影响明显增大。

第二节 模型设定与变量定义

一、模型设定

前文对于经济政策不确定性对股票市场整体性影响的研究时,选择上证综指作为股票市场代理性指标进行时间序列分析,所以选用了 VAR 模型作为研究的理论模型。本章将研究对象设定为所有符合特别条件的 A 股上市公司股票,所以研究对象为面板数据。对于面板数据分析,及上一小节中提到的研究假说,本书构建如下基准回归模型:

$$HV_{i,t} = \alpha + \beta EPU_t + \gamma Control_{i,t} + Ind_i + u_i + \eta_t + \varepsilon_{i,t} \quad (5.1)$$

式中，$HV_{i,t}$ 是第 i 个 A 股上市公司第 t 期的波动率；α 是截距项；EPU_t 是各个时期对应的经济政策不确定性指数；系数 β 代表经济政策不确定对个股股票波动的边际影响；$Control_{i,t}$ 为不同时期不同企业以及整体经济的控制变量，包含 GDP 增长率、宏观景气指数、换手率、企业股权收益率等因素；系数 γ 代表各控制变量对个股波动的边际影响；同时通过 u_i 与 η_t 控制个体效应及时间效应；$\varepsilon_{i,t}$ 为随机扰动项且 $\varepsilon_{i,t} \sim N(0, \sigma^2)$。

通过分时间段及分企业组的系数变化来验证 3 个研究假说。针对本书提出的第二个假说，设定以下模型进行验证：

$$HV_{i,t} = \alpha + \beta EPU_t + \beta_1 EPU_t M_{1t} + \gamma Control_{i,t} + Ind_i + u_i + \eta_t + \varepsilon_{i,t}$$
(5.2)

当上市公司为大型国有企业时，M_{1t} 值为 1；当上市公司为规模稍小的民营企业时，M_{1t} 值为 0。即对于不同的企业性质，产生两个不同的系数，将通过系数的比较，验证经济政策不确定对于大型国企和民企的是否产生不对称影响。

上文实证分析得出经济政策不确定性与上证综指波动之间的关系存在 3 个突变，三个结构突变点将 1995 年至 2019 年之间 24 个年份划分为 4 个阶段，通过分析发现这 4 个阶段恰好对应于中国股票市场发展的不同时期，因此本章在对个股研究时可以通过设定以下模型进行验证，同样对应于本书假说 3，也可以用以下模型进行验证，区别在于 t 值因为经济政策不确定性及股票异常波动期不同而与下式的取值范围不同。

$$HV_{i,t} = \alpha + \beta EPU_t + \beta_1 EPU_t D_{1t} + \beta_2 EPU_t D_{2t} + \beta_3 EPU_t D_{3t} + \gamma Control_{i,t} + Ind_i + u_i + \eta_t + \varepsilon_{i,t}$$

第 Ⅰ 个阶段即当 $1995.1 \leq t \leq 1999.11$ 时，$D_{1t} = D_{2t} = D_{3t} = 0$；
第 Ⅱ 个阶段即当 $1999.11 < t \leq 2007.10$ 时，$D_{2t} = D_{3t} = 0$，$D_{1t} = 1$；
第 Ⅲ 个阶段即当 $2007.10 < t \leq 2016.10$ 时，$D_{3t} = 0$，$D_{1t} = D_{2t} = 1$；
第 Ⅳ 个阶段即当 $2016.10 < t \leq 2019.4$ 时，$D_{1t} = D_{2t} = D_{3t} = 1$。
由此可知四个阶段的系数截然不同，如下式所示：
阶段 Ⅰ：

$$HV_{i,t} = \alpha + \beta EPU_t + \gamma Control_{i,t} + Ind_i + u_i + \eta_t + \varepsilon_{i,t} \quad (5.3)$$

阶段Ⅱ：

$$HV_{i,t} = \alpha + (\beta + \beta_1)EPU_t + \gamma Control_{i,t} + Ind_i + u_i + \eta_t + \varepsilon_{i,t}$$
(5.4)

阶段Ⅲ：

$$HV_{i,t} = \alpha + (\beta + \beta_1 + \beta_2)EPU_t + \gamma Control_{i,t} + Ind_i + u_i + \eta_t + \varepsilon_{i,t}$$
(5.5)

阶段Ⅳ：

$$HV_{i,t} = \alpha + (\beta + \beta_1 + \beta_2 + \beta_3)EPU_t + \gamma Control_{i,t} + Ind_i + u_i + \eta_t + \varepsilon_{i,t}$$
(5.6)

二、变量定义与数据选取

（一）被解释变量 HV_{it}

本章选用我国在上交所与深交所的 A 股上市公司月度股价波动率作为被解释变量，基于上文研究及实际数据可得性，选择 1999 年 1 月至 2018 年 12 月作为样本区间。剔除 ST 类、金融类、已退市及部分数据缺失的企业。股价波动率以上次公司日收盘价的标准差作为月历史波动率指标，数据来自 Wind 数据库和国泰安数据库。

（二）关键解释变量 EPU_t

经济政策不确定性选择 Baker 等人根据《南华早报》（South China Morning Post，SCMP）制定的 SCMPEPU 指数，以及 Davis 等学者根据《光明日报》和《人民日报》这两个内地报纸制定的 MLEPU 指数的月度数据作为关键解释变量代理指标。以 MLEPU 指数为主要研究变量，SCMPEPU 指数作为稳健性检验的工具变量。

（三）控制变量 $Control_{i,t}$

股票价格波动的影响因素复杂，因此在设置控制变量的时候要同时考虑多方面因素。结合以往学者的研究，分别从宏观层面和微观层面设定控制变量。具体设置如表 5.1 所示。对于控制变量的选择，下文将对宏观层面和微观层面的关键控制变量进行说明。

第五章 基于公司基本面的经济政策不确定性对个股波动非对称影响研究

表 5.1 变量描述

变量属性	变量	名称	变量描述及数据来源
被解释变量	HV_{it}（%）	个股波动率	1999 年 1 月—2018 年 12 月，240 个月的数据，根据日收盘价对数收益的标准差转化为月度波动率，数据来源于万得数据库
解释变量	EPU_t（对数）	经济政策不确定性指数	Davis 等学者根据《光明日报》和《人民日报》这两个内地报纸制定的月度 EPU 指数，月度数据，数据来源于网站：http://www.policyuncertainty.com/index.html
控制变量	宏观层面 gdp（%）	GDP 增长率	实际 GDP 增速，季度数据，数据来源于 CSMAR 数据库
	xx	消费者信心指数	反映消费者信心强弱的指标，数据来源于 CSMAR 数据库
	hj	宏观景气指数	以增加值为权数对各行业的景气指数进行加权计算而得到的综合指数，月度数据，数据来源于 RESSET 数据库
	微观层面 monfulturnr（%）	总股数换手率	成交量/总股数，月度数据，数据来源于 RESSET 数据库
	montrdturnr（%）	流通股换手率	成交量/流通股，月度数据，数据来源于 RESSET 数据库
	roe	净资产收益率（摊薄）	报告期净利润/期末净资产，月度数据，数据来源于 RESSET 数据库
	monmc	总市值（元）	股票总价值，反映股票规模，数据来源于 RESSET 数据库
	owncon	股权集中度	衡量公司的股权分布状态的主要指标，月度数据，数据来源于 RESSET 数据库
	top10holdper（%）	前十大股东持股比例	月度数据，数据来源于 RESSET 数据库
	totInsholdper（%）	机构投资者持股比例	月度数据，数据来源于 RESSET 数据库
	stateshrpct（%）	国有股比例	月度数据，数据来源于 RESSET 数据库
	其他控制变量 monrfret（%）	月无风险收益率	同阶段月度理想的投资收益，数据来源于 RESSET 数据库
	u_i	个体效应	面板数据，个体效应显著，控制个体效应
	η_t	时间效应	240 个月，控制时间效应的变化

(1) GDP 增长率。我国股票市场一定程度上是经济运行的"晴雨表",股市波动可以在某种程度反映经济发展水平的变化,同样经济运行周期的显著特点也会反作用于股票市场。在经济的收缩、复苏、繁荣和衰退四个阶段内,股市也随之周期性波动,成为决定股价长期走势的最重要因素。本书所选用的 GDP 增长率为实际增长率,比名义增长率更加能够反映经济水平的真实变化。在后期稳健性检验中,选择工业增加值的增长率作为工具变量。

(2) 消费者信心指数。本书选择消费者信心指数作为股票价格波动主要控制变量的原因是,该指数反映了消费者信心的强弱,消费者根据当前经济政治状况,综合考虑了各方面因素后对经济前景的心理预期及主观感受,是对当前经济形势关键因素的自主评价和对未来的合理预期。虽然消费者信心指数不是直观衡量投资者对股票市场的态度,但正是由于消费者与投资者主体的一致性及主观心理感受,在一定程度上可以反映出投资者的信息指数,因此对股票市场波动具有较为重要的影响。

(3) 宏观景气指数。该指数又称为企业家信心指数,也是反映宏观经济运行的一种指标。通过定期对企业家的问卷调查,统计企业家对自身企业及宏观经济的判断与预期,由此反映企业的运营状况和经济运行态势。企业家作为上市公司的管理者及经营者,其对自身企业运营状态的评估和未来经济形势的判断,将直接影响到其对企业进一步生产发展的投资方向和力度的改变,进而影响企业长期价值和股票价格。

(4) 换手率。换手率是反映企业股票流动性的重要指标,是指在一定时间段内股票转手买卖的频率,计算公式为一段时间内的成交股与总股数的比例。普通股票正常交易时间的换手率一般维持在1%～3%,以3%为界,超过该频率的换手率说明该股票炙手可热,投机性强很可能成为股市黑马。与西方成熟的股票市场相比,我国股票市场的总体换手率明显偏高,一定程度也反映了我国主要以个人投资者为主,投资者的投机性较强。较高的换手率代表投资者们更热衷于购买此热门股,流通性较高的同时股价波动较大因而风险较大。本章除了选择总股数换手率作为主要控制变量外,以选用流通股的换手率作为稳健性检验的替代指标。

(5) 摊薄净资产收益率。净资产收益率又称之为股东权益报酬率,是净利润与期末净资产的百分比,反映股东权益的收益水平。本书选用摊薄的净资产收益率,因此相对应的是加权净资产收益率。加净资产收益率是动态指标,净利润与平均净资产之比,可以反映企业的资产创造能力;然而摊薄的净资产收益率属于静态指标,能够更好反映股票未来的价值,在公司发现股票定价与股票交易定价时十分重要。

(6) 股权集中度。股权集中度用来衡量企业股权的分布状态,根据持股量排名的前数个股东持有股票总体比例进行衡量,分为若干等级。随着企业的不断发展和规模的不断扩大,所需要的资金量已经无法通过原有少量股东来满足,因此必然会不断扩充资金来源从而使得股东数量不断增多,进而股权集中度下降。当股票集中在少数人手中,当股权集中度较高时,股东对于股票的买卖十分谨慎,且以企业长远发展为重,投机性较弱,进而股价相对平稳。但是当股票被越来越多的股东持有时,股权集中度下降,个体投资者的投机性明显增强,股票波动加大。

GDP 增长率、宏观景气指数和消费者信息指数总体上代表了股票市场所在的整体经济环境,而换手率、摊薄净资产收益率和股票集中度则属于影响上市企业股价特征的核心指标,除上述主要控制变量外,由于我国自股票市场运行以来,经济发展水平发生较大变化,且个股之间波动性差异十分明显,所以本书还控制了时间效应与个体效应,所设定模型属于面板数据双固定效应模型。下文将通过 Hausman 检验来验证固定效应或者随机效应哪一种更适合本研究。

三、变量统计性描述

根据第四章的研究结果及实际数据可得性,本章选择 1999 年 1 月至 2018 年 12 月作为样本区间,并对在上交所与深交所上市的 A 股上市公司进行了筛选。删除 ST 类、金融类、数据缺失类企业,并对数据序列中上下 1% 的极端异常值进行了处理,如表 5.2 所示。

表 5.2 变量统计性描述

Variable	Mean	Std. Dev.	Min	Max
hv5	1.833	1.034	0	10.604
hv15	1.948	.806	0	6.077
scmpepu	161.274	135.364	9.067	935.31
MLEPU	106.836	72.554	10.1	438.2
lscmpepu	4.809	0.738	2.205	6.841
lMLEPU	4.471	0.637	2.313	6.083
gdp	9.205	2.093	6.4	14.4
hj	99.181	3.019	92.52	104
xx	108.503	5.544	97	124
monfulturnr	25.482	29.835	0.016	478.297
montrdturnr	38.514	38.782	0.016	507.177
monret	0.012	0.138	-0.649	2.672
roe	2.343	85.012	-8995.84	1477.52
monmc	8.008e+09	1.483e+10	2.346e+08	4.189e+11
owncon1	0.35	0.146	0.05	0.77
owncon5	0.504	0.149	0.113	0.871
stateshrpct	2.317	8.662	0	75.312
totinsholdper	0.525	0.16	0.1	0.892
top10holdper	0.541	0.146	0.125	0.885
monrfret	0.003	0.001	0.001	0.005
lix	0.001	0	0	0.002

数据来源：国泰安数据库，万得数据库。

第三节 实证分析

一、Hausman 检验

本章研究过程中选用的是所有符合条件的上市公司月度数据，以及一系列不受公司个体限制的宏观数据，属于面板数据。对于面板数据模型的分析检验可以选择变截距模型和变系数模型，这两种模型又

第五章 基于公司基本面的经济政策不确定性对个股波动非对称影响研究

同时具有固定效应模型与随机效应模型两种。上一小节中根据个体企业之间的实际情况提到本章将要选择固定效应模型,为了保证实证的科学性和严谨性,下面通过 Hausman 检验来验证究竟是固定效应模型还是随机效应模型更加适合本章的研究。通过表 5.3 可以看出,无论是固定效应模型还是随机效应模型,所有系数在 1% 水平线都十分显著,系数值相似,就 R^2 值而言,固定效应模型的 R^2 值略大于在随机效应模型的 R^2 值。似乎两种模型都可以用来进行本章面板模型的回归。但是通过表 5.4 的 Hausman 检验表可以看出 P 值为 0,显著拒绝原假设。原假设为个体影响与解释变量无关,通过 Hausman 检验可以得知个体企业的影响与解释变量显著相关,所以固定效应模型更加适合本章的研究。然而通过 Hausman 检验拒绝随机效应模型也说明该模型可能存在内生性问题,关于此问题将在本节最后的稳健性检验中解决。

表 5.3　　　　　　　固定效应与随机效应回归系数表

	(1) Fe 模型	(2) Re 模型
lcepu	0.155 ***	0.161 ***
	(29.22)	(30.37)
gdp	0.140 ***	0.134 ***
	(58.7)	(56.72)
hj	−0.068 ***	−0.065 ***
	(−48.45)	(−46.64)
流通股月换手率	0.009 ***	0.010 ***
	(98.53)	(102.86)
lroe	−0.029 ***	−0.030 ***
	(−10.08)	(−10.50)
lsz	0.203 ***	0.168 ***
	(37.1)	(33.51)
月收益率	−0.458 ***	−0.466 ***
	(−18.69)	(−19.04)
_cons	1.669 ***	2.183 ***
	(12.16)	(16.31)
N	82735	82735
R-sq	0.187	
r2_w	0.187	0.186
corr	−0.103	

t statistics in parentheses
* $p<0.05$, ** $p<0.01$, *** $p<0.001$

表 5.4　　　　　　　　　　　Hausman 检验

	—Confficients—			
	(b)	(B)	(b - B)	sqrt(diag(V_b - V_B))
	Fe 模型	Re 模型	Difference	S. E.
lcepu	0.1554513	0.1614565	-0.0060053	0.000188
gdp	0.1404868	0.1338148	0.006672	0.000403
hj	-0.0677963	-0.064744	-0.0030523	0.000177
流通股月换手率 - R	0.0093199	0.0095716	-0.0002518	0.000017
lroe	-0.0293224	-0.0301849	0.0008625	0.000446
lsz	0.2027284	0.1675134	0.035215	0.002206
月收益率_M - t	-0.4575312	-0.4663683	0.008837	.

chi2 (7) = (b - B)′ [(V_b - V_B) ^ (- 1)] (b - B) = 262.89
Prob > chi2 = 0

二、企业异质性效应分析

在对企业进行分类及样本时间分段之前，本章首先对全样本数据进行面板固定效应回归。表 5.5 为全样本基准模型回归结果。

本章研究过程中以 HV5 作为上市公司波动率指标，HV15 作为稳健性检验替代指标。两种指标都是以上市公司日收盘价计算的收益标准差作为波动率计算公式，区别在于滚动计算周期的差别，实质上都是波动率替代指标，但由于计算周期的不同，在数值上有差别，但趋势及方向上市一致的。表 5.5 中第（1）列是以 HV5 作为被解释变量，即上市公司的波动率，以 Davis 等学者根据《光明日报》和《人民日报》这两个内地报纸制定的 EPU 指数为主要解释变量，在本章实证过程中用 cepu 表示。第（2）列是以 HV5 作为被解释变量，以 Baker 等人根据《南华早报》（South China Morning Post，SCMP）制定的 EPU 指数为主要解释变量，在本章实证过程中用 epu 表示。通过第（1）、（2）列的数据回归结果来看，所有系数在 1% 水平下显著，除了常数项的数值有细微差别之外，其他系数值相等，保证了模型回归的稳健性。第（3）列是以 HV15 作为被解释变量，即上市公司的波动率，以 Davis 等学者根据《光明日报》和《人民日报》这两个内地报纸制定的 EPU 指数为主要解释变量。第（4）列以 HV15 作为被解释变量，以 Baker 等人根据《南华早报》(South China Morning Post, SCMP) 制定的 EPU 指数为主要解释变量。通过比较第（3）、(4) 列的系数值及显著性可以出，本章所设定模型的结果显著且稳健的。在肯定了模型回归系数的显著性之后，下面来重点观察各个指标的系数值。首先在选择 HV5 作为企业波动率指标时，关键解释变量即经济政策不确定指数的系数值为 0.171，即当 epu 指数值上升 1 个单位时，上市公司股票波动率上升 0.17 个单位。Lroe 为企业净资产收益率，其系数值为负值 -0.026，表明企业的净资产收益率（股票收益率）越高，收益率的波动值趋于相对稳定，对于股价波动祈祷抑制作用。同样，当企业净资产收益率偏低时，企业的股价波动率偏高。回归结果中的 gdp 代表我国的 gdp 增长率，系数值为 0.141，表明当国家的国民生产总值增长 1 个单位时，企业股票价格波动率增长 0.141 个单位，系数值为正，说明 gdp 增长率对于股票波动率起正向推动作用，这与经济快速增长下，股票市场为适应快速增长的经济而使得交易行为更加活跃有一定关系。消费者信心指数与宏观景气指数的系数值皆为负值，说明当消费者个人企业家对整体经济形势与自我经济能力水平认知越高时，越利于稳定股票市场运行，减缓波动。流通股换手率系数值为 0.009，说明换手率越高，股票波动越大。在前文分析中已经提到过，当一只股票的换手率越高时，说明该股票热度大，投机性强，短线资金的进入意愿强烈从而导致股价波动和风险值较大。股票集中度对于股票价格波动的影响值为正但结果并不显著，关于这一点将在第六章中进行详细研究和说明。

表 5.5　　　　　　　　　　　　基准模型回归

	(1) HV5	(2) HV5	(3) HV15	(4) HV15
lcepu	0.171 *** (32.35)		0.119 *** (0.004)	
lepu		0.171 *** (0.005)		0.119 *** (0.004)
lroe	-0.026 *** (-8.99)	-0.026 *** (-0.003)	-0.007 *** (-0.002)	-0.007 *** (-0.002)

续表

	(1) HV5	(2) HV5	(3) HV15	(4) HV15
lsz	0.189*** (34.8)	0.189*** (0.005)	0.182*** (0.004)	0.182*** (0.004)
gdp	0.141*** (59.26)	0.141*** (0.002)	0.076*** (0.002)	0.076*** (0.002)
xx	-0.021*** (-36.23)	-0.021*** -0.001)	-0.032*** (0)	-0.032*** (0)
hj	-0.058*** (-41.27)	-0.058*** (-0.001)	-0.014*** (-0.001)	-0.014*** (-0.001)
MonTrdTurnR	0.009*** (0)	0.009*** (0)	0.006*** (0)	0.006*** (0)
Monret	-0.444*** (-18.29)	-0.444*** (-0.024)	-0.359*** (-0.018)	-0.359*** (-0.018)
OwnCon1	0.009 (-0.39)	0.009 (-0.023)	-0.014 (-0.018)	-0.014 (-0.018)
_cons	3.249*** (22.67)	3.249*** (0.143)	1.273*** (0.108)	1.273*** (0.108)
R-sq	0.199	0.199	0.227	0.227
r2_w	0.199	0.199	0.227	0.227
corr	-0.086	-0.086	-0.112	-0.112

t statistics in parentheses
* $p<0.05$, ** $p<0.01$, *** $p<0.001$

表 5.6 中将 1999 年 1 月至 2018 年 12 月之间的 240 个月份,按照第四章研究所得到的结构突变点,分为 3 个阶段。在上一章分析中可以得知在每个时间段之间,经济政策不确定性与股票市场波动之间的关联性发生显著变化。进而本小节通过上一章的时间段分类,分别对各时间段的经济政策不确定性与个股波动进行面板数据的固定效应回归,通关观察关键系数的值和符合来验证是否不同阶段之间的关联性有明显变化。通过表 5.6 可以看出,在分阶段横向比较中,epu 系数值发生较为明显的变化,第二阶段的经济政策不确定性指数对于个股股价波动的影响最大,第一、第三阶段的两者影响程度偏低。从纵向比较来看,epu 与 cepu 系数的差别较大,这与上一章的研究结果是相

第五章 基于公司基本面的经济政策不确定性对个股波动非对称影响研究

符的。即两种中国经济政策不确定性的数据来源报纸不同,研究团队不同,难免会存在主观性及选择偏误。但是对于股票市场波动影响的方向没有本质区别,个别阶段两种指数系数值的差异并不代表数据选择的失误。

通过全阶段样本回归和分阶段样本回归,可以验证本章假说1,即经济政策不确定性会显著提高个股股价的波动率,导致股票市场的不稳定性和风险性增大。并且净资产收益率越高的企业,股票波动率相对偏小。为了验证本章第2和第3个假说,下文将根据我国股票市场的异常波动情况及经济政策不确定的分布情况对整体样本区间进行划分。

表 5.6　　　　　基于结构突变点的分阶段样本回归

	Ⅰ (1)	Ⅰ (2)	Ⅱ (1)	Ⅱ (2)	Ⅲ (1)	Ⅲ (2)
lepu	0.067*** (0.008)		0.321*** (0.01)		0.037* (0.024)	
lcepu		0.149*** (0.009)		0.169*** (0.02)		0.134*** (0.021)
gdp	0.182*** (0.005)	0.153*** (0.005)	0.170*** (0.006)	0.129*** (0.006)	0.317* (0.137)	0.11* (0.129)
xx	−0.018*** (−0.002)	−0.006*** (−0.002)	0.007*** (0.002)	0.017*** (0.002)	0.019*** (0.002)	0.019*** (0.001)
hj	−0.083*** (−0.003)	−0.055*** (−0.003)	−0.085*** (−0.003)	−0.085*** (−0.003)	−0.085*** (−0.013)	−0.050*** (−0.009)
MonTrdTurnR	0.008*** (0)	0.008*** (0)	0.008*** (0)	0.008*** (0)	0.009*** (0)	0.009*** (0)
Monret	−0.177*** (−0.034)	−0.149*** (−0.034)	−0.564*** (−0.037)	−0.700*** (−0.037)	−0.337*** (−0.066)	−0.371*** (−0.066)
OwnCon1	0.037 (0.031)	0.009 (0.031)	0.042 (0.038)	0.055 (0.039)	0.04 (0.045)	0.056 (0.045)
lroe	−0.076*** (−0.004)	−0.079*** (−0.004)	−0.012* (−0.005)	−0.023*** (−0.005)	−0.052*** (−0.008)	−0.052*** (−0.008)
lsz	0.296*** (0.01)	0.312*** (0.01)	0.030* (0.012)	0.016 (0.012)	0.033 (0.032)	0.057 (0.032)
R-sq	0.236	0.24	0.137	0.113	0.142	0.146
r2_w	0.236	0.24	0.137	0.113	0.142	0.146
corr	−0.209	−0.226	0.008	0.006	0.066	0.067

Standard errors in parentheses
* $p<0.05$, ** $p<0.01$, *** $p<0.001$

经济政策不确定性对股票市场波动影响的实证分析

表 5.7 股票异常回归分析的两个阶段，分别选择 2007 年全球金融危机和 2015 年我国股灾作为股票市场异常波动的代表性时间段。通过表 5.7 第一个时间的回归结果可以看出，2007 年全球金融危机发生之际，我国采取一系列调控措施挽救国民经济与金融市场，当时 epu 系数高达 0.806，说明在 2007 年股市异常波动时期政府推行的各项政策在相当大的程度上影响了股市的波动。反观 2015 年我国股灾时期，经济政策不确定性的系数大大降低，达到 0.099，远低于前文全样本时期的系数值，说明在此次股灾时期，国家的调控方针有所改变，并未像之前那样盲目频繁的出台各类调控措施，而是一定程度上促使股票市场凸显市场自我调节功能，这是政策指导思想的进步之举。通过上述回归部分验证了假说 3，本章假说 3 是在股票市场与经济政策本身异常波动频现时，经济政策不确定性对个股股票波动的影响明显增大。只有在 2007 年全球金融危机时，符合该假说。随着我国股票市场的发展和政府调控措施的不断完善，在 2015 年股灾时期，经济政策不确定性对个股股票波动的影响并未出现增大的现象，反而降低了股票波动的影响。

表 5.7 股票市场异常波动分时期回归

	Ⅰ(1)	Ⅰ(2)	Ⅱ(1)	Ⅱ(2)
lepu	0.806*** (0.063)		0.099* (0.039)	
lcepu		0.806*** (0.063)		0.099* (0.039)
gdp	0.015 (0.028)	−0.015 (−0.028)	−6.303*** (−0.278)	−6.303*** (−0.278)
xx	0.295*** (−0.027)	0.295*** (−0.027)	−0.127*** (−0.008)	−0.127*** (−0.008)
hj	0.329*** (0.049)	0.329*** (0.049)	−0.160*** (−0.01)	−0.160*** (−0.01)
MonTrdTurnR	0.003*** 0	0.003*** 0	0.005*** 0	0.005*** 0
Monret	−0.607*** (−0.072)	−0.607*** (−0.072)	−0.345*** (−0.077)	−0.345*** (−0.077)

续表

	Ⅰ (1)	Ⅰ (2)	Ⅱ (1)	Ⅱ (2)
OwnCon1	-0.186	-0.186	-0.097	-0.097
	(-0.105)	(-0.105)	(-0.096)	(-0.096)
lroe	-0.145***	-0.145***	-0.018	-0.018
	(-0.023)	(-0.023)	(-0.018)	(-0.018)
lsz	0.126	0.126	0.496***	0.496***
	(0.077)	(0.077)	(0.067)	(0.067)
R-sq	0.113	0.113	0.443	0.443
r2_w	0.113	0.113	0.443	0.443
corr	0.023	0.023	-0.264	-0.264

Standard errors in parentheses
* $p<0.05$, ** $p<0.01$, *** $p<0.001$

根据中国经济政策不确定指数的具体情况，分别选取2001年中国加入世贸组织前后，2011年应对欧债危机及美国信用评价下调前后，2017年特朗普上台及中美贸易战前后，三个epu指数异常高涨时段进行分时段回归，以此观察epu指数值高涨时期对股票波动的影响是否有所变化。通过表5.8可以看出，对于三个时间段的经济政策不确定性指数系数值，无论是epu还是cepu的系数值都显著为负，即在EPU数值明显高涨时期，经济政策不确定性的增加时，股票市场波动反而出现下降的现象。这与前文的假说出现不一致，即经济政策本身异常波动频现时，经济政策不确定性在一定程度上维护了股票市场的平稳性，究其原因，一方面可能在于当政府调控措施异常频繁出台时，投资者和企业家为保护自身利益不受损，一定程度上处于观望态度，有意识地去降低换手率，从而并未加剧股票市场的波动。另一方面是由于经济政策不确定较高时，往往意味着外部环境的异常波动，政府为了应对负责的国际政治环境而不得不频繁出台各项措施维护经济的正常运行，此时的股票市场一般略显消极，不会异常波动。总的来说，经济政策不确定性在正常情况下加剧股票市场的波动，但经济政策不确定自身异常高涨时，反而不会导致股票市场的异常，股票市场参与者也许是出于自我保护机制的目的，波动反而减缓。

表 5.8　　　　　　　EPU 指数异常波动分时期回归

	Ⅰ(1)	Ⅰ(2)	Ⅱ(1)	Ⅱ(2)	Ⅲ(1)	Ⅲ(2)
lepu	-0.017** (-0.014)		-0.108** (-0.013)		-0.038* (-0.015)	
lcepu		-0.017** (-0.014)		-0.063* (-0.027)		-0.038* (-0.015)
gdp	-0.046 (-0.024)	-0.046 (-0.024)	-0.108*** (-0.028)	-0.078** (-0.028)	0.457*** (0.132)	0.457*** (0.132)
xx	0.201*** (0.019)	0.201*** (0.019)	-0.009*** (-0.003)	-0.003 (-0.003)	0.019*** (0.001)	0.019*** (0.001)
hj	0.005 (0.007)	0.005 (0.007)	-0.02 (-0.012)	-0.019 (-0.012)	-0.104*** (-0.009)	-0.104*** (-0.009)
MonTrdTurnR	0.005*** 0	0.005*** 0	0.006*** 0	0.005*** 0	0.008*** 0	0.008*** 0
Monret	-0.125 (-0.067)	-0.125 (-0.067)	0.063 (0.071)	0.14 (0.072)	-0.343*** (-0.064)	-0.343*** (-0.064)
OwnCon1	0.02 (0.044)	0.02 (0.044)	0.152** (0.052)	0.184*** (0.052)	0.064 (0.042)	0.064 (0.042)
lroe	-0.053*** (-0.007)	-0.053*** (-0.007)	0.034*** (0.009)	0.021* (0.009)	-0.059*** (-0.007)	-0.059*** (-0.007)
lsz	-0.916*** (-0.043)	-0.916*** (-0.043)	-0.263*** (-0.049)	-0.227*** (-0.049)	0.119*** (-0.028)	0.119*** (-0.028)
R-sq	0.132	0.132	0.104	0.095	0.139	0.139
r2_w	0.132	0.132	0.104	0.095	0.139	0.139
corr	-0.808	-0.808	-0.252	-0.187	0.01	0.01

Standard errors in parentheses
* $p<0.05$, ** $p<0.01$, *** $p<0.001$

表 5.9 按照股权性质的不同，将上市公司分为国有企业与非国有企业进行回归分析。上表左侧两列为国有企业的经济政策不确定性指数与个股价格波动系数表，右侧两列为非国有企业的回归分析系数表。通过比较左右两侧系数可以看出，国有企业的 lepu 系数值为 0.157，小于非国有企业的 lepu 系数值 0.183，且都在 1% 水平下显著。这说明经济政策不确定对非国有企业个股波动的影响要大于对国有企业个股的影响，这与国有企业资金链稳定，实力雄厚且受政府政策倾斜保护等一系列因素有关。非国有企业在面临政策的频繁变动

时,受制于政策环境的变化与资金等各方面需求的制约,股票价格往往表现出更强的不稳定性。

表 5.9 分股权性质样本回归

	Ⅰ (1)	Ⅰ (2)	Ⅱ (1)	Ⅱ (2)
lepu	0.157***		0.183***	
	(0.008)		(0.007)	
lcepu		0.157***		0.183***
		(0.008)		(0.007)
gdp	0.141***	0.141***	0.140***	0.140***
	(0.004)	(0.004)	(0.003)	(0.003)
xx	-0.019***	-0.019***	-0.023***	-0.023***
	(-0.001)	(-0.001)	(-0.001)	(-0.001)
hj	-0.062***	-0.062***	-0.055***	-0.055***
	(-0.002)	(-0.002)	(-0.002)	(-0.002)
MonTrdTurnR	0.008***	0.008***	0.009***	0.009***
	0	0	0	0
Monret	-0.439***	-0.439***	-0.451***	-0.451***
	(-0.037)	(-0.037)	(-0.032)	(-0.032)
OwnCon1	0.039	0.039	-0.007	-0.007
	(0.042)	(0.042)	(-0.028)	(-0.028)
lroe	-0.032***	-0.032***	-0.019***	-0.019***
	(-0.004)	(-0.004)	(-0.004)	(-0.004)
lsz	0.197***	0.197***	0.182***	0.182***
	(0.008)	(0.008)	(0.007)	(0.007)
R-sq	0.187	0.187	0.21	0.21
r2_w	0.187	0.187	0.21	0.21
corr	-0.091	-0.091	-0.081	-0.081

表 5.10 中Ⅰ(1)与Ⅰ(2)分别为两种 EPU 指数与企业流通市值的交互效应回归分析结果系数值,第Ⅱ(1)与Ⅱ(2)列分别为两种 EPU 系数与企业股权收益率的交互效应分析结果系数值,第Ⅲ(1)与Ⅲ(2)列分别为两种 EPU 系数与企业资本收益率的交互效应分析结果系数值。通过前两列的交互效应系数值可以看出,企业流通市值单方面对个股股价波动率回归时系数为正,即流通市值越大的企业,对股价波动有正面影响作用,但是交互项系数为负,说明经济政

策不确定性的调节效应下，流通市值提高反而降低了个股波动率。通过观察中间两列的系数值发现，股权收益率越高的企业个股波动相对平缓，但在经济政策不确定的调节效应下，当 EPU 指数较高时，股权收益率较高的企业反而对个股波动有推波助澜的作用。表 5.10 最右侧两列则展现了 epu 指数与企业资本收益率的交互项系数值，资本收益率越高的企业个股波动率平缓，在经济政策不确定性的调节作用下，资本收益率依然对个股波动有减缓作用。

表 5.10 交互效应回归

	Ⅰ（1）	Ⅰ（2）	Ⅱ（1）	Ⅱ（2）	Ⅲ（1）	Ⅲ（2）
lepu	0.209*** （0.099）		0.170*** （0.005）		0.119*** （0.004）	
lcepu		0.209*** （0.099）		0.170*** （0.005）		0.119*** （0.004）
lroe	-0.027*** （-0.003）	-0.027*** （-0.003）	-0.029*** （-0.003）	-0.029*** （-0.003）	-0.007*** （-0.002）	-0.007*** （-0.002）
gdp	0.137*** （0.002）	0.137*** （0.002）	0.141*** （0.002）	0.141*** （0.002）	0.076*** （0.002）	0.076*** （0.002）
hj	-0.056*** （-0.001）	-0.056*** （-0.001）	-0.058*** （-0.001）	-0.058*** （-0.001）	-0.014*** （-0.001）	-0.014*** （-0.001）
xx	-0.020*** （-0.001）	-0.020*** （-0.001）	-0.021*** （-0.001）	-0.021*** （-0.001）	-0.033*** （0）	-0.033*** （0）
montrd turnr	0.009*** 0	0.009*** 0	0.009*** 0	0.009*** 0	0.006*** 0	0.006*** 0
owncon1	0.006 （0.023）	0.006 （0.023）	0.009 （0.023）	0.009 （0.023）	-0.014 （-0.018）	-0.014 （-0.018）
lsz	0.041*** （0.022）	0.041*** （0.022）	0.189*** （0.005）	0.189*** （0.005）	0.182*** （0.004）	0.182*** （0.004）
epulsz	-0.047*** （-0.004）					
cepulsz		-0.047*** （-0.004）				
Monret	-0.446*** （-0.024）	-0.446*** （-0.024）	-0.444*** （-0.024）	-0.444*** （-0.024）	-0.098 （-0.121）	-0.098 （-0.121）
epuroe			0.0018* 0			

续表

	Ⅰ（1）	Ⅰ（2）	Ⅱ（1）	Ⅱ（2）	Ⅲ（1）	Ⅲ（2）
cepuroe				0.0018* 0		
epumonret					-0.055* (-0.025)	
cepumonret						-0.055* (-0.025)
r-sq	0.201	0.201	0.2	0.2	0.228	0.228
r2_w	0.201	0.201	0.2	0.2	0.228	0.228
corr	-0.083	-0.083	-0.085	-0.085	-0.112	-0.112

三、稳健性检验

本章的研究重点在于经济政策不确定性与个股波动之间的异质性关联性，在前期研究过程中，对于全样本回归除了选择HV5作为个股波动率指标外，为证明回归结果的稳健性，同时选择HV15作为个股的波动率代替指标，回归结果依然显著。除此之外，在全文所有回归中，同时选择以Baker等人根据《南华早报》（South China Morning Post，SCMP）制定的EPU指数和以Davis等学者根据《光明日报》和《人民日报》这两个内地报纸制定的EPU指数作为关键解释变量经济政策不确定性的代替指标。无论是在分样本回归、分时期回归及异质性回归中，两种指数的系数值显著为正且值相等，又一次验证了所设定模型的稳健性。考虑到本书在Hausman检验中，选择固定效应模型，不可避免的可能存在内生性问题，因此下文将选择epu指数2期和3期滞后项及工具变量法两种方式来在此进行稳健性检验。

表5.11中第Ⅰ列与第Ⅳ列为前文研究过程中所使用的原EPU指数，第Ⅱ、Ⅲ列为SCMPEPU指数的滞后2期与滞后3期的epu指数作为工具变量，第Ⅴ、Ⅵ列MLEPU指数的滞后2期与滞后3期的epu指数作为工具变量的回归结果。通过观察系数值可以发现，虽然随后滞后期数的增多，系数绝对值有所下降，但总体仍在1%水平下显著为正，表明经济政策不确定确实会导致加剧个股市场的波动性，本章研究结论是稳健的。

表 5.11　　　　　　　滞后期 EPU 回归

	I	II	III	IV	V	VI
lepu	0.176*** (0.005)					
d2epu		0.122*** (0.005)				
d3epu			0.106*** (0.006)			
lcepu				0.176*** (0.005)		
d2cepu					0.122*** (0.005)	
d3cepu						0.106*** (0.006)
gdp	0.141*** (0.002)	0.133*** (0.002)	0.132*** (0.002)	0.141*** (0.002)	0.133*** (0.002)	0.132*** (0.002)
xx	-0.021*** (-0.001)	-0.020*** (-0.001)	-0.020*** (-0.001)	-0.021*** (-0.001)	-0.020*** (-0.001)	-0.020*** (-0.001)
hj	-0.057*** (-0.001)	-0.055*** (-0.001)	-0.056*** (-0.001)	-0.057*** (-0.001)	-0.055*** (-0.001)	-0.056*** (-0.001)
montrdturnr	0.008*** 0	0.008*** 0	0.008*** 0	0.008*** 0	0.008*** 0	0.008*** 0
owncon1	0.016 (0.023)	0.029 (0.024)	0.012 (0.024)	0.016 (0.023)	0.029 (0.024)	0.012 (0.024)
iroe	-0.028*** (-0.003)	-0.026*** (-0.003)	-0.021*** (-0.003)	-0.028*** (-0.003)	-0.026*** (-0.003)	-0.021*** (-0.003)
isz	0.192*** (0.005)	0.207*** (0.005)	0.211*** (0.005)	0.192*** (0.005)	0.207*** (0.005)	0.211*** (0.005)
r-sq	0.196	0.19	0.189	0.196	0.19	0.189
r2_w	0.196	0.19	0.189	0.196	0.19	0.189
corr	-0.092	-0.115	-0.124	-0.092	-0.115	-0.124

Standard errors in parentheses
* $p<0.05$, ** $p<0.01$, *** $p<0.001$

表 5.12 中选择全球 EPU 指数、欧洲 EPU 指数、澳大利亚 EPU 指数、日本 EPU 指数作为我国经济政策不确定行的工具变量,试图进行稳健性检验。选择上述四个经济体的 EPU 指数作为工具变量的原因有两点,首先是全球经济发展与中国经济发展息息相关,中国经济是

全球经济的一部分，全球经济政策的不确定性势必会影响我国的经济政策不确定性。而欧洲、日本、澳大利亚一直以来与中国在贸易合作方面保持较为紧密的联系，在政策不确定方面一定程度上会有相互影响的作用。其次是我国股票市场的运行主要受本国经济政策的影响，全球及其他经济体的经济政策不确定性不会直接影响到我国的股票市场。通过观察各工具变量的系数值发现，虽然系数绝对值差别较大，但都在1%水平下显著为正，与中国epu指数的回归系数符号相符且显著，证明了本研究结果的稳健性。

表 5.12　　　　　　　　　　工具变量回归

	Ⅰ	Ⅱ	Ⅲ	Ⅳ
lgepu	0.207*** (0.011)			
leuroepu		0.060*** (0.01)		
laustralia-u			0.115*** (0.006)	
ljapanepu				0.276*** (0.012)
gdp	0.131*** (0.003)	0.114*** (0.003)	0.112*** (0.002)	0.112*** (0.002)
xx	-0.019*** (-0.001)	-0.019*** (-0.001)	-0.016*** (-0.001)	-0.016*** (-0.001)
hj	-0.053*** (-0.001)	-0.047*** (-0.002)	-0.046*** (-0.001)	-0.043*** (-0.001)
montrdturnr	0.008*** 0	0.008*** 0	0.009*** 0	0.009*** 0
owncon1	0.026 (0.024)	0.028 (0.024)	0.027 (0.024)	0.023 (0.024)
iroe	-0.031*** (-0.003)	-0.030*** (-0.003)	-0.031*** (-0.003)	-0.033*** (-0.003)
isz	0.201*** (0.006)	0.216*** (0.006)	0.207*** (0.005)	0.203*** (0.005)
r-sq	0.189	0.186	0.189	0.19
r2_w	0.189	0.186	0.189	0.19
corr	-0.105	-0.128	-0.114	-0.107

Standard errors in parentheses
* $p<0.05$,　** $p<0.01$,　*** $p<0.001$

第四节 本章小结

本章将 A 股上市公司个股股价波动率作为研究对象，运用双固定效应模型对个股股价及经济政策不确定和相关控制变量组成的面板数据进行一系列回归分析，以研究经济政策不确定性对个股波动的异质性影响。本章首先通过 Hausman 检验确定固定效应模型更加适合本书的研究内容，然后在学者已有研究基础之上从宏观层面与微观层面分别设定合理的控制变量，以探寻两种因素的真实影响性。为了证明研究结论的一致性与稳健性，在全样本回归中同时采用 HV5 和 HV15 为个股波动率的替代指标，两种波动率都是基于个股日收盘价的收益标准差得到波动率数值，之前计算周期上略有差别，因此以 HV5 作为被解释变量，以 HV15 作为被解释变量的替代变量。而且本章在研究过程中的所有回归分析同时选择 Baker 等人根据《南华早报》制定的 SCMPEPU 指数和 Davis 等学者根据《光明日报》和《人民日报》这两个内地报纸制定的 MLEPU 指数作为主要解释变量，通过分别回归发现两个系数值非常相似且显著为正。

考虑到数据可得性及上一章的研究结论，本章选择 1999 年 1 月至 2018 年 12 月作为样本区间。首先根据经济政策不确定性与整体股票市场动态关联关系的结构突变点，将样本区间划分为三个时间段，通过回归分析发现不去时间段内经济政策不确定性对个股的波动影响系数也存在较大差别。其次根据本章提出的研究假说，选择股票市场与经济政策不确定性指数的异常波动期作为分段研究基础进行对比分析，得出以下结论：一是对于股票市场异常波动期，2007 年前后全球金融危机时期，经济政策不确定对个股波动率回归系数值高达 0.7，远超全阶段平均值，说明在股票波动较高时期，经济政策不确定性的正面推动作用更强。但是在 2015 年股灾时期，经济政策的系数值并没有明显的升高，说明我国股票市场的市场性正逐步凸显，政府政策调整趋于稳健。二是对于经济政策不确定性的异常高涨时期，经济政策不确定的系数为负值，这与全样本分析结果相反，究其原因在于当政策频繁出台各类调节措施时，说明整体经济运行出现内部问题或国际环境出现较大波动，此时投资者与企业经营者或许出于自我保护的观望态度，适度降低股票买卖换手率以延缓风险。三是对于企业异质性效应的回归分析，首先将企业按照股权性质分为国有企业和非国有企业，同归回归对比分析发现国有企业个股应对经济政策不确定冲击的能力明显强于非国有企业。其次将分别研究企业总市值、股权收益率和资本收益率及其与EPU指数交互项对个股波动的影响，发现股权收益率和资本收益率更好地企业相对波动率平缓，而流通总市值越大的企业，个股波动率偏大。为了内生性问题及验证本书所设定模型的准确性，在最后一部分进行了稳健性检验。首先选择两种EPU指数的滞后2阶与滞后3阶进行GMM估计，然后选择与中国经济政策不确定性相互影响，却又与中国股票市场基本无关的其他经济体的经济政策不确定指数作为工具变量进行估计，研究结果发现系数显著为正与前文结论一致，说明本章研究结果是稳健的。

第六章　基于投资者角度的经济政策不确定性对个股波动异质性影响研究

本章将从股票市场的投资者角度来剖析，不同投资者主体的行为对于股票市场波动是否具有不同程度和不同性质的影响。对于我国股票市场投资者主体而言，主要分为机构投资者和个人投资者两种。众所周知个人投资者的数量即持股比例占据股票市场的绝大部分，因此其投资行为及情绪的变动势必会对股票市场产生深远影响。机构投资者占股比例及规模虽然较之个人投资者偏小，然而由于持有资金数额和投资行为的集中性，对于股票市场也会产生不可忽视的作用。在正常情况下，两种投资者主体的特点与行为方式具有显著不同，大量学者已经基于各自特点研究了其对股票波动的影响。但是在经济政策不确定性情况下，两种投资者的投资行为是否会基于对政策变动的考虑而做出与以往不同的投资选择？对于股票波动的影响是否出现影响规模及方向的变化？这两点目前尚未有学者进行细致研究，因此本章将在经济政策不确定性前提下，对两种投资者主体的投资行为对我国股票市场波动的异质性影响进行分析。

第六章 基于投资者角度的经济政策不确定性对个股波动异质性影响研究

第一节 理论基础与投资者情况概述

一、理论基础与文献综述

随着1990年上交所与深交所的相继成立,中国证券资本市场正式形成,在资本市场形成之初,个人投资者盲目投机之风盛行造成股价频繁异常波动,个股价格与企业内部实际价值之间缺乏必要的内在联系,导致股票市场的不稳定。随后证券与基金公司陆续成立,构成中国资本市场最初的一批机构投资者。机构投资者以其更为专业的理论知识和规模优势很快得到资本市场的青睐。在西方成熟的资本市场上,机构投资者拥有个人投资者无法比拟的信息与资金优势,可以在很大程度上避免噪声交易带来的危害,所以一致被认为是理性的,可以起到稳定股票市场波动的投资主体。然而在我国股票市场上,随着各种类型机构投资者的不断兴起及整体实力的不断壮大,股票市场的波动率并未明显降低,暴涨暴跌时有发生,所以关于机构投资者能否起到稳定市场作用的讨论从未停歇。讨论的重点在于机构投资者是否具有完全理性的投资行为,是否可以避免个体投资者所具有的盲目自信、羊群效应等投机行为。

学者们对于机构投资者与股票波动之间关系的研究结论集中在以下3种:第一种是机构投资者会加剧股票市场波动,之所以得出这种结论主要是由于机构投资者拥有远大于个人投资者的资金实力和买卖股票数量,一旦出现大宗交易对股票市场的冲击也远大于普通个人投资者。机构投资者的资金管理人出于个人收入和专业声誉的考虑,保持与同行类似的投资选择,高度信息同质性导致对待事件作出类似的反应,因此很容易引发羊群效应。同时,机构投资者面临巨大的竞争压力,尤其是基金经理的收入一定程度上取决于排名而非实际业绩,所以基金经理也会主动选择短期收益较高的股票,放弃具有长期投资价值但短期收益不显著的优质股票，频繁地更换投资决策这种短视行为同样存在于机构投资者的选择中，典型情况是"趋势追踪"或正反馈交易，从而加剧了股市波动。陈国进等（2010）基于"赢富"数据库机构投资者的日持仓数据实证分析机构投资者与股市暴涨暴跌现象的关系，发现由于基金持有人不断申购或赎回带来的被动行为导致了股市的暴涨暴跌。刘维奇（2018）通过对比分析个人投资者与机构投资者的重仓股发现，机构投资者与个人投资者都是噪声交易来源，机构投资者并没有起到减少噪声交易的作用。周为（2019）基于一套非公开的个股分类账户统计日数据研究了在股市泡沫期机构投资者与股市泡沫的关系，发现机构投资者更偏好于泡沫较高的股票，且存在持续净买入的投资行为导致机构投资者并没有起到消除股票价格偏差的预期作用，反而导致了泡沫的膨胀和波动的加剧。第二种是机构投资者具有稳定股票市场的作用，持有此观点的学者们认为机构投资者与个人投资者最大的区别在于，机构投资者是专家来进行理财，无论是专业分析能力还是收集信息方面都具有个人投资者无法比拟的优势。由于机构投资者能够专业的分析股票市场信息，且遵循"谨慎人"原则，倾向于消极交易，极少受到市场情绪与噪音的影响，投资过程程序化，从而利于挖掘投资机会和控制投资风险，抑制市场波动。王典（2018）根据2005—2017年机构投资者详细持仓数据展开实证检验。研究发现机构投资者基于企业私有信息的竞争会引发羊群效应，但是这种羊群效应非刻意模仿的伪羊群行为，机构投资者对于企业同质性信息的一致性反应反而利于信息传递机制的完善，从而可以抑制股价同步现象。郭白滢等（2019）从社会关系网络视角研究了机构投资者的投资行为与股价崩盘的关系，得出由于机构投资者之间共享信息的存在提高了市场定价效率从而有效降低股价崩盘风险的研究结论。机构投资者之间的信息共享虽然一定程度上提高了股票市场价格的短期波动，但是有利于股价的长期稳定。第三种观点是机构投资者的存在与股票市场波动没有关联性。持有此观点的学者们所依据的理论基础是有效市场假说，即在有效市场前提下，股票价格反映了所有的有用信息，机构投资者与个人投资者相比并没有任何信息上的

第六章 基于投资者角度的经济政策不确定性对个股波动异质性影响研究

优势,因此机构投资者的投资行为并不会引起股价的波动。而且拥有此类观点的学者认为证券市场的所有产品具有完全可替代性,所以机构投资者的大宗交易所导致的个股价格暂时性波动,很快就可以被其他投资者卖出此股票转而持有其他股票而中和价格波动从而恢复平稳。刘翔(2013)提出拥有理性情绪的机构投资者可以股票市场收益作出相对理性的判断和选择,但股票波动异常时,非理性情绪占据上风使得机构投资者与个人投资者一样,容易做出非理性判断,从而加剧股市暴涨暴跌。

通过上文分析学者们对于机构投资者是否能起到稳定股票市场的作用这一问题的讨论可以发现,第一类加剧波动的观点是基于羊群效应、短视行为及大宗交易的理论基础,第二类稳定市场的观点是基于理性投资和偏好低风险股票。第三类观点是基于有效市场理论。很明显有效市场理论已经在前文分析中被全然否定因此机构投资者的存在肯定对股票市场产生一定的影响,本章的研究重点是在经济政策不确定性的前提下,机构投资者到底对股票市场波动发挥着何种影响。

以上内容为学者们基于机构投资者角度研究其与股票市场波动的关联性,相对于机构投资者而言,个人投资者是我国股票市场上数量最大,持有份额最重的投资者主体。对于个人投资者对股票市场波动的影响研究主要是从投资者情绪的角度进行分析。投资者情绪反映了在投资过程中,投资者的行为特征与心理变化。关于投资者情绪对于股票市场波动的影响大量学者进行了深入研究。关于这一角度的研究,主要基于有限理性理论和认知偏差理论。传统金融理论无法解释日渐颇多的金融市场异象,以心理学与金融学为基础的行为金融理论快速崛起,逐渐成为当代金融市场投资者投资行为研究领域的重要理论基础。投资者情绪的研究主要围绕3点展开,第一点是以心理学和实验经济学为基础验证投资者情绪存在的客观性和证据;第二点是以投资者心理偏差为出发点,研究情绪在资产定价的作用,并以此解释金融市场的一些异常现象。第三点是投资者情绪指标的构建问题,通过各种渠道和方法构建量化指标,然后研究投资者情绪对股票市场的影响。与机构投资者的影响研究结论类似,关于投资者情绪对股票市场的究竟存在何种影响，尚且存在分歧。De Long（1990）首次提出的噪声交易模型中在研究资产价格的系统性风险来源时，将投资者情绪纳入风险考量因素，认为投资者情绪的变化会通过影响系统性风险的渠道导致资产价格波动率的变化。Baker 等（2003）在分析投资者不同情绪与股票收益率变化时发现，情绪处于低落阶段时，投资者对于资产价格的波动更加敏感，也就是说情绪在低落与高涨阶段时对价格波动的影响幅度不同。张宗新等（2013）运用多元回归分析及脉冲响应检验发展，投资者情绪对于股票市场的波动具有显著的正面效应。相反也有学者在研究中认为投资者情绪与股票市场之间存在负相关关系，Baker 等（2006）构建 6 个发达国家的投资者情绪指数和全球情绪指数，并分别研究全球指数及本国指数对本国股市影响发现，无论哪一种情绪指数都对股市收益率具有反作用影响。尤其是对于盈利性较低、总发行额较小的低值股票，这种反作用力更加明显。尹海员等（2018）通过数据挖掘手段构建投资者情绪的高频指标研究其对股票市场的影响，发现投资者情绪有利于预测股票收益率的变动，但是这种预测能力会因为一天内时间段的不同，以及股票市场整体状态的不同存在显著差异。根据已有文献梳理可知，投资者情绪对于股票市场收益率和波动率的研究结论尚未统一，主要是在不同的外部环境下，情绪变动的影响势必会出现变动。例如情绪的不同时期和股票市场波动的不同时期两者关系的变化，然后本章的研究重点在于基于经济政策不确定性条件下，探讨投资者情绪的波动对于股票市场波动的影响。

二、机构投资者发展现状

机构投资者这一概念，国外较为权威的定义有两种，第一种是《新帕尔格雷夫货币与金融词典》中定义机构投资者为长期管理储蓄的专业化机构，这些专业机构负责管理养老基金、单位信托基金、人寿保险基金等，由专业人员负责管理和运用，根据情况安排各类投资的结构和规模以确保基金受益人员获得满意的回报。第二种是布兰卡托（1991）将机构投资者的定义重点放在与个人投资者的区别上，机

第六章 基于投资者角度的经济政策不确定性对个股波动异质性影响研究

构投资者具有投资专业化和机构化的特征，由职业化人员将资金广泛投资于不同该领域。国内对于机构投资者的定义主要借鉴周正庆（2005）定义机构投资者为证券持有的专业机构，如证券公司、保险公司、社保基金等，大量持股普通法人机构不属于机构投资者。

机构投资者通常伴随着金融市场的不断发展而不断扩展，只有相对成熟的金融市场才促使机构投资者的孕育与成长。对于一个完整经济体而言，在金融市场发展早期，投资主体多以个人投资者为主体，机构投资者比较较低。当金融市场在整个经济中的份额越来越重时，大量国民财富需要借助金融市场进行投资，这种投资倾向促使机构投资者的比例提高。对应于我国股票市场在20世纪90年代初的建立，机构投资者也经历了大约3个发展历程。一是1997年之前的初步探索阶段，1992年中国第一家规范化封闭式基金即淄博基金成立，标志着投资基金的发展试点工作正式开启，仅1992年一年时间，就有57只封闭式基金成立，并且大部分基金于1993年上市，所以1992年被称之为基金发行年，1993年被称之为基金上市年，此后直至1997年新基金成立批准数量较少。初步探索阶段以基金公司为主的机构投资者发展是愤怒不规范，具有明显的试点性特点，该阶段的基金发起人多以单个法人发起为主，与国际正规做法有很大出入，基金管理人与托管人并非是独立关系，缺乏必要的监督与内部控制。初步探索阶段基金规模普遍较小，绝大多数基金规模未超过1亿元，规模限制导致机构投资者无法发挥发挥组合投资的优势。此外该阶段的基金投资管理混乱，缺乏必要的监督机制及相关法律法规的约束，且投资基金的设立具有浓厚的地方保护主义色彩，设立门槛及机构运作方式不同，这也是导致初步探索阶段无序发展的一个重要原因。二是规范化阶段（1997—2003年），1997年11月证监会颁布并实施《证券投资基金管理暂行办法》，对基金管理的一系列条件及相关制度进行了明确的规定，并对原有基金进行了清理整顿。1998年首批两只封闭式证券投资基金获准发行并上市，标志着我国规范化证券投资基金发展的开始。封闭式投资基金是在政府的严格管理控制下逐步发展的，在这个过程中政府随之出台一系列的相关法律法规，从而形成了机构投资者管理的初步监管体系。2003年《基金法》的通过以法律形式确立了投资基金在证券市场的地位，是我国资本市场发展的里程碑。三是机构投资者的超常规发展阶段（2004年至今），政府相关法律法规的出台与完善为机构投资者规模的发展提供了强有力的支持，进入了强有力的发展阶段。就机构投资者类型而言，我国的机构投资者类型与西方发达资本市场内相比较为单一，目前主要包括证券投资基金、社保基金、企业年金、保险公司和QFII等。其中证券投资基金是我国规模最大的机构投资者类型，证券投资基金简称"基金"，分为开放式基金和封闭式基金，是指将投资者们拥有的资金通过发售基金的方式集中到一起，有专门的基金管理人进行专业管理，以投资组合方式投资于股票等各种金融工具的一种共担风险、共享利润的集合投资方式。图6.1为我国近些年的基金公司发展状况表。可以看出，2003年我国证券基金公司33家，总资产不足80亿元，但截止到2017年底，证券基金公司超过100家，总资产达到1 659.93亿元。由此可见进入超常规发展状态以后，我国基金公司的设立与发展规模飞速提高，实现了大幅度跨越，且大部分基金公司都在上交所或者深交所上市。图6.2、图6.3分别为在上交所及深交所上市的基金公司在成交份额与金额上的比例对比关系。图6.2为上交所与深交所的上市基金成分份额的比例图，图形下半部分为上交所比例，上半部分为深交所比例。可以看出，上交所的成交比例整体低于50%，特别是2011年以来，所占比

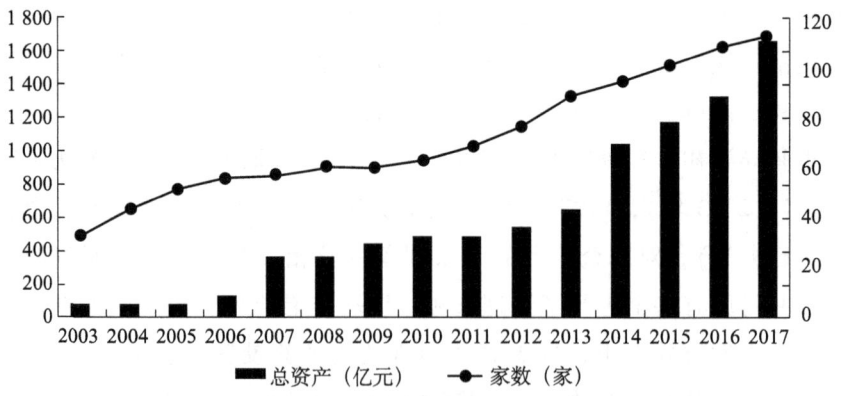

图6.1 2003—2017年中国基金管理公司数量与资产规模

数据来源：中经网统计数据库。

例不足40%。反观图6.3的成交金额比例图，上交所的成交金额比例显著高于深交所成交金额。说明深交所上市的基金每笔成交额远低于上交所的额度。

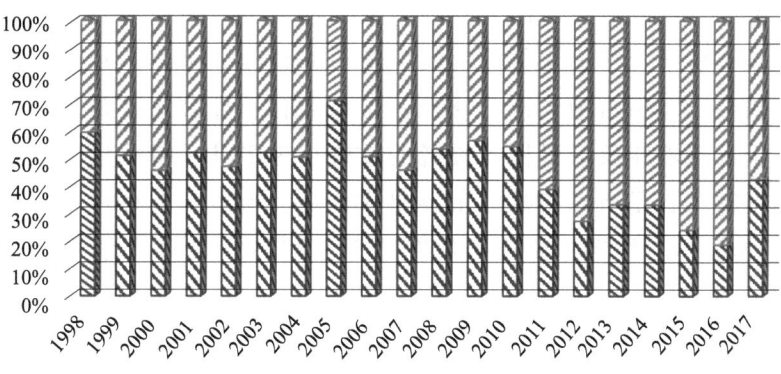

图6.2 上市基金成交份额

数据来源：中经网统计数据库。

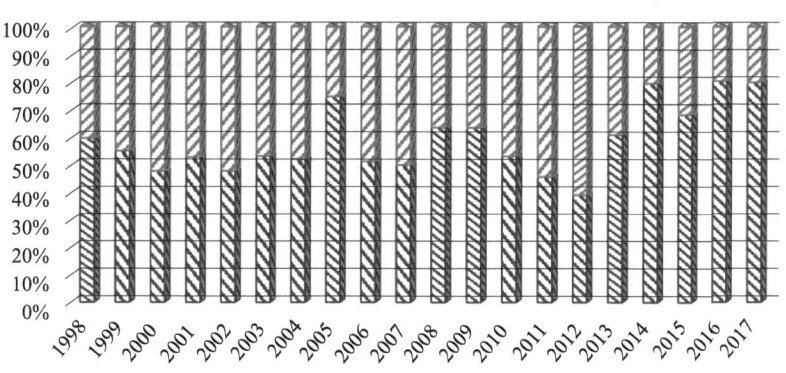

图6.3 上市基金成交金额比例

数据来源：中经网统计数据库。

上文提到基金公司分为开放式基金与封闭式基金两种，开放式基金主要包括股票基金、混合基金、货币基金等。在我国基金公司发展初期封闭式基金的数量与基金份额占据绝对性优势，开放式基金数量极少，然而自2001年开始，开放式基金的规模迅速扩大，在份额与公司数量上全面超过封闭式基金。图6.4为2001—2017年两种基金的发展发布图,虽然都保持持续上涨的趋势,但开放式基金的发展速度显著大于封闭基金。图 6.5 为截止到 2019 年 6 月,我国两种类型基金公司数量、份额与净值比例图,图中下半部分为封闭式基金,上面部分为开放式基金。图 6.6 为开放式基金中,各种类型基金公司的数量、份额及净值比例图。其中货币基金的数量虽然较少,但是基金份额与净值占绝大部分比例,这与混合基金公司数量多、份额小的情况截然相反。机构投资者的投资行为中具有持股集中度过于集中的现象,是市场指数的重要组成部分,当市场上存在一些小幅度变动时,机构投资者的一致性行为很容易对股票市场产生重要影响。

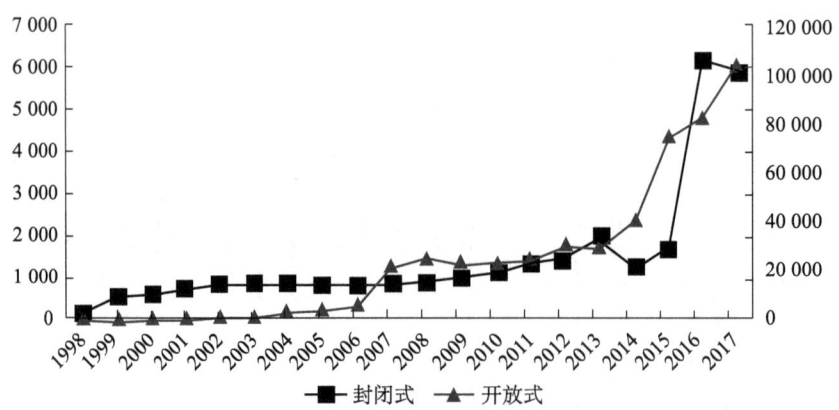

图 6.4 上市基金成交金额发展趋势图(亿元)

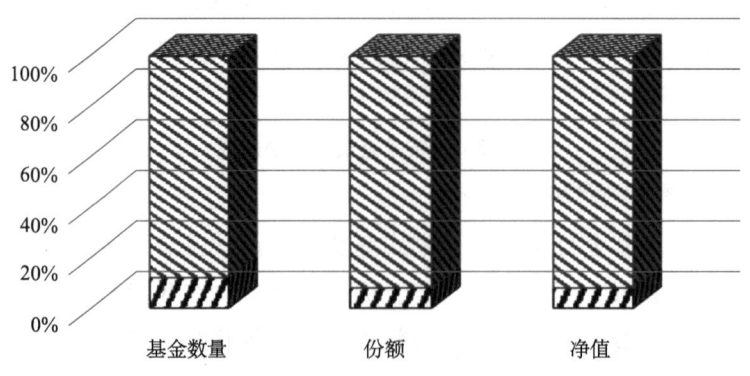

图 6.5 开放式基金与封闭式基金比例

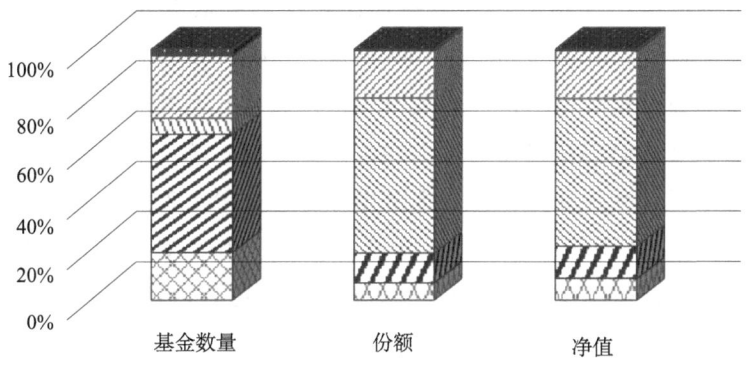

图 6.6 开放式基金种类分布图

数据来源：中经网统计数据库。

三、投资者情绪量化指标

学者们关于投资者情绪对于股票市场的研究中除了探讨两者不同状态下的关联性之外，对于投资者情绪研究的方向还集中在情绪指标的构建方面，随着信息科技的不断发展，各种文本数据挖掘的应用对于指标构建的科学性具有积极推动作用。本书将采用国泰安数据库中，较为经典的 CICSI 指数作为投资者情绪的代替性指标，并在稳健性检验中利用 ISI 指数进行研究结论的稳健性验证。投资者情绪指标主要有两种处理方式：单一指数法和复合指数法。单一指数法中又分为直接衡量指标与间接衡量指标。国内衡量投资者情绪的直接单一指标中主要包括 3 种：第一种是"央视看盘"指数（BSI 指数），该指数从 2001 年开始对证券公司和咨询结构的后市预测进行调查，运用看涨人数占总体人数的比例计算 BSI 指数，衡量投资者情绪的变化。第二种是"好淡指数"，该指数与美国友好指数类似，将被访问者的好淡指数分为短期与中期指数，反映对未来一周和一个月的多空意见。第三种较为常用的直接指标是消费者信心指数（CCI），即根据国家统计局发表的《中国经济景气月报》，由预期指数和满意指数组成，综合描述消费者对家庭情况和未来经济运行的评价与信心。衡量投资者情绪的间接单一指标主要有整体市场保险指数、衍生品交易指数和股票市场特定产品指数。其中最具代表性的是股票市场特定产品指数，包括封闭式基金折价率、IPO 数量、IPO 首日收益率、共同基金净赎回率等因素。单一指标体系中无论是直接代理指标还是间接代理指标都不可避免存在较强的片面性，由此带来一系列偏差。而综合性代理指标可以有效减少误差。本章参考易志高等（2009）根据封闭式基金折价率、CCI、IPO 数量及首日收益率、市场交易量、新增开户数等单向指标运用主成分分析法构造复合投资者情绪指标，即 CICSI 指数。为保证研究结论的稳健性，以 ISI 指数作为替代性指标，ISI 指数与 CICSI 指数的基础性指标相比少了新开户数，多了换手率指标。表 6.1 对各个基础性指标进行了简要分析和描述性统计。

表 6.1　　　　　各指标计算方式及具体意义

衡量指标	计算方式	指标具体意义
封闭式基金折价率（DCEF）	$DCFF = \dfrac{\sum_{i=1}^{n}(price_{it} - NAV_{it}) \times N_i}{\sum_{i=1}^{n}(NAV_{it} \times N_i)}$	行情基金按照基金份额加权的综合折价率，反映投资者情绪的逆向指标。数据来源：RESSET 数据库
IPO 数量（IPON）	首次公开募股的数量的对数值	月度数据，数据来源：RESSET 数据库
IPO 首日收益率（IPOR）	新股发行首日收盘价与发行价的比值	IPO 流通股数加权的平均收益率，数据来源：RESSET 数据库
市场交易量（TURNOVER）	$TURN = \dfrac{\sum_{i=1}^{n} Volume_i}{\sum_{i=1}^{n} MAR_i}$	月交易金额与月流通市值的均值比，数据来源：RESSET 数据库
消费者信心指数（CCI）	通过加权平均法对消费者关于现状的看法和对未来的预期问卷计算所得	由消费者满意指数和消费者预期指数构成，预测经济走势和消费趋向的一个先行指标。数据来源：RESSET 数据库
换手率（TURN）	$TOR = \dfrac{\sum_{i=1}^{n} TM_i}{\sum_{i=1}^{n} MAR_i}$	月度数据，与投资者情绪成正比例关系，数据来源：RESSET 数据库
新增投资者开户数（NIA）	上个月新增投资者开户数量	月度数据，与投资者情绪成正比例关系，数据来源：RESSET 数据库

根据数据的可能性，本章所选用的投资者的情绪指标采用 2003

年 2 月至 2018 年 12 月的月度数据,具体描述性统计情况如表 6.2 所示。为了更好展示 CICSI 指数与 ISI 指数近 20 年的走向,下面用趋势图来进行展示。通过图 6.7 可以看出,CICSI 指数以左侧坐标轴为主坐标轴且数值偏小,ISI 指数以右侧为坐标轴且数值偏大。两者的计算基础指标与计算方式的不同,数额的绝对值大小不具有可比性,主要是趋势的相对性。在 2007 年全球金融危机与 2015 年股灾两大事件点附近,两个指数都出现异常波动。

表 6.2   各指标描述性统计

Variable	Mean	Std. Dev.	Min	Max
CICSI	35.34859	7.593572	20.9	49.85
ISI	51.6411	31.21679	22.78	218.96
DCEF	-9.64464	12.14168	-37.1805	0.5173
TURNOVER	0.24224	0.128308	0.0801	0.6889
IPON	12.8534	12.59488	0	54
IPOR	4.648564	5.853612	-2.32	39.16
NIA	13.41953	1.119374	11.14	16
CCI	101.8178	8.418332	85.7	124
TURN	0.256199	0.135531	0.0852	0.8247

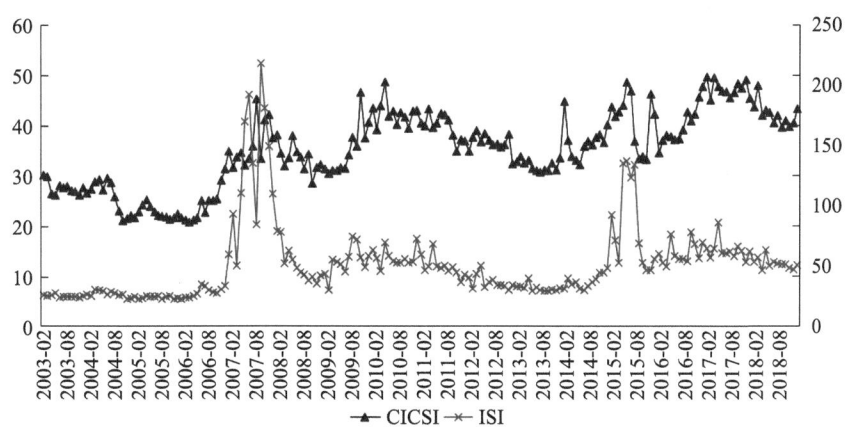

图 6.7 CICSI 指数与 ISI 指数趋势图

数据来源:国泰安数据库。

第二节 模型设定与数据选取

一、基本模型设定

为了更好探讨经济政策不确定前提下,投资者行为对股票市场的异质性研究,本章将选择在深交所和上交所上市的 A 股上市公司作为研究主体,适用面板数据模型进行分析。借鉴本书第四章中关于面板模型的设定,将机构投资者和个人投资者情绪,以及两者与经济政策不确定指数的交互项纳入到模型当中。

$$HV_{i,t} = \beta + \beta_1 EPU_t + \beta_2 CICSI_t + \gamma Control_{i,t} + u_i + \eta_t + \varepsilon_{i,t} \tag{6.1}$$

$$HV_{i,t} = \beta + \beta_1 EPU_t + \beta_2 Inir_{i,t} + \beta_3 EPU_t \times Inir_{i,t} \\ + \gamma Control_{i,t} + u_i + \eta_t + \varepsilon_{i,t} \tag{6.2}$$

$$HV_{i,t} = \beta + \beta_1 EPU_t + \beta_2 CICSI_t + \gamma Control_{i,t} + u_i + \eta_t + \varepsilon_{i,t} \tag{6.3}$$

$$HV_{i,t} = \beta + \beta_1 EPU_t + \beta_2 CICSI_t + \beta_3 EPU_t \times CICSI_t \\ + \gamma Control_{i,t} + u_i + \eta_t + \varepsilon_{i,t} \tag{6.4}$$

在模型(6.1)至模型(6.4)中,$HV_{i,t}$ 是第 i 个 A 股上市公司第 t 期的波动率;β 是截距项;EPU_t 是各个时期对应的经济政策不确定性指数;系数 β_1 代表经济政策不确定对个股股票波动的边际影响;$Control_{i,t}$ 为不同时期不同企业以及整体经济的控制变量,包含 GDP 增长率、企业股权收益率等因素;系数 γ 代表各控制变量对个股波动的边际影响;同时本书通过 u_i 与 η_t 控制个体效应及时间效应;$\varepsilon_{i,t}$ 为随机扰动项且 $\varepsilon_{i,t} \sim N(0,\sigma^2)$。本章重点关注模型(6.2)与模型(6.4)中 β_2 与 β_3 的符号与数值,在模型(6.2)中,系数 β_2 代表每个上市企业中机构投资者持股比例对于其个股波动的影响,系数 β_3 代表在经济政策不确定性的影响下,机构投资者持股比例的影响会产生什么变动。在模型（6.3）中，系数 β_2 代表每个上市企业中投资者情绪的变化对于其个股波动的影响，系数 β_3 在经济政策不确定性的影响下，投资者情绪与不确定对个股波动的交互效应。

二、变量选取

本章选用上交所与深交所的 A 股上市公司月度股价波动率作为被解释变量，基于上文研究及实际数据可得性，选择 2003 年 2 月至 2018 年 12 月作为样本区间。剔除 ST 类、金融类、已退市及部分数据缺失的企业。股价波动率以上次公司日收盘价的标准差作为月历史波动率指标，数据来自 Wind 数据库和国泰安数据库。关键解释变量 EPU 指数，以 Baker 等人根据《南华早报》（South China Morning Post，SCMP）制定的 SCMPEPU 指数，以及 Davis 等学者根据《光明日报》和《人民日报》这两个内地报纸制定的 MLEPU 指数的月度数据作为关键解释变量代理指标。以 MLEPU 指数为主要研究变量，SCMPEPU 指数作为稳健性检验的工具变量。机构投资者持股比例为每个上市公司的月度数据，投资者情绪指标选择 CICSI 指数作为主要衡量指标，以 ISI 指数作为稳健性检验的替代性指标，数据来源于锐思数据库。

表 6.3　　　　　　　　　　主要变量描述性统计

Variable	Mean	Std. Dev.	Min	Max
hv5	1.91284	1.06064	0.097	10.6044
hv15	2.025312	0.820594	0.1855	6.0768
epu	177.6375	144.7872	26.14408	935.3103
cepu	110.788	66.81902	23.7	438.2
lepu	4.916786	0.712647	3.263623	6.840878
lcepu	4.555559	0.548236	3.165475	6.082675
cicsi	35.34859	7.573718	20.9	49.85
isi	51.64111	31.13516	22.78	218.96
机构投资者持股比例	0.520376	0.163006	0.100415	0.892096
gdp	9.317278	2.317006	6.4	14.4
hj	100.0146	2.680835	93.78	104
lix	0.000464	0.000432	-1.6E-05	0.00358
月资本收益率	0.011729	0.141899	-0.649	2.6721
净资产收益率	2.326307	72.10841	-8995.84	442.52

续表

Variable	Mean	Std. Dev.	Min	Max
企业规模	8.85E+09	1.64E+10	2.20E+08	4.19E+11
股权集中度1	0.310811	0.149239	0.013748	0.769525
股权集中度5	0.444586	0.165879	0.051758	0.871016
股权集中10	0.480189	0.168581	0.059211	0.887544
股权集中11	10.93062	0.716722	9.071883	13.46334
H1指数	0.118875	0.104333	0.000189	0.592168
H5指数	0.131471	0.105314	0.000575	0.592407
H10指数	0.131908	0.105155	0.00059	0.592429
国有股比例	3.280769	10.59613	0	77.70836
法人股比例	2.540166	6.592726	0	51.94525
前十大股东持股比例	0.535516	0.148257	0.1251	0.8853
月无风险收益率	0.002798	0.001047	0.000895	0.005108
市场波动率	1.057541	0.58456	0.1433	2.5296

如表6.3所示，本章研究过程中的个股波动率替代指标与经济政策不确定性的替代指标相似，影响股票波动的部分控制变量部分一致，如控制宏观经济水平GDP增长率，控制企业层面的规模、净资产收益率，以及控制行业层面的月无风险收益率和市场波动率等因素，同时对两种EPU指数和企业规模值取对数值。基于本章研究重点，重点考量机构投资者持股比例和投资者情绪这两个关键变量对股票波动的影响，为了更好分析两种投资者持股的影响，本章还增加了对股权集中度及重要股东持股比例等反映企业股权分散程度的因素。对于股权集中度，分别考虑股权集中度1、5、10、11分别代表前1、5、10、11大股东的持股比例。

第三节 实证分析

一、Hausman检验

本章研究过程使用的2003年2月至2018年12月之间，包含个股波动率数据、宏观经济运行数据及企业个体数据组成的面板数据，对于分析面板数据常用的模型包括随机效应模型和固定效应模型,通过Hausman检验来确定模型的使用。通过表 6.4 Hausman 检验的结果可以看出,P 值为零,显著拒绝随机效应更有效的原假设,选择固定效应更加适合本章的研究内容。为保证研究过程的严谨性,本章在实证分析过程中,控制时间效应和个体效应,属于双固定效应模型,而且考虑各个行业之间的差距,同时控制行业效应。

表 6.4　　　　　　　　　　　Hausman 检验

	Fe	Re	Difference
ln(EPU)	0.111209	0.112765	-0.0015559
gdp 增长率	0.084502	0.081756	0.0027465
hj	-0.04674	-0.04739	0.0006517
市场波动率	0.90777	0.912488	-0.0047181
净资产收益率	-0.00017	-0.00017	-1.98E-07
企业规模	0.230741	0.178453	0.0522881
股权集中度 10	-0.01451	-0.01345	-0.0010563
国有股比例	-0.00014	-0.00015	0.0000116
投资者情绪	-0.00863	-0.00537	-0.0032664
机构投资者	-0.05335	-0.05888	0.0055303

chi2 (10) = (b-B)′[(V_b-V_B)^(-1)](b-B) =440.94
Prob > chi2 =0.0000

二、样本实证分析

在具体的分析过程中,选择 SCMPEPU 作为经济政策不确定性代表指数,CSICI 为投资者情绪代理指标。在宏观层面控制 GDP 增长率、宏观景气指数、市场整体波动率等因素,微观层面控制企业的净资产收益率、企业规模、股权集中度等因素。具体分析结果见表 6.5。

为了消除异方差和减少波动趋势,更好的变量之间的相互关系,对经济政策不确定指数和企业规模数值进行对数处理。表 6.5 中各个变量对应的是各自的系数,列 I 为未考虑企业机构投资者持股比例和投资者情绪的回归系数结果,EPU 系数值为 0.102,在 1% 水平下显著为正,说明经济政策不确定性的提高会引起个股波动率的提高。在此需要说明的是,在第五章中面板数据回归结果 EPU 系数值为 0.16 左右,之所以本章的系数值与前文有所区别,主要是因为数据源的差别,因为考虑到数据的可得性,本章的样本数据与第五章不同,且由于部分企业数据的缺失,具体选择企业也有所差距,但是系数值的方向和显著性是完全一致的。列 Ⅱ 为考虑了企业股权分布中机构投资者持股比例的回归结果,EPU 系数值未发生变化,机构投资者持股比例的系数值为 -0.056,在 5% 水平下显著为负,说明企业股权中机构投资者比例增大时,个股波动率下降,机构持股起到了稳定股票收益率的作用。列 Ⅲ 为考虑了投资者情绪的系数回归结果,且投资者情绪的系数值为 0.009,在 1% 水平下显著为正,代表当投资者情绪高涨时,个股波动率提高。列 Ⅳ 是同时考虑到企业内部机构投资者比例与整体投资者情绪后的模型回归结果,EPU 系数值未发生明显变化,仍然在 1% 水平下显著为正。机构投资者持股比例的系数值仍在 5% 水平下显著为负,投资者情绪的系数值保持在 1% 水平下显著为正。总体来讲,经济政策不确定性指数与投资者情绪都对个股波动有正向推动作用,机构投资者持股比例则利于平缓股票波动。

表 6.5　　　　　　　　　全样本回归分析

	Ⅰ	Ⅱ	Ⅲ	Ⅳ
ln(EPU)	0.102***	0.102***	0.111***	0.111***
	(0.006)	(0.006)	(0.006)	(0.006)
gdp 增长率	0.093***	0.093***	0.084***	0.085***
	(0.002)	(0.002)	(0.003)	(0.003)
hj	-0.055***	-0.055***	-0.047***	-0.047***
	(-0.002)	(-0.002)	(-0.002)	(-0.002)
市场波动率	0.900***	0.900***	0.908***	0.908***
	(0.006)	(0.006)	(0.006)	(0.006)
净资产收益率	-0.000***	-0.000***	-0.000***	-0.000***
	0	0	0	0
企业规模	0.180***	0.180***	0.231***	0.231***
	(0.005)	(0.005)	(0.006)	(0.006)
股权集中度 10	-0.015	-0.014	-0.015	-0.015
	(-0.02)	(-0.02)	(-0.02)	(-0.02)

续表

	I	II	III	IV
机构投资者持股比例		-0.056**		-0.053**
		(-0.021)		(-0.021)
csici			0.009***	0.009***
			(0.001)	(0.001)
cons	1.092***	1.114***	-0.530**	-0.506*
	(0.16)	(0.16)	(-0.203)	(-0.203)
r-sq	0.341	0.342	0.343	0.343
r2_w	0.341	0.341	0.343	0.343
corr	-0.155	-0.155	-0.211	-0.21

Standard errors in parentheses
* $p<0.05$, ** $p<0.01$, *** $p<0.001$

考虑到经济政策不确定有可能与机构投资者投资决策及投资者情绪之间本身相互联系，相互影响，因为本章在研究过程中，重点考虑了经济政策不确定性与两者的交互项，对个股波动的影响。如表6.6所示，列Ⅰ、Ⅱ、Ⅲ以 SCMPEPU 指数为经济政策不确定性的代替指标，列Ⅳ、Ⅴ、Ⅵ为保证研究结果稳健性，以 MLEPU 指数作为 SCMPEPU 指数的替代指标。列Ⅱ中 EPU 指数与机构投资者持股比例的交互项系数值为0.009，列Ⅴ中 EPU 指数与机构投资者持股比例的交互项系数值为0.053，两个系数值都为正，虽然系数并不显著，但是在一定程度上说明机构投资者持股比例的提高，削弱了经济政策不确定性对个股波动的推动作用，利于平缓个股波动。列Ⅲ中 EPU 指数与投资者情绪的交互项系数值为0.005，列Ⅵ中 CEPU 指数与投资者情绪的交互项系数值为0.004，且两个系数值都在1%水平下显著为正，投资者情绪的提高，增强了经济政策不确定性对个股波动的推波助澜作用。即投资者情绪越高，则经济政策不确定性所影响的个股波动更大。

表 6.6　　　　　　　　　交互效应回归分析

	I	II	III	IV	V	VI
lepu	0.111***	0.106***	0.283***			
	(0.006)	(0.015)	(0.026)			
gdp	0.085***	0.084***	0.081***	0.071***	0.071***	0.067***
	(0.003)	(0.003)	(0.003)	(0.003)	(0.003)	(0.003)
hj	-0.047***	-0.047***	-0.043***	-0.043***	-0.043***	-0.039***
	(-0.002)	(-0.002)	(-0.002)	(-0.002)	(-0.002)	(-0.002)
市场波动率	0.908***	0.908***	0.897***	0.915***	0.915***	0.909***
	(0.006)	(0.006)	(0.006)	(0.006)	(0.006)	(0.006)
净资产收益率	-0.000***	-0.000***	-0.000***	-0.000***	-0.000***	-0.000***
	0	0	0	0	0	0
lsz	0.231***	0.231***	0.228***	0.236***	0.236***	0.233***
	(0.006)	(0.006)	(0.006)	(0.006)	(0.006)	(0.007)
股权集中度10	-0.015	-0.015	-0.014	-0.014	-0.014	-0.014
	(-0.02)	(-0.02)	(-0.02)	(-0.02)	(-0.02)	(-0.02)
机构投资者持股比例	-0.053*	-0.098	-0.055**	-0.057**	-0.298	-0.058**
	(-0.021)	(-0.132)	(-0.021)	(-0.021)	(-0.158)	(-0.021)
cicsi	0.009***	0.009***	0.013***	0.008***	0.008***	0.011*
	(0.001)	(0.001)	(0.003)	(0.001)	(0.001)	(0.004)
epu×机构比例		0.009				
		(0.026)				
epu×cssci			0.005***			
			(0.001)			
icepu				0.058***	0.03	0.209***
				(0.009)	(0.02)	(0.034)
cepu×机构比例					0.053	
					(0.034)	
cepu×cssci						0.004***
						(0.001)
_cons	-0.506*	-0.482*	-1.586***	-0.557**	-0.427	-1.516***
	(-0.203)	(-0.215)	(-0.259)	(-0.204)	(-0.221)	(-0.292)
r-sq	0.343	0.343	0.343	0.34	0.34	0.34
r2_w	0.343	0.343	0.343	0.34	0.34	0.34
corr	-0.21	-0.21	-0.207	-0.217	-0.216	-0.213

Standard errors in parentheses
* $p<0.05$, ** $p<0.01$, *** $p<0.001$

三、稳健性检验

本章研究重点是基于投资者角度,在考虑经济政策不确定性的前提下,企业机构投资者持股比例和投资者情绪对个股波动率的影响。在稳健性检验过程中,对经济政策不确定指数和投资者情绪的指标进行替换,以验证研究结论的稳健性。具体结果如表 6.7 所示。

表 6.7 中列 Ⅰ 为原始数据的回归分析结果,主要用来与稳健性检验的回归结果进行对比分析。列 Ⅱ 中以 ISI 为投资者情绪的替代指标,ISI 系数值为 0.002 且在 1% 水平下显著为正,与 CICSI 指标的系数值符号及显著性相同。列 Ⅲ 中除了以 ISI 为投资者情绪的替代指标外,以 MLEPU 指数作为经济政策不确定性的替代指标,两者的系数值与全面研究中的系数值符号一直且显著性相同,证明的研究结论的稳健性。列 Ⅳ、Ⅴ 中以 SCMPEPU 指数和 MLEPU 指数滞后 2 期作为经济政策不确定性的替代指标,回归结果依然稳健。稳健性检验(Ⅰ)中主要是选择各个关键解释变量的替代性指标进行稳健性检验,表 6.8 的稳健性检验主要是更换解释变量的替代指标进行稳健性检验,即全文初步回归中,全部选择 H5 指标作为个股波动率指标,下面将选择 HV15 作为个股波动率的替代指标,关于 H5 与 H15 的区别在第五章已做叙述。

表 6.8 中列 Ⅰ 为以 H5 作为个股波动率指标的回归结果,主要用于稳健性检验对比分析。列 Ⅱ、Ⅲ、Ⅳ、Ⅴ 为以 H15 作为被解释变量个股波动率替代性指标的回归结果,后四列的区别在于经济政策不确定性和投资者情绪具体指标的不同替换,皆是为了进行稳健性检验。通过后四列关键变量的系数值可以看出,无论是经济政策不确定性指数,还是机构投资者比例及投资者情绪的系数,与前文研究中的系数值符号一致且显著,说明模型设定正确,研究结论是稳健的。

表 6.7　　稳健性检验（Ⅰ）

	Ⅰ	Ⅱ	Ⅲ	Ⅳ	Ⅴ
lepu	0.111***	0.093***			
	(0.006)	(0.006)			
gdp	0.085***	0.077***	0.059***	0.058***	0.058***
	(0.003)	(0.003)	(0.003)	(0.002)	(0.002)
hj	-0.047***	-0.052***	-0.046***	-0.045***	-0.045***
	(-0.002)	(-0.002)	(-0.002)	(-0.002)	(-0.002)
市场波动率	0.908***	0.886***	0.895***	0.896***	0.897***
	(0.006)	(0.006)	(0.006)	(0.006)	(0.006)
净资产收益率	-0.000***0	-0.000**0	-0.000**0	-0.000**0	-0.000**0
lsz	0.231***	0.124***	0.129***	0.134***	0.134***
	(0.006)	(0.006)	(0.006)	(0.006)	(0.006)
股权集中度10	-0.015	-0.014	-0.014	-0.015	-0.015
	(-0.02)	(-0.02)	(-0.02)	(-0.02)	(-0.02)
机构投资者持股比例	-0.053*	-0.058**	-0.061**	-0.051*	-0.052*
	(-0.021)	(-0.021)	(-0.021)	(-0.021)	(-0.021)
cicsi	0.009***				
	(0.001)				
isi		0.002***0	0.002***0	0.002***0	0.002***0
icepu			0.019*		
			(0.009)		
d2epu				0.015**	
				(0.004)	
d2cepu					0.015**
					(0.005)
cons	-0.506*	2.126***	1.961***	1.860***	1.860***
	(-0.203)	(0.17)	(0.175)	(0.171)	(0.171)
r-sq	0.343	0.344	0.342	0.343	0.343
r2_w	0.343	0.344	0.342	0.343	0.343
corr	-0.21	-0.095	-0.1	-0.105	-0.105

Standard errors in parentheses
* $p<0.05$,　** $p<0.01$,　*** $p<0.001$

表6.8　　　　　　　　　稳健性检验（Ⅱ）

	Ⅰ	Ⅱ	Ⅲ	Ⅳ	Ⅴ
lepu	0.111*** (0.006)	0.128*** (0.004)		0.119*** (0.004)	
机构投资者持股比例	-0.03* (-0.06)	-0.173*** (-0.046)	-0.164*** (-0.046)	-0.163*** (-0.046)	-0.152*** (-0.046)
cicsi	-0.009*** (-0.001)	-0.003*** (-0.001)	-0.003*** (-0.001)		
前十大股东持股比例	-0.028 (-0.066)	0.074 (0.05)	0.059 (0.05)	0.06 (0.05)	0.043 (0.05)
市场波动率	0.908*** (0.006)	0.688*** (0.004)	0.693*** (0.004)	0.675*** (0.004)	0.680*** (0.004)
gdp	0.084*** (0.003)	0.053*** (0.002)	0.043*** (0.002)	0.045*** (0.002)	0.033*** (0.002)
hj	-0.047*** (-0.002)	-0.028*** (-0.001)	-0.027*** (-0.001)	-0.029*** (-0.001)	-0.027*** (-0.001)
净资产收益率	-0.000*** 0	-0.000** 0	-0.000** 0	-0.000* 0	-0.000* 0
企业规模	0.231*** (0.006)	0.193*** (0.005)	0.200*** (0.005)	0.136*** (0.005)	0.138*** (-0.005)
icepu			0.100*** (0.007)		0.081*** (0.007)
isi				0.001*** 0	0.002*** 0
_cons	-0.510* (-0.203)	-1.113*** (-0.154)	-1.132*** (-0.154)	0.158 (0.129)	0.215 (0.132)
R-sq	0.343	0.341	0.335	0.342	0.337
r2_w	0.343	0.341	0.335	0.342	0.337
corr	-0.21	-0.209	-0.221	-0.133	-0.137

Standard errors in parentheses
* $p<0.05$, ** $p<0.01$, *** $p<0.001$

第四节　本章小结

本章在上一章的研究基础上，从投资者角度探讨在经济政策不确

经济政策不确定性对股票市场波动影响的实证分析

定性以及在考虑经济政策不确定性前提下，企业股权结构中机构投资者比例与整体投资者情绪对于个股波动的影响。首先对机构投资者和投资者情绪对股票市场波动影响的理论基础和相关文献进行了梳理与总结，发现两者对于股票市场的影响研究主要依据行为金融学作为理论基础，具体影响性并没有统一的结论。根据 Hausman 检验结果，选择面板数据双固定效应模型进行实证分析。考虑到具体数据的可得性，以在上交所和深交所上市的符合条件 A 股上市公司作为研究样本，以 2003 年 2 月至 2018 年 12 月作为样本区间进行研究。

  通过全样本分析结果可以发现，无论是否考虑机构投资者持股比例及投资者情绪，经济政策不确定性都对个股波动有正向推动作用，而考虑投资者因素后的实证分析结果显示，在分析经济政策不确定性的影响时，模型拟合效果更好。机构投资者持股比例的提升利于降低个股的波动水平，起到平缓波动的作用，考虑到曾经有学者在研究中指出，机构投资者持股比例的具体变化会影响到其对股票波动的影响，笔者曾在实证分析中选择机构投资者持股比例的平方值作为解释变量，发现回归结果并不显著，因此在实证分析表中并未做展示。通过观察投资者情绪指标的系数值可以发现，投资者情绪升高时，会对个股波动率有正向推动作用。为了更好分析投资者对股票波动的影响，重点分析了经济政策不确定性与机构投资者持股比例及投资者情绪的两个交互项系数，经过回归分析发现，机构投资者持股比例的提高，会降低经济政策不确定性对个股波动的负面效应，一定程度上利于平缓股票市场的波动。经济政策不确定性与投资者情绪的交互项在 1% 水平下显著为正，说明投资者情绪的提高导致经济政策不确定性对个股波动的边际效应增强，即投资者情绪较高时，经济政策不确定性的增加将对个股波动有更强的推动作用。为了验证本章设定模型的正确性和研究结果的稳健性，分别对被解释变量和关键解释变量选择系列替代性指标进行对比，发现无论是选择哪一种替代变量，回归结果都是稳健的。

第七章 结论及政策建议

第一节 研究结论

各类与经济政策相关的无法预知变动,如政策变动的频率、可能性、内容、执行方式等的变化都会导致政策不确定性的提高。改革开放40余年来,我国经济实现了由量变到质变的巨大跨越,宏观调控理念的不断更新和政策的及时调整发挥了重要作用。伴随着经济的飞速发展,我国与西方发达国家相比,在经济政策不确定上的问题也更加突出。尤其是进入经济新常态以来,传统的发展模式已经无法适应经济的进一步发展,产能过剩、结构失衡、效率偏低以及中美贸易战使得我国经济发展处于复杂的内外部环境中,不得不频繁推出或调整各项指导性政策,推动经济稳步发展与转型升级,以应对残酷的外部竞争,因此我国的经济政策不确定性陡然升高。

经济政策不确定性的提高不仅影响政策的一致性与持续性,更是影响宏观经济运行与金融市场的健康发展。自20世纪90年代初上交所和深交所相继成立以来,我国股票市场规模迅速扩大并在整体经济运行中占据重要位置。适度的股票波动有利于调整股票市场的运行,起到促进金融市场发展的作用,但是频繁的异常波动无论是对于金融市场的发展还是整体经济运行都会产生较大的不利影响。特别是在当前外部中美贸易战及内部经济新常态的内忧外患之下,面对较高的经济政策不确定性,维护股票市场正常运行使其真正起到促进经济发展的作用,成为迫切需要解决的问题。因此充分研究经济政策不确定性与股票市场波动之间的内在关联性,具有重大研究意义。

本书基于斯坦福大学和芝加哥大学联合制定的中国 EPU 指数,将其作为我国经济政策不确定的代理指标,以上证综指和 A 股上市公司的收益波动率作为研究对象,从各个层次和角度深入研究了经济政策不确定性与我国股票市场波动的动态关联性,并得出以下结论:

第一,关于 EPU 指数的科学性及可替代性。虽然已有学者在研究过程中使用了斯坦福大学和芝加哥大学 Baker 等学者联合发布于网站(http://www.policyuncertainty.com)并根据《南华早报》制定的 EPU 指数作为我国经济政策的不确定性量化指标,在实证过程中为保证研究的科学性,第三章首先对该指数进行了详细分析与说明。在细致梳理该指数的制定过程与标准之后,重点分析中国 EPU 指数的基本走势图和异常波动期,并与传统的经济政策不确定性代替指标,如官员更替、重大事件的发生等进行对比分析发现,该指数在关键的历史节点确实出现指数较高的现象,特别是当前中美贸易战的国际环境下,EPU 指数所呈现的异常高涨与现实情况相符,具有代表性和科学性,可以被用做本书研究对象的量化指标。除此之外,该网站于 2019 年针对中国的经济政策不确定指数发布了一组新数据,该组新数据是由 Davis 等人根据《人民日报》和《光明日报》制定的新量化指标。由于这两类报纸与香港的南华早报相比,在报道内容方面更加全面和及时,因此该指数也被用于本书的实证研究。为了便于区分,Davis 等人根据《人民日报》和《光明日报》制定的中国 EPU 指数在本书中简称 MLEPU 指数,Baker 等学者根据香《南华早报》制定的中国 EPU 指数简称 SCMPEPU 指数。第三章中利用 GARCH 模型对两组 EPU 指数进行了一系列特征分析,发现具有异方差、波动集聚等分布特点,为第四章的研究奠定基础。

第二，关于经济政策不确定性指数与整体股票市场之间的关联性研究。在以往学者关于该问题研究时进行整体性分析的方法的基础之上，选择基于结构突变的 VAR 模型进行两者关系的时变性检验。纵观中国股票市场近 30 多年的发展历程和经济政策不确定性指数走势的曲折动向，两者之间的关联性不可能是一成不变的，这也是以往学者对该领域研究无法得出一致结论的重要原因。根据结构突变检验，发展经济政策不确定性与以上证综指为代表的整体股票市场波动之间的关联性出现 3 次结构突变，分别对应于 1999 年 11 月、2007 年 10 月、2016 年 10 月，相应地将样本分为 4 个阶段，而这 4 个阶段与第三章中对于我国股票发展阶段的划分恰好是一致的。

第一阶段（1995.1—1999.11），通过双变量 VAR 模型系数可以看出彼此影响为负，相应的脉冲响应图及方差分解也显示副作用影响。结合本书第三章中对中国股票市场发展阶段的划分及分析，1999 年 11 月以前的时间段内，股票市场处于初步发展阶段，无论是市场内部运行还是国家政策管控都处于相对无序状态，所以股票市场的波动与政策不确定性之间的关联呈现出看似非合理状态，这其实是由于探索阶段的各种非常态管理运行所导致的。第二阶段（1999.12—2007.10），通过模型系数及格兰杰因果检验等一系列实证分析发现，经济政策不确定对股票市场波动有明显的正向影响，是股票波动的格兰杰原因。说明经济不确定性提高时，股票市场的波动率也明显提高，而股票市场的波动性变动本身对于政策不确定性并没有明显影响。这一阶段是我国股票市场的规范化发展阶段，政策制定者试图通过各种调整型手段的出台来规范化股票市场的发展，很多情况下政策的频繁出台和变动并不是由于股市的异常波动，而是一种政策的调整和试运行。第三阶段（2007.11—2016.10），双变量相互系数为正，而且 MLEPU 指数是股票市场波动的格兰杰原因，经济政策不确定性的变动和股票市场波动率的提高对彼此都有一个正向的影响。第四阶段（2016.11—2019.4），双变量相互影响系数为正，且股票市场波动是经济政策不确定性的格兰杰原因。从脉冲响应图及方差分解图表可以看出，对彼此的冲击反应都较大。根据前文股票市场的划分，2009

年至今是中国股票市场的深化改革阶段，政府致力于改善对股票市场的调控措施，试图加强对股票市场异常波动的管理。两个变量之间的相互正向影响程度显著超过前两个时段。

第三，基于面板数据固定效应模型分析了经济政策不确定性对个股波动的异质性影响。第五章中选择在上交所和深交所的 A 股上市公司作为研究对象，以上市公司的个股波动率作为被解释变量，在控制影响个股波动率的关键控制变量及时间效应和个体效应基础上，研究经济政策不确定性在不同阶段对不同上市公司的异质性影响。通过实证分析得出以下结论：首先，根据股票市场的运行规律划分不同的样本时间段，发现股票市场异常波动时期如 2007 年全球金融危机发生时，经济政策不确定性对个股波动的推动作用显著高于正常时期，然而在 2015 年股灾时期，经济政策不确定性对股市作用未发生显著变化，并未如前期一样有加剧波动的趋势，说明随着股票市场的发展和监督管理机制的不断完善，市场经济逐步发更大的作用。投资者与企业经营者出于自我保护的观望态度，适度降低股票买卖换手率以延缓风险。其次，根据企业的股权所有制形式进行样本划分，发现国有企业个股应对经济政策不确定冲击的能力明显强于非国有企业。最后，以企业的规模、股权收益率等个体特性对样本进行划分，发现对于股权收益率和资本收益率较低的企业的股票波动率对经济政策不确性的冲击的防范能力更弱。

第四，从投资者角度研究经济政策不确定性对个股波动的影响研究得出以下结论，在考虑了机构投资者持股比例和投资者情绪之后，经济政策不确定性对个股波动的面板回归模型拟合效果更好，且影响作用与前文保持一致。对于上市企业中较高机构投资者持股比例对于个股波动具有平缓性作用，即有效降低个股波动率，而投资者情绪则对个股波动有正向推动作用，即当投资者情绪高涨时，个股波动率更大。为了更好地探讨经济政策不确定性这一因素的影响，第六章中重点考察了 EPU 指数与机构投资者持股比例及投资者情绪的交互项来分析经济政策不确定性发挥了何种作用，也可从侧面验证本书研究的两大因素之间的影响机制。通过面板数据固定效应模型回归模型分析发现，机构投投资者持股比例时，削弱了经济政策不确定指数升高对于个股波动影响的边际效应，即在机构投资者持股比例较高时，经济政策不确定性所导致的个股波动降低，虽然结果并不显著。通过观察 EPU 指数与投资者情绪指标的交互项系数，发现投资者情绪的提高导致经济政策不确定性对个股波动的边际效应增加，即投资者情绪水平较高时，经济政策不确定性的增加将对个股波动有更强的推动作用。

综上所述，本书分别从整体股票市场波动和具体 A 股上市公司波动角度出发进行研究，得出经济政策不确定性对于股票波动有正向推动作用的结论。但是对于整体股票市场波动的影响存在结构突变，而且在对个股波动率影响研究过程中发现，经济政策不确定性指数对于股权性质、企业规模、股权收益率等个体特性不同的企业具有异质性影响。为了更加深入了解两者之间的内在联系，本书从股票市场的主体参与者即投资者的角度研究发现经济政策不确定性对个股波动具有非对称影响。

第二节　政策建议

根据本书在研究经济政策不确定性对整体股票市场和个股波动异质性影响的研究思路与研究结论，从以下 4 个方面提出相应的政策建议。与前文研究思路类似，分别从政府对股票市场政策理念和政府对投资者管控方面提出建议。

第一，作为政策调控方的相关政府部门在对股票市场管理理念上的建议。为了更好发挥金融市场对宏观经济的有力推动作用，解决股票市场上存在的各种问题，政策调控方不断推行各类调整型政策的根本出发点在于有效维护正常运行秩序，推动整体经济的健康有序发展。但是在具体管理的过程中经常因急于解决具体问题而频繁出台和调整各类政策，专注于政策本身的调整忽略了政策频繁变更对股票市场的负面作用。尤其是我国股票市场与西方发达股票市场相比还不成熟，对于不稳定和不持续政策的恐慌心理容易引发上市企业经营者及投资者者的各种应激反应，导致政策本身的积极调控作用被不确定性引发的负面作用抵消。所以政策制定部门不仅要考虑各类政策的可行性和科学性，还要考虑政策的一致性与持续性，为了抵消政策不确定性对股市各方参与者的负面影响，可在一定程度上提高政策制定过程的透明度，使公众对政策制定有足够的了解和预期，从而起到稳定情绪，平稳解决股票市场问题的作用。

第二，由前文的研究结论可知，规模较小的非国有企业的股票价格及收益波动应对经济政策不确定冲击的能力显著小于规模较大的国有企业。主要原因在于非国有企业的资金链和政策保护上的欠缺，使得投资者对其股价信心减弱，在面临较高的政策不确定时，急于进行股票买卖造成股价波动性高于国有企业。因此相关部门需要考虑到非国有企业的现实情况，特别是一些针对非国有企业的政策调整，尽量避免频繁的政策变动，即使推行调整政策也考虑给予一定的政策保障。通过对2008年金融危机和2015年股灾的实证分析可以看出，在世界性金融危机时期，国内经济政策不确定性所导致的股票波动负面效应显著高于平常时期。而在危机时期，经济政策不确定性所导致的股票波动提高并没有明显异常，由此可以考虑，当全球性或者外在因素导致的我国股票市场波动异常时刻，政府无须急于推行各类调整政策十预股票市场的运行，否则容易适得其反，造成更加负面的影响。

第三，健全股票市场管理制度。我国股票市场频繁出现异常波动，其重要原因在于各种管控和监督制度不健全，经济政策不确定性的提高则导致这一问题更加复杂。首先，在当前的证券市场管理机制中对于投资者的投机性行为没有形成强有力的预防、监督和惩罚机制，导致机构投资者和个人投资者的投机行为泛滥，使得股票市场无法健康有序运行。其次，在探寻投资者投机行为泛滥的原因时可以发现，个股价格不能真实反映企业真实价值的原因不仅在于投机心理，还在于用于反映企业价值的财务报表的真实性受到投资者的怀疑。由于缺乏必要的监督机制，很多上市公司存在为美化财务报表而对财务数据进行篡改和修饰的违法投机性行为，使得股价无法反映公司基本面。因此，无论是对于投资者还是上市公司的投机性行为，都必须从源头出发，杜绝过于宽松的监督环境为投机行为提供的便利，形成对其全面且严格的管理、管控及惩治机制。

第四，政府重点加强对机构投资者的管理，虽然机构投资者持股比例的增加在理论上有利于稳定股市，但是投机性心理和投资情绪同样存在于机构投资者的投资行为之中。由于机构投资者持有资金规模大且十分集中，一旦出现大规模短线行为很容易在个人投资者中制造恐慌行为引发系统性风险，因此政府监管部门要时刻监督机构投资者的群体性炒作行为，在政策正式出台之前留有充分的流动性和调节余地，建立风险预警体制，从而防范机构投资者过度反应引发的系统性风险。积极遏制以机构投资者为源头的不合理噪声交易，降低噪声交易风险，引导金融市场向正规渠道发展，使机构投资者真正发挥股市"稳定器"的作用。

第五，政府管理部门要加强对个人投资者的正确引导。我国股票市场中个人投资者是最大的投资主体，无论是开户数量还是持有规模都远超机构投资者，这也是我国股票市场不成熟的表现之一。基于行为金融理论可知，市场不是完全有效的，个人投资者的投机行为所引发的羊群效应、日历效应等非理性行为都提高了股票市场波动的风险系数。因此政策管理部门必须要在各个方面对个人投资者进行正确的教育与积极的引导。首先，政府部门可以督促证券公司对个人投资者进行免费的专业理论知识的普及，并积极发挥媒体在普及理论知识方面的宣传作用，使得个人投资者在进行投资时具备必要的专业知识，而非全然依靠小道消息而盲目投资。其次，加强风险教育的宣传工作，很多个人投资者容易盲目相信各类非正规机构的投资建议从而做出非理性行为，且对股票市场的风险未形成正确的防范意识和预防心理，政府部门对于风险的警示方面，不仅要简单的提醒股民股市有风险，更要通过各种渠道督促个人投资者加强对风险的防范意识。特别是在面对经济政策不确定性较高时，不要盲目跟风投资。

第六，无论是政府制定调控政策还是投资者作出投资决策都必须进行前瞻性考量和研究。具备前瞻性眼光不仅是政策得以顺利执行并取得良好调整效果的关键,而且是投资者维护自身经济利益得到合理回报的重要因素。首先,政府在制定调控性政策的同时,不仅要考虑政策本身在正常情况下所能发挥的积极调整作用,还要考虑到政策变动可能会导致的一系列反应。只有综合考虑政策及变动两方面的影响,才能制定成更加合理的政策。其次,由于我国股票市场发展尚不健全,投资者对于企业股票的投资不是基于长期投资以获得分红为目的,而是试图通过买卖价差获取利润,所以股票价格无法真实反映公司基本面价值。在这种现象还没有消除之前,投资者在做出投资决策时,既需要对各类政策出台保持较高的警惕性,及时调整投资战略,又要考虑到政策变动带来的其他效应,利用政策不确定带来的影响,合理制定投资决策以获取投资收益。

第三节 研究展望

本书对于经济政策不确定性和我国股票市场波动之间的关联性进行了相对细致的分析,但是对于该领域的研究,尚且存在很多不足之处,未来将继续从以下角度进行更为科学和全面的研究。

首先是经济政策不确定性的量化指标的局限性。由斯坦福大学和芝加哥大学 Baker 等学者联合发布的各大经济体 EPU 指数受到学者们的广泛关注和应用,且是当前公认的较为科学的经济政策不确定性量化指标。然而,该指标尚且存在两个方面的不足,一是该指标是基于各经济体当地的权威报纸进行信息收集和指数测算的得到,具体测算过程略微粗糙;二是在当前互联网信息技术高度发达的今天,报纸所承载的信息及较为有限的。在今后的研究中,将更多地关注各种类型网站的海量信息及高频数据的更新,只有这样才能更加符合当前信息发展局势,也更利于与股票市场高频信息相匹配。

其次是模型的构建方面。本书所使用的模型多为经典的时间序列模型和面板数据固定效应模型,而对于股票市场波动这一特殊的被解释变量，在控制变量的选择上尚且存在较多不足，无法将所有影响股票波动的因素纳入其中。所以未来研究中，模型的更新和拓展将更加科学地分析经济政策不确定性指数与股票市场的内在关联性。

最后是样本数据的选取方面。本书主要研究经济政策不确定性对于上证综指以及 A 股上市公司的股票波动的影响。B 股上市公司、创业板、中小板、科创板上市公司容易在研究中被忽略。与 A 股上市公司相比，这些企业规模、市值、影响力相对较小，但是整体规模和对于国计民生的发展是不容忽视的，在未来研究中，将重点关注这些容易被忽视的企业。

参考文献

[1] 才国伟,吴华强,徐信忠.政策不确定性对公司投融资行为的影响研究[J].金融研究,2018(3):89-104.

[2] 蔡庆丰,宋友勇.超常规发展的机构投资者能稳定市场吗?——对我国基金业跨越式发展的反思[J].经济研究,2010(1):90-101.

[3] 陈德球,陈运森,董志勇.政策不确定性、税收征管强度与企业税收规避[J].管理世界,2016(5):151-163.

[4] 陈逢文,金启航,胡宗斌.中国股市价格跳跃行为的验证及应用[J].财贸经济,2018,39(09):74-88.

[5] 陈国进,王少谦.经济政策不确定性如何影响企业投资行为[J].财贸经济,2016,37(5):5-21.

[6] 陈国进,张润泽,姚莲莲.政策不确定性与股票市场波动溢出效应[J].金融经济学研究,2014(5):70-78.

[7] 陈国进,张润泽,赵向琴.经济政策不确定性与股票风险特征[J].管理科学学报,2018,21(04):1-27.

[8] 陈国进,张贻军,刘淳.机构投资者是股市暴涨暴跌的助推器吗?——来自上海A股市场的经验证据[J].金融研究,2010(11):45-59.

[9] 陈千里,周少甫.上证指数收益的波动性研究[J].数量经济技术经济研究,2002,19(6):122-125.

[10] 陈艳.股权结构与国有企业非效率投资行为治理——基于国有企业上市公司数据的实证分析[J].经济与管理研究,2009(5):49-54.

[11] 陈艳艳,罗党论.地方官员更替与企业投资[C].中国青年经济学者论坛,2012.

[12] 程飞,张庆君.控股股东股权质押、股票增持与股价波动[J].南方金融,2018(11):49-58.

[13] 崔欣,林煜恩,姚守宇."经济政策的不确定性"暴露与股价暴跌风险[J].金融经济学研究,2018,33(04):98-108.

[14] 戴雯.ST类股票收益率波动性的实证分析——基于ARMA-GARCH模型族[J].当代会计,2018(10):9-10.

[15] 杜修立,陆静仪.投资者注意力、媒体报道与股票价格波动:文献评述与展望[J].南京财经大学学报,2018(04):72-79.

[16] 耿曙,庞保庆,钟灵娜.中国地方领导任期与政府行为模式:官员任期的政治经济学[J].经济学(季刊),2016,15(3):893-915.

[17] 顾夏铭,陈勇民,潘士远.经济政策不确定性与创新——基于我国上市公司的实证分析[J].经济研究,2018,53(2):109-123.

[18] 郭白滢,李瑾.机构投资者信息共享与股价崩盘风险——基于社会关系网络的分析[J].经济管理,2019,41(07):171-189.

[19] 郭华,王程,李后建.政策不确定性、银行授信与企业研发投入[J].宏观经济研究,2016(2):89-105.

[20] 郭建峰,刘樱,陈有为,温景岗.大数据网络舆情对证券投资收益与风险影响研究[J].经济研究导刊,2017(35):127-129.

[21] 郝威亚,魏玮,温军.经济政策不确定性如何影响企业创新?——实物期权理论作用机制的视角[J].经济管理,2016,38(10):40-54.

[22] 黄福广,赵浩.政策及经济环境不确定性对企业投资行为的影响[C].中国财务学年会暨财务理论与实务论坛,2008.

[23] 黄宁,郭平.经济政策不确定性对宏观经济的影响及其区域差异——基于省级面板数据的PVAR模型分析[J].财经科学,2015(6):61-70.

[24] 李凤羽,杨墨竹.经济政策不确定性会抑制企业投资

吗？——基于中国经济政策不确定指数的实证研究［J］. 金融研究，2015（04）：115-129.

［25］李节，朱振. 基于ARCH类模型关联股票的股价比波动率研究——以ZX证券和HT证券为例［J］. 齐齐哈尔大学学报（哲学社会科学版），2018（06）：96-99.

［26］李力，宫蕾，王博. 经济政策不确定性冲击与股市波动率——来自宏观与微观两个层面的经验证据［J］. 金融学季刊，2018，12（04）：94-126.

［27］林建浩，李幸，李欢. 中国经济政策不确定性与资产定价关系实证研究［J］. 中国管理科学，2014（s1）：222-226.

［28］林秀梅，李青召. 日本经济政策不确定性和经济衰退［J］. 日本问题研究，2018，32（1）：1-10.

［29］刘昌义，何为. 不确定条件下的贴现理论与递减贴现率［J］. 经济学家，2015，27（3）：65-73.

［30］刘湖，王莹. 股票市场波动性研究——基于ARMA-TGARCH-M模型的实证分析［J］. 北京航空航天大学学报（社会科学版），2017，30（4）：56-66.

［31］刘静一. 模型参数与外生冲击的不确定及其宏观经济效应［M］. 北京：经济科学出版社，2015.

［32］刘镜秀，门明. 经济政策不确定性、金融摩擦与宏观经济［J］. 技术经济，2015，34（5）：94-103.

［33］刘维奇，任禹铭. 机构投资者噪声真的小吗？［J］. 投资研究，2018，37（06）：91-103.

［34］刘翔. 中国机构投资者非理性情绪研究［D］. 广州：广东财经大学，2015.

［35］陆蓉. 股票市场的货币政策效应的度量［J］. 统计研究，2003，20（8）：54-59.

［36］罗党论，廖俊平，王珏. 地方官员变更与企业风险——基于中国上市公司的经验证据［J］. 经济研究，2016（5）：130-142.

［37］苗晓宇. 上证180指数已实现波动率测度与特性分析——

基于股改前后数据的对比［J］．经济论坛，2011（12）：102-105.

［38］潘家栋，韩沈超．经济政策不确定性对我国出口贸易影响的实证分析［J］．浙江学刊，2018（06）：105-115.

［39］彭俞超，韩珣，李建军．经济政策不确定性与企业金融化［J］．中国工业经济，2018（1）：137-155.

［40］石振宇．股改对利率与股价关系的影响分析［J］．中国市场，2017（11）：109-110.

［41］孙洪庆，邓瑛．股票价格、宏观经济变量与货币政策——对中国金融市场的协整分析［J］．经济评论，2009（4）：50-57.

［42］田磊，林建浩．经济政策不确定性兼具产出效应和通胀效应吗？——来自中国的经验证据［J］．南开经济研究，2016（2）：3-24.

［43］王典，薛宏刚．机构投资者信息竞争会引发羊群行为吗——基于中国股票市场的证据［J］．当代财经，2018（12）：60-70.

［44］王婧，张信东．中国股票市场投资者情绪与均值方差关系实证研究［J］．商业经济研究，2015（1）：76-78.

［45］王敏，张萍．初探我国沪市股价波动性——基于ARCH模型和GARCH模型［J］．科技创业月刊，2010（1）：105-106.

［46］王庆安，高恺．融资融券加大了极端行情的股价波动性吗——基于五类行情下的深市股票数据［J］．金融经济学研究，2017，32（06）：104-113.

［47］王荣欣，张波，邓军．波动性传导、市场板块差异与股票流动性——基于高频交易量价结合的新角度［J］．国际金融研究，2018（04）：76-85.

［48］王曦，叶茂．我国股票市场"政策市"现象的理论阐释［J］．学术研究，2011（1）：81-90.

［49］王晓娟，郭守亭，岳晓．经济政策不确定性和股票收益的联动性——基于子样本滚动窗口估计法的研究［J］．学习与实践，2015（5）：26-32.

［50］王咏梅，王亚平．机构投资者如何影响市场的信息效率——

来自中国的经验证据 [J]. 金融研究, 2011 (10): 112 - 126.

[51] 肖洁, 龚六堂, 张庆华. 市委书记市长变更、财政支出波动与时间不一致性 [J]. 金融研究, 2015 (6): 94 - 110.

[52] 徐业坤, 钱先航, 李维安. 政治不确定性、政治关联与民营企业投资——来自市委书记更替的证据 [J]. 管理世界, 2013 (5): 116 - 130.

[53] 许均华, 李启亚. 宏观政策对我国股票市场影响的实证研究 [J]. 经济研究, 2001 (9): 30 - 37.

[54] 轩慧芳. 宏观经济因素对我国股票市场波动影响的实证分析 [J]. 特区经济, 2013 (11): 71 - 73.

[55] 薛文骏, 王大中, 倪中新. 投资者情绪对股票收益非对称影响的实证研究 [J]. 金融纵横, 2014 (6): 64 - 69.

[56] 杨海生, 罗党论, 陈少凌. 资源禀赋、官员交流与经济增长 [J]. 管理世界, 2010, 200 (5): 17 - 26.

[57] 杨海生, 陈少凌, 罗党论. 政策不稳定性与经济增长——来自中国地方官员变更的经验证据 [J]. 管理世界, 2014, 30 (9): 13 - 28.

[58] 杨永聪, 李正辉. 经济政策不确定性驱动了中国 OFDI 的增长吗——基于动态面板数据的系统 GMM 估计 [J]. 国际贸易问题, 2018 (06).

[59] 尹海员, 吴兴颖. 投资者高频情绪对股票日内收益率的预测作用 [J]. 中国工业经济, 2019 (08): 80 - 98

[60] 张军. 中国经济发展: 为增长而竞争 [J]. 世界经济文汇, 2005 (4): 101 - 105.

[61] 张培源. 中国股票市场与宏观经济波动溢出效应研究 [J]. 经济问题, 2013 (3): 46 - 50.

[62] 张倩肖, 冯雷. 宏观经济政策不确定性与企业技术创新——基于我国上市公司的经验证据 [J]. 当代经济科学, 2018, 40 (04): 48 - 57 + 126.

[63] 张伟平, 庄新田, 李延双. 股指极端波动下中国股票市场

网络拓扑结构[J]. 东北大学学报（自然科学版），2018，39（10）：1511-1515.

[64] 张延良，李凡浩，于旭升. 互联网金融概念股票收益波动是否具有特殊性？——基于ARCH模型族的检验[J]. 山东财经大学学报，2018，30（05）：47-58.

[65] 张玉鹏，王茜. 政策不确定性的非线性宏观经济效应及其影响机制研究[J]. 财贸经济，2016，37（4）：116-133.

[66] 张月茹，谭政勋. 中国股票市场波动率的长期记忆、结构突变与状态识别[J]. 南方金融，2018（4）.

[67] 张宗新，王海亮. 投资者情绪、主观信念调整与市场波动[J]. 金融研究，2013（04）：142-155.

[68] 周为. 机构投资者行为与中国股票市场泡沫[J]. 经济学报，2019，6（02）：217-238.

[69] 朱东洋，杨永. 我国股市波动的非对称性和杠杆效应研究[J]. 技术经济，2010，29（9）：84-89.

[70] 朱小能，周磊. 未预期货币政策与股票市场——基于媒体数据的实证研究[J]. 金融研究，2018（5）：35-56.

[71] 邹昊平，唐利民，袁国良. 政策性因素对中国股市的影响：政府与股市投资者的博弈分析[J]. 世界经济，2000（11）：20-28.

[72] 左金保，张海龙. 我国货币政策对股票市场的协整检验[J]. 法制与社会，2007（9）：623-624.

[73] Aastveit K A, Natvik G J J, Sola S. Economic Uncertainty and the Effectiveness of Monetary Policy [J]. Working Paper, 2013, 89 (5): 447-489.

[74] Adam A M, Tweneboah G. Do Macroeconomic Variables Play Any Role in the Stock Market Movement in Ghana [J]. Mpra Paper, 2008 (9357).

[75] Atanassov J, Julio B, Leng T. The Bright Side of Political Uncertainty: The Case of R&D [J]. Social Science Electronic Publishing, 2015 (4).

[76] Azzimonti M. The Politics of FDI Expropriation [J]. International Economic Review, 2018 (2).

[77] Baker S R, Bloom N, Davis S J. Measuring Economic Policy Uncertainty [J]. The Quarterly Journal of Economics, 2016, 131 (4): 1593 – 1636.

[78] Baker S R, Bloom N. Does Uncertainty Reduce Growth? Using Disasters as Natural Experiments [J]. Cep Discussion Papers, 2013, 3: 34.

[79] Benartzi S, Thaler R H. Myopic loss aversion and the equity premium puzzle [J]. Quarterly Journal of Economics, 1995, 110 (1): 73 – 92.

[80] Bhattacharya U, Hsu P H, Tian X, et al. What Affects Innovation More: Policy or Policy Uncertainty? [J]. Journal of Financial and Quantitative Analysis, 2017, 52 (5): 1 – 33.

[81] Bialkowski J, Gottschalk K, Wisniewski T P. Stock Market Volatility Around National Elections [J]. Social Science Electronic Publishing, 2008, 32 (9): 0 – 1953.

[82] Bloom N. Uncertainty and the Dynamics of R&D [J]. American Economic Review, 2007, 97 (2): 250 – 255.

[83] Bloom N, Bond S R, Van Reenen J. Uncertainty and Company Investment Dynamics: Empirical Evidence for UK Firms [J]. Cepr Discussion Papers, 2003, 74.

[84] Bollerslev T. Generalized Autoregressive Conditional Heteroskedasticity [J]. Journal of Econometrics, 1986, 31: 307 – 327.

[85] Bonaime A, Gulen H, Ion M. Does Policy Uncertainty Affect Mergers and Acquisitions? [J]. Journal of Financial Economics, 2018, 129 (3): 531 – 558.

[86] Brogaard J, Detzel A. The Asset-Pricing Implications of Government Economic Policy Uncertainty [M]. INFORMS, 2015.

[87] Brogaard J, Detzel A. The asset-pricing implications of govern-

ment economic policy uncertainty [J]. Management Science, 2015, 61 (1): 3-18.

[88] Brunie C H, Hamburger M J, Kochin L A. Money and Stock Price: The Channels of influences [J]. Journal of Finance, 1972, 27 (2): 231-249.

[89] Cassola N, Morana C. Monetary Policy and the Stock Market in the Euro Area [J]. Journal of Policy Modeling, 2004, 26 (3): 387-399.

[90] Cella C, Ellul A, Giannetti M. Investors' Horizons and the Amplification of Market Shocks [J]. Review of Financial Studies, 2013, 26 (7): 1607-1648.

[91] Chau F, Deesomsak R, Wang J. Political Uncertainty and Stock Market Volatility in the Middle East and North African (MENA) countries [J]. Journal of International Financial Markets Institutions & Money, 2014, 28 (1): 1-19.

[92] Chen M W, Zhu J. Volatility Clustering within Industries: An Empirical Investigation [J]. American Journal of Business, 2012, 22 (2): 33-44.

[93] Christie A A. The stochastic Behavior of Common Stock Variances: Value, Leverage and Interest Rate Effects [J]. Journal of Financial Economics, 1982, 10 (4): 407-432.

[94] Colombo, Valentina. Economic Policy Uncertainty in the US: Does it Matter for the Euro area? [J]. Economics Letters, 2013, 121 (1): 39-42.

[95] De Long J B, Shleifer A, Summers L H, et al. Noise Trader Risk in Financial Markets [J]. Journal of Political Economy, 1990, 98 (4): 703-738.

[96] Debondt W F M, Thaler R H. Financial Decision-Making in Markets and Firms: A Behavioral Perspective [J]. Handbooks in Operations Research & Management Science, 1994, 9 (4777): 385-410.

[97] Debondt W F M, Thaler R. Does the Stock Market Overreact?

[J]. The Journal of Finance, 1985, 40 (3): 13.

[98] Diebold F X, Inoue A. Long Memory and Regime Switching [J]. Journal of Econometrics, 2001, 105 (1): 131 – 159.

[99] Engle R F. Autoregressive Conditional Heteroscedasticity with Estimates of the Variance of United Kingdom Inflation [J]. Econometrica, 1982, 50 (4): 987 – 1007.

[100] Ewerhart C. A Model of the Eurosystem's Operational Framework for Monetary Policy Implementation [J]. Working Paper, 2002, 66 (1): 33 – 51.

[101] P D, Schaal E, Taschereau-Dumouchel M. Uncertainty Traps [J]. The Quarterly Journal of Economics, 2017, 132 (4): 1641 – 1692.

[102] Fama E. Efficient Capital Markets: A Review of Theory and Empirical Work [J]. Journal of Finance, 1970 (25): 382 – 417.

[103] Faugère C, Shawky H A. Volatility and Institutional Investor Holdings in a Declining Market: A Study of Nasdaq during the Year 2000 [J]. Journal of Applied Finance, 2003 (2): 32 – 42.

[104] French K R, Schwert G W, Stambaugh R F. Expected stock returns and volatility [J]. Journal of Financial Economics, 1987, (19): 3 – 29.

[105] Friedman M. The Case for Flexible Exchange Rates [C] // Exchange Rate Economics, Vol 1. 1953: 511 – 521.

[106] Gao P, Qi Y. Political Uncertainty and Public Financing Costs: Evidence from U. S. Gubernatorial Elections and Municipal Bond Market [J]. Social Science Electronic Publishing, 2013.

[107] Goodell J W. US presidential elections and implied volatility: The role of political uncertainty [J]. Social Science Electronic Publishing, 2013, 37 (3): 1108 – 1117.

[108] Gulen H, Ion M. Policy Uncertainty and Corporate Investment [J]. Ssrn Electronic Journal, 2013, 29 (3).

[109] Homa K E, Jaffee D M. The Supply of Money and Common

Stock Prices [J]. Journal of Finance, 1971, 26 (5): 1045 – 1066.

[110] Hong H, Kostovetsky L. Red and blue investing: Values and finance [J]. Journal of Financial Economics, 2010, 103 (1): 1 – 19.

[111] Huang T, Wu F, Yu J, et al. Political Risk and Dividend Policy: Evidence from International Political Crises [J]. Journal of International Business Studies, 2015, 46 (5): 574 – 595.

[112] Hurst H E. Long Term Strrorage Capacity of Reservoirs [J]. Transactions of the American Society of Civil Engineer, 1951, 116 (12): 776 – 808.

[113] Ion H J, Kang Y, Park Y J. Economic Policy Uncertainty and Peer Effects in Corporate Investment Policy [J]. Social Science Electronic Publishing, 2016.

[114] Jens C. Political uncertainty and investment: causal evidence from U. S. gubernatorial elections [J]. Journal of Financial Economics, 2017, 124: 563 – 579.

[115] Johannsen B K. When are the Effects of Fiscal Policy Uncertainty Large? [J]. Social Science Electronic Publishing, 2014 (2).

[116] Julio B, Yook Y. Political Uncertainty and Corporate Investment Cycles [J]. The Journal of Finance, 2012, 67 (1): 45 – 84.

[117] Kang W, Ratti R A. Structural oil price shocks and policy uncertainty [J]. Economic Modelling, 2013, 35 (5): 314 – 319.

[118] Keran M W. Expectations, Money, and the Stock Market [J]. Review, 1971, 53 (Jan): 16 – 31.

[119] Kim H, Kung H. The Asset Redeployability Channel: How Uncertainty Affects Corporate Investment [J]. Review of Financial Studies, 2016, 30.

[120] Lakonishok J, Shleifer A, Vishny R W. The impact of institutional trading on stock prices [J]. Journal of Financial Economics, 1992, 32 (1): 23 – 43.

[121] Li X M. New Evidence on Economic Policy Uncertainty and

Equity Premium [J]. Social Science Electronic Publishing, 2017, 46.

[122] Liljeblom E, Stenius M. Macroeconomic volatility and stock market volatility: empirical evidence on Finnish data [J]. Applied Financial Economics, 1997, 7 (4): 419 – 426.

[123] Lipton A. Theory and Practice of Credit Risk Modelling [J]. Risk Books, 2008 (1).

[124] Lo A W. Long-Term Memory in Stock Market Prices [J]. Econometrica, 1991, 59 (5): 1279 – 1313.

[125] Mandelbrot B B. Limit Theorem on the Self-Normalized Range for Weakly and Strongly Dependent Process [J]. Zeitschrift Für Wahrscheinlichkeitstheorie Und Verwandte Gebiete, 1975, 31 (4): 271 – 285.

[126] Mazouz K, Li X. The overreaction hypothesis in the UK market: empirical analysis [J]. Applied Financial Economics, 2007, 17 (13): 1101 – 1111.

[127] Mehra R, Prescott E. The equity premium: a puzzle [J]. Levine's Working Paper Archive, 2010, 15 (2): 145 – 161.

[128] Merton R C. On estimating the expected return on the market: An exploratory investigation [J]. Journal of Financial Economics, 1980, (8): 323 – 361.

[129] Mookerjee R, Qiao Yu. Money and Stock Market [J]. The channels of influence, Journal of Financial, 1999 (26): 1046 – 1066.

[130] Mukherjee T K, Naka A. Dynamic Relations between Macroeconomic Variables and the Japanese Stock Market: an Application of a Vector Error Correction Model [J]. Journal of Financial Research, 1995, 18 (2): 223 – 237.

[131] Mumtaz H, Zanetti F. The Impact of the Volatility of Monetary Policy Shocks [J]. Journal of Money, Credit and Banking, 2013, 45 (4): 24.

[132] Ngene G, Tah K A, Darrat A F. Long memory or structural breaks: Some evidence for African stock markets [J]. Review of Finan-

cial Economics, 2017, 34.

[133] Parvaresh M, Bavaghar M. Forecasting volatility in Tehran stock market with GARCH models [J]. Journal of Basic and Applied Scientific Research, 2012, 2 (1): 150 – 155.

[134] Pastor L, Veronesi P. Political uncertainty and risk premia [J]. Social Science Electronic Publishing, 2011, 110 (3): 520 – 545.

[135] Pastor L, Veronesi P. Uncertainty about Government Policy and Stock Prices [J]. The Journal of Finance, 2012, 67 (4).

[136] Peiró A. Stock prices and macroeconomic factors: Some European evidence [J]. International Review of Economics & Finance, 2016, 41: 287 – 294.

[137] Popp A, Zhang F. The Macroeconomic Effects of Uncertainty Shocks: The Role of the Financial Channel [J]. Journal of Economic Dynamics & Control, 2016, 69: 319 – 349.

[138] Rodrik D. Policy Uncertainty and Private Investment in Developing Countries [J]. Nber Working Papers, 1989, 36 (2): 229 – 242.

[139] Rozeff M S. Money and Stock Prices [J]. Social Science Electronic Publishing, 1974, 3 (3): 40 – 40.

[140] Schuppli M, Bohl M T. Do foreign institutional investors destabilize China's A-share markets? [J]. Journal of International Financial Markets Institutions & Money, 2010, 20 (1): 36 – 50.

[141] Segal G, Shaliastovich I, Yaron A. Good and Bad Uncertainty Macroeconomic and Financial Market Implications [J]. Journal of Financial Economics, 2015, 117 (2): 369 – 397.

[142] Sialm, Clemens. Tax Changes and Asset Pricing [J]. American Economic Review, 2009, 99 (4): 1356 – 1383.

[143] Sias R W. Volatility and the Institutional Investor [J]. Financial Analysts Journal, 1996, 52 (2): 13 – 20.

[144] Sprinkel B. Money and Stock prices [M]. Homewood Richard D. Irwin, Inc, 1964: 572 – 594.

［145］ Sum V. Economic Policy Uncertainty and Stock Market Returns [J]. Social Science Electronic Publishing, 2012, 10 (1): 152 – 158.

［146］ Thaler R H. Advances in Behavioral Finance [M]. New York: Russell Sage Foundation, 1993.

［147］ Wu J C, Xia F D. Measuring the Macroeconomic Impact of Monetary Policy at the Zero Lower Bound [J]. Journal of Money, Credit and Banking, 2016, 48 (2 – 3): 253 – 291.

［148］ Zweig. An Investor Expectations Stock Price Predictive Model Using Closed-End Fund Premiums [J]. Journal of Finance, 1973, 28 (1): 67 – 68.